WESTERN
ETHICS
CLASSICS
OF
THE 20TH
CENTURY

20世纪西方伦理学经典

伦理学限阈

道德与宗教

［下］

万俊人　主　编

唐文明　副主编

北京师范大学出版集团
BEIJING NORMAL UNIVERSITY PUBLISHING GROUP
北京师范大学出版社

［美］马里坦（Jacques Maritain，1882—1973）

《人的权利与自然法》（1943）（节选）

《个人与共同善》（1947）（节选）

《人的权利与自然法》（1943）（节选）

个 人

我在这里不讨论人这个主题所包含的许多哲学问题，其中最显要的是两个形而上学层面：个体（individuality）与人格（personality），这两个方面在我们每个人身上的表现都是独特的，并且会产生两种相互冲突的吸引力。[1]然而，为了简要说明人与社会之间的关系，这两个方面对于我们理解人这个概念又是最基本的。

我们每个人身上都有一个奥秘，这个奥秘就是人格。我们知道，任何名副其实的文明，其基本性质就是尊重和感受到人格的尊严。我们知道，保卫人权，正如保卫自由一样，必须准备献出自己的生命。那么，包含在人格中配得上这种牺牲的是什么？当我们提到人的时候，我们指的到底是什么？

每当我们说某人是一个人的时候，我们的意思不只是说他是一团物体，也不只是说他是一个个别的自然元素，就好比说一个原子、一片青草、一只苍蝇或一头大象。某一个别物体有什么自由、尊严、权利可言呢？苍蝇或大象为了自由、尊严或它们的权利而献出自己的生命是没有意义的。人是动物和个体，但却与其他动物和个体不一样。人是用他的理智和意志来支配他自身的个体。他的存在不仅是生理的，而且有着更加丰富、更加高贵的层面，通过知识和爱，他有着精神上的、超验的存在。这样一来，从某些角度看，个人是一个整体，而不仅仅是一个部分；他本身就是一个宇宙，是一个能通过知识把整个大宇宙包容于自身的小宇宙；通过爱，他可以无偿地把自己献给其他外在于他的存在者。这种关系在物理世界中找不到相同的事例。所有这些都意味着，用哲学术语来说，在人的血肉之躯中有灵魂，灵性比整个物理世界具有更加伟大的价值。无论灵魂的存在要依赖多么微不足道的物质，但是人的存在从根本上说在于他的灵魂的存在，灵魂支配着时间和死亡。人格的根源就在于这种灵性。

因此，人格的概念包括整全和独立，一个人无论多么贫困潦倒，但他是一个完整的人，作为一个人，他具有独立的品格。说某人是一个人，那是在存在的高度上来讲的，他是一个整体而不是一个部分，是一个独立的人而非奴隶。当我们说人是上帝的形象时，这种宗教思想指出的就是这个人性的奥秘。人的价值、自由、权利是从神圣事物的自然秩序中产生出来的，打上了存在之父（the Father of Being）①的烙印，存在物的运动以上帝为目标。人拥有绝对的尊严，因为他与绝对者（the absolute）②有着直接的联系，也只有在这种联系中他可以完全实现自己的抱负。他的精神上的祖国由具有绝对价值的事物的完整秩序所组成，这些绝对价值以某种方式表现出它们对这个世界所居的绝对优势，并将我们的生命引向这种绝对价值。

我并没有忘记，不懂基督教哲学的人也可以对人和人的尊严拥有一种深刻的、真正的感受，并且可以不时地用他们的行为对这种无与伦比的尊严表现出实际的尊重。但是我相信，我们在此对人所作的纲要性描述为他们的实际信念提供了惟一完全理性的解释，而无论他们本人是否明白这一点。还有，这种描述并非完全属于基督教哲学（尽管基督教哲学使这种描述在较高的水平上得以完成）。这种描述对所有以这样或那样的方式承认一个优于这个宇宙的完整秩序的绝对者的存在，承认人的灵魂具有超现世价值的哲学来说都是共同的。

---

① 指上帝。

② 亦指上帝。

个人与社会

人是一个整体，但人不是封闭的，而是开放的。人并不是一位像莱布尼茨的单子那样，没有门窗可以沟通的小神，或一尊没有视觉和听觉，不会说话的偶像。他的本性使他趋向于社会生活和交往。

这样说是正确的，不仅因为人的本性是匮乏和贫穷的，我们每个人的物质生活、理智生活、道德生活都需要其他人，而且也因为每个人的存在中都有着极为慷慨大方的天性，理智的交往的开放性和作为精神性质的爱，需要有一个进入与他人发生关系的入口。严格地说来，人不能独自生存。他想要把他知道的事情告诉别人，他想要告诉别人他是谁，如果除了他之外没有别的人存在，那么他该向谁诉说呢？我们可以引用卢梭的话，"人的气息对人是致命的"；我们也可以引用塞涅卡的话，"每次置身于人群中，我都成了一个渺小的人"。这些话都对，但其中存在着一个根本的悖论，不到人群中去，我们就不是人和不能成为人；不与我们的同胞共同呼吸，我们就无法发展我们的生活和活动。

这样，社会就作为本性所需要的某种事物诞生了(由于这种本性是人的本性)，成了某种通过理性和意志的工作而完成了的、无须认可的东西。人是一种政治动物，这句话的意思是人渴望政治生活、公共生活，不仅与家族社团有关，而且与市民社会有关。所谓共同体，名副其实地说来，就是由人组成的社会。

这就意味着，社会是一个由许多整体组成的整体，因为个人是一个整体。社会又是一个自由组合而成的整体，因为组成社会的人是自己的主人，或者说是独立的(我不说绝对的独立，这种说法只适用于上帝)。社会是一个整体，而它的部分本身又是一个整体，它是一个自由组成的有机体，而不只是植物的细胞。社会有其自身的利益和工作，这些利益和工作有别于构成社会的个人的利益和工作。但是这种利益和工作本质上必定属于人，如果它们对于人的发展和改善无所贡献，那么它们就必然会成为邪恶的。

共同利益

尽可能清晰地陈述这些观念非常重要。

让我们不要说社会的目标是个人的利益，或者只是构成社会的每个人的利益之总和。这样的公式会把社会化解为它的部分的权益，会导致一种"原子的无序状态"。它等于一种公开的无政府主义，或一种伪装了的、平庸的唯物主义的无政府主义观念，按照这种观念，社会的全部职责就在于维护一种互相尊重的自由，因此使强者可以随意压迫弱者。

社会的目标是它自身的共同利益，是这个社会的利益。但若我们不能把握社会的利益就是人们的共同利益这一事实，因为社会本身就是由个人组成的一个整体，那么这个公式又会把我们引向其他谬误，一种集体主义类型的，或者一种国家专制主义类型的错误。社会的共同利益既非仅仅是个人利益之总和，亦非只适合社会整体的利益（这就好比种类与它个别成员之间的关系，或蜂群与蜜蜂之间的关系），这样说会将部分仅归于自身，使这些部分忠于自身。社会的共同利益是大众的良好人生，而大众是由个人组成的，全体民众的良好生活既是肉体的又是精神的，尽管他们经常凭着肉身生活而非凭着灵性生活。社会的共同利益就是大众在这种良好生活中的交往，因此它对社会这个整体及其部分都是共同的，说它对其部分是共同的，因为它的部分本身是一个整体，人这个概念本身就包含着全体的意思；说它对社会这个整体及其部分都是共同的，因为部分都会归向整体并都能从整体中获得好处。违者会被剥夺权利，这就蕴涵着或要求承认个人的基本权利（和家庭的基本权利，个人总是以一种更加原始的方式绊缠于家庭生活之中，过一种共同生活，胜过政治社会的共同生活）。作为它的主要价值，社会共同利益必须包括使个人转过来有可能最大限度地从社会获得（亦即与整体利益最大限度地相适应）他们作为人的生活，达到他们发展或自主上的自由，以及养成优秀的德性。

这样我们就理解了共同利益的第一条基本性质；它包含着一种再分配，它必须在个人中进行再分配，必须有助于个人的发展。

第二条性质与社会中的权威相关。共同利益是权威的基础，引导由个人组成的社团走向他们的共同利益，走向整体的利益，需要有某些个人[2]担负起这种指导，社团的其他成员则追随他们决定的方向，服从为了达到这一目的而由他们作出的决定。旨在整体利益而适用于自由人的这样一种权威，与那种由一个主人为了这个主人自身的特殊利益而对他人进行的控制完全相反。

第三条性质与共同利益的内在道德必然地联系在一起，它不仅是一套好处和便利，而主要是生活的完善，是众人生活的良好与公正。这样一来，正义和道德上的公义对共同利益来说就是最基本的。这就是为什么共同利益需要在公民大众中发展美德，为什么每一不公正的和不道德的政治行为本身都是对共同利益的伤害，是一种政治上的恶。借此我们可以看到马基雅弗利主义的根本错误。基于共同利益是权威的基础，我们还可看到，权威若是不公正，将会如何背叛其政治本质。不公正的法律就不是法律。

极权主义与人格主义

从社会是由具有人格的个人组成的整体这一事实出发，个人与社会之间的相互关系显然非常复杂，理解和描述这个问题的全部真相非常困难。这样的整体显然大于它的各个部分。这是亚里士多德强调的一个原则，而或多或少具有无政府主义倾向的政治哲学都会轻视这个原则。但是，相对于社会来说，具有人格的个人还不仅仅是社会的部分。这是由基督教揭示出来的另一个原则，而每一种绝对主义的或专制主义的政治哲学都会将这一原则逐出它们的视野。

让我们来弄懂这个问题。具有人格的个人是一个整体，是开放的和慷慨大方的。如果人类社会确实是一个由具有纯洁人格的个人组成的社会，那么社会的利益和每个人的利益就是完全同一的。然而人远远不是具有纯洁人格的人，而是贫穷的、物质的个人，是一种比其他所有动物都要贫困的动物。尽管我们说具有人格的人是一个独立的整体，人格是他一切性质中最高尚的品质，但是这个人仍旧处在人格的最低水平上，是赤贫的、无助的，是一个极度匮乏、充满各种需要的人。由于这些深度的缺乏，并且为了能够与社会中产生的各种存在相一致，——若无社会，人就会保持原状，处在一种潜伏的生活状态——当一个人进入他的同胞的社会中去时，他就变成了一个整体的组成部分，而这个整体比它的部分要大些或好些，这个整体之所以超过个人就在于后者是整体的一个部分，因此，整体的共同利益就与个人的利益不同，也和所有个人利益之总和不同。但无论如何，由于有这样一种人格在起作用，由于人格所导致的完善，作为一个独立的和开放的整体，拥有人格的人会寻求进入社会，因此如我所说，社会整体的利益必然会以某种尺度趋向于它的每个成员。

再说，由于人与绝对者的关系，在他蒙召而过一种生活和拥有一种超越时间的宿命的范围内，换言之，与人格的最高标准相一致，具有人格的人超越了一切时间中的社会并优于它们。从这个观点出发，也就是说，考虑到与人的绝对性相关的那些事物，社会本身及其共同利益间接地隶属于个人的完全实现和个人的超越时间的渴望，这是另一种秩序的目的，这一目的超越了社会本身及其共同利益。一个人的灵魂比整个物体的宇宙和所有物质利益更有价值。除了上帝，没有任何事物高于人的灵魂。在灵魂的永恒价值和绝对尊严的光照下，社会为每个个人而存在，并隶属于他们。

我将在下一章再次提到这个极为重要的问题，而现在，为了有助于那些着迷于哲学精确性的人，我将把自己限制在回忆两个经典性的论断上，它们在我看来有助于说明问题的核心。圣托马斯·阿奎那写道："每一个别的人对整个社会都具有部分对整体那样的关系。"[13]换句话说，从这个观点出发并与此相连，个人凭借自身的某些条件而成为社会的一部分，完整的个人加入社会，并与社会的共同利益共存。

但我们马上还得说，如果完整的个人加入政治社会，成为其中的一部分(因为他可以受到召唤为社会献出生命)，那么他无论如何并非凭借作为一个整体的自身和他自身拥有的一切去成为政治社会的一部分。正好相反，他凭借的是他的某些东西，而作为整体的人则使他高于政治社会。在此我们还有第二条论断，可以用来补充与平衡第一条论断："人并非由于他作为一个整体的自身的原因和凭借他自身拥有的一切而去加入政治社会的。"[4]

一个论断是"人由于他自身的某些事物的原因，以他完全的整体加入政治社会，成为其中的一个部分"，另一个论断是"人是政治社会的一个部分，原因在于他自身是一个整体，还在于他自身拥有的一切"。这两个论断之间有巨大的差别。第一个论断是正确的，第二个论断是错误的。也就是在这个地方，我们发现了这个问题的难处和解决方法。无政府主义的个人主义否认完整的人由于某些他自身拥有的事物而成为政治社会的一部分；极权主义声称人是政治社会的一部分，原因在于他自身是一个整体，还在于他自身拥有的一切（"一切均在国家之中，一切均不得反对国家，一切均不得存在于国家之外"）。事情的真相是，完整的人是政治社会的一部分，并与它的共同利益共存，但并非由于他本身是一个整体。这就好比说，一名好哲学家就其完整性来说是一名哲学家，但并非由于他的存在的所有功能或目标；他之所以从整体上来说是一名哲学家，那是由于他自身的特殊功能和具体目标。一名优秀的赛跑运动员就其整体而言是一名赛手，但并非由于他的存在的所有功能或目标；他之所以从整体上来说是一名赛手，原因在于他的神经与肌肉的运行，而不是由于他的《圣经》知识，或者他的天文学知识。完整的个人是政治社会的组成部分，但并非凭借这个人所拥有的一切或附属于他的一切。凭借他拥有的其他东西，完整的人仍旧高于政治社会。这些东西中最重要、最神圣的东西使他超越政治社会，并把他提升到高于政治社会的位置，而这仍然是同一个凭借其他类型的事物而成为政治社会一部分的"完整的人"。与共同生活的某些联系，要求我的整个存在发挥作用，因此我是国家的一部分；但由于其他一些比共同生活更加重要的联系（这些联系也和我的整个存在相关），因此在我身上存在着才能、权利、价值，而它们既不是依靠国家才能存在，也不是为了国家才存在，而是完全外在于国家。

人是政治社会的一部分并劣于后者，原因在于他拥有的事物和附属于他的事物，这些事物本质上依赖政治社会，由此，作为其后果，人可以作为工具受到召唤而服务于这个社会暂时的利益。据此，一名数学家掌握了数学，那是因为只有社会生活才可能产生教育机构，这种来自他人的进步性的训练证明了个人的贫乏状态，因此社会完全有理由期待这位数学家通过教数学来服务于社会群体。

　　另一方面，人由于他拥有的事物和附属于他的事物而超越政治社会，这些事物是从人格的秩序中派生出来的，就好像人与绝对者的关系一样，这些事物本质上依赖于高于政治社会的东西，并且只适用于作为人的个人超越时间而实现自身。这样一来，数学的真理并不依赖于社会共同体，而是与属于这种人的绝对利益的秩序有关。社会绝不拥有这样的权力，要求一名数学家把他人喜欢的数学体系当作真正的体系来拥有，并要求他教那些被社会集团的法律判定为比较合适的数学（比如说，因为它们是雅利安人的数学，等等）。

人生本身的内在进步

　　个人的自由必须得到保护；人必须通过他的劳动征服物质的自然；社会必须强大，必须有效地保护自己，反对那些分裂的力量，反对它可能的敌人。所有这些事情都是必要的，但这些事情并不能用来界定政治社会的基本目标和初始目的。这些政治任务都必须有助于众人的良好人生，以及人生自身状况的改进，有了内在的改善和进步——当然是物质方面的，但也包括并主要是道德的和精神的——人的性质才能在历史中实现和显现；人们聚集在政治社会内的基本的和初始的目的是为了努力获得众人的共同利益，在这种状况下，每个具体的人，不仅是某个特权阶级中的人，而且是全体民众，都可以真正地达到这样一种对文明生活来说是恰当的自由，并通过工作提供的经济保障、财产、政治权利、公民道德和心灵的文明状态来加以保障。

　　简言之，政治任务对一种文明和文化的任务来说是基本的。个人的基本志向反映和揭示了这一任务的性质，而发展的自由和自主的志向是个人最根本的志向。政治社会要想发展共同生活，首先要关注保障福利，关注整体的动力与和平，并以一种积极的方式帮助每一个人渐进地获得这种发展与自主的自由，而这些东西首先表现在道德和理性生活的成熟上，这些（固有的）内在活动的成熟就是理智和道德上的美德。由此确定的运动，与政治社会相适应的运动，是一种趋向于解放的运动，或者是一种由我们的存在的真正志向所组成的解放：渐进式地摆脱物质世界的束缚，不仅是为了我们的物质利益，更重要的是为了我们精神生活的发展；渐进式地从各种形式的政治束缚中解放出来(因为人是一种"政治动物"，我们的本性使我们积极自由地参与政治生活)；渐进式地从各种形式的经济与社会束缚中解放出来(因为我们的本性也不会让一个人受其他人的剥削，作为工具服务于他人的具体利益)。人也许不会变得更好，但至少他的生活条件会变得更好。人生的结构和人性的良知会有进步。

这种关于政治社会及其主要工作的观念是亚里士多德本人的观念，但是撇开它的奴隶制的糟粕，以及希腊思想一般具有的静态性质，这种观念通过历史运动、个人志向的无限性、人性的发展潜力的启示而具有了动态的性质，并随着福音书的到来赋予我们。

如此界定的政治任务是最艰巨的任务，没错，这样的政治任务只有依靠物质技术和组织进步才能实现；没错，只有假定社会全都有着最强大的装备和受到很好的保护，才能完成这样的政治任务，因为所有社会都在寻求正义；没错，实现这样的政治任务需要有一种对人的洞察和理解，而这方面的认识我们仍旧远远不足(因为对我们来说，获得有关人的知识比获得有关物的知识要艰苦得多)。但是，这种政治任务还要求有一种英雄主义式的道德生活和创造能力的张力，想要依靠机器的力量，通过人的支配本能，去征服人性，也许还会以集体的理由主张人性的解放，而不是野蛮地使用人；在人的不断增加的数量中，这种政治任务要求一种忠诚和慷慨大方，可以迫使人为了他的同胞和后代的更好的生活而牺牲自己。考虑到福音书对这种暂时的社会秩序提出的需要和可能性，那么毫不奇怪，我们现在仍旧处在史前时代。

但是，处于人性原始状态的困难、冲突和困惑之中，政治任务必须尽力实现它自身基本的和初始的需求。哪怕只有在知道这些需求的情况下它才有可能去实现，但它若是执著于一种高尚的和困难的历史理想，这种理想可以提取和吸引隐藏在人心深处的善良和进步的能量，那么我们可以看到，这些理想在今天总是遭到可恶的压制和歪曲。有史以来，人类历史的动力一般都用于个人可以在其中发现共享的政治活动，人类的尘世希望就是建立一个人可以在其中摆脱一切苦难和束缚的"兄弟之城"。这样一种理想确定了一种向无限性去获取的"有限性"，我们必须努力为此奋斗，因为只有在下述状况都接近时，这种理想才能实现。

如果我们把这种理想理解为所有人兄弟般的相互行为，由此可以视之为"新人"的胜利，那么它与某些历史之外的东西有关，它对人类历史表现为一种"神话"，一种时间中的历史需要的神话。如果我们把它理解为可以运用于国家的东西，而国家是依靠共同生活和文明逐步建立起人的存在来的，那么它与历史有关，表现为一种"具体的历史的理想"，它是不完善的，但却是肯定能够实现的。它进一步导致社会必须强大这样一种理想。共同生活的到来会与我们的真实本性相吻合，人将会获得自由，友谊将在文明的核心之上建立，比市民道德更加高尚的道德在推动着这种文明，——这些事情描述着这种历史的理想，我们可以请求人们为之工作，为之战斗，乃至为之牺牲。与纳粹式的20世纪神话相反，与德国种族主义的先知们对他们的人民所应许的那个野蛮统治的千年期相反，一种更加深远和宏伟的理想必须产生，一种更加无畏的应许必须由人类作出。上帝形象的真理天然地印在我们每个人的心中，自由和博爱，——所有这些都并没有死亡。如果说我们的文明正在垂死挣扎，那么既不是因为它进取得太多，也不是因为它向人提出的建议太多。倒不如说，这是因为它进取得不足，提出的建议不够。我们的文明会迎来复兴，一种新的文明将会诞生，但是，仅当人们希望，热爱，并真心诚意、勇敢无畏地为真理、自由和博爱而奋斗时，它才会诞生。

自然法

我在上述反思中已经阐述的纲要是非常一般的。如果我们的目标是要完成这个纲要，那么我们确实必须更加详细地讨论某些基本点，尤其是人的平等、自由人组成的共同体中的权威、多元化的组织。

为了能够以哲学的方式解决这部论文想要处理的人权问题，我们必须首先考察所谓自然法问题。有人想象自然法是美国革命和法国革命的发明。各式各样的革命者已经做了许多工作来传播这个胡说；不幸的是，在他们怀疑自然法观念的努力中，他们一方面在某些路德宗或詹森派的宗教思想家的悲观主义中找到了同盟者，另一方面在当代的法理学家群体中(尤其是那些实证主义学派的)找到了同盟者，我得说这些人确实是在把自然法当作一个虚假的观念来攻击，他们想要根除这个观念，就像要消灭一个从那些廉价的劣质教科书上临摹下来的草人。

　　自然法的观念是基督教和古典思想的一个遗产。它并不追溯到18世纪的哲学，而这个世纪的哲学或多或少在使自然法的观念发生变形，倒不如说，自然法的观念可以追溯到格老修斯，而在他之前则是苏亚瑞(Suarez)和弗兰西斯·德·维多利亚(Francisco de Vitoria)，进一步追溯则是圣托马斯·阿奎那；它还可以追溯到圣奥古斯丁、早期基督教教父、圣保罗，甚至可以追溯到西塞罗、斯多葛学派、古代伟大的道德主义者和伟大的诗人，尤其是索福克勒斯。安提戈涅①就是体现自然法的永恒的女英雄，而古人称自然法为"不成文法"，这是一个最恰当的名称。

　　由于在此没有篇幅讨论那些胡话(因为你总是可以在那些非常聪明的哲学家那里看到极好的辩护)，所以我设定你们承认有人性，这种人性在所有人那里都是相同的。我设定你们也承认人是一种拥有理智的存在，因此他对自己的行为是理解的，有能力为他自己决定追求的目的。另一方面，人拥有一种给予的、以被决定的方式构成的人性，人显然拥有与他的自然构成相适应的目的，这对所有人类说也是一样的，——举例来说，就像所有钢琴，无论属于哪一种具体类型或有哪些缺陷，它们的目的都是为了产生某些和谐的声音。如果它们不能产生这些声音，那么必须加以调试，或被当作无价值的东西加以抛弃。但由于人被赋予了理智并能决定他自己的目的，因此能否按照他的本性的必然需要调整他自己的目的取决于他自己。这就意味着，由于有人的本性，因此存在着一种秩序或意向，人的理性可以发现它，并且按照这种秩序行事，以便将自己调整得与人存在的必然目的相一致。不成文法，或自然法，无非就是这种东西。

　　古代伟大的哲学家知道人的本性来自上帝，不成文法来自永恒

---

　　①　索福克勒斯的剧本《安提戈涅》中的女主角。

法，亦即创造性的智慧本身，基督教思想家对此甚至认识得更好些。这就是为什么自然法或不成文法的观念与一种天然的虔诚感相连，由安提戈涅表达出来的这种深刻的、神圣的敬畏使人无法忘怀。他们懂得，那些相信上帝的人对自然法的真正原则的信任比其他人更加坚定、更加不可动摇。不过，相信人性、相信人的存在的自由，本身足以令我们信服有一种不成文法，并且向我们保证道德领域中的自然法的真实程度就像物理领域中成长和开始衰老的法则一样真实。

法则与关于法则的知识是两样不同的事情。不知道法则的人（当这种无知本身还没有从某些失误中产生的时候）在法则面前没有责任。知道有法则并不必然意味着知道这个法则是什么。因为这种非常简单的区别忘记了关于不成文法有许多困惑。他们说，不成文法写在人心上。没错，但它隐藏在深处，它对我们自己的心也是隐匿的，就像对我们一样。这个比喻本身要对它带来的巨大损害负责，它把自然法说成是一套现成的法规，包裹在我们每个人的良心中，我们每个人要做的就是展开它，而每个人天然地拥有关于自然法的相同知识。

自然法不是一种成文法。人要认识它，或多或少地会有困难，对它的理解会有不同的程度，并且随时都有可能犯错误。我们必须行善避恶，这是一切人天然无误地共同拥有的惟一实际知识。这是自然法的开端和原则，但不是自然法本身。自然法是依据必然的样式做什么事和不做什么事的集合，它依据"人是人这个简单的事实"，而不考虑别的任何事情。在决定这些事情中有可能出现的各种错误和歪曲只证明我们的视觉很弱，无数的偶然事件都能毁坏我们的判断。蒙田（Montaigne）恶意地说，在某些民族中，乱伦和偷窃被视为合乎美德的行为。帕斯卡（Pascal）对此感到震惊。按照纳粹方式教育出来的年轻人认为，残忍地虐待父母、为政党服务、杀害老人和病人是合乎道德的行为，我们对这些事实感到愤慨。所有这些都不能证明自然法错了，就好比做错了一道加法算术题不能证明算术错了，某些原始民族把天上的星辰当作覆盖整个大地的帐篷上的洞眼，这种错误并不能证明天文学错了。

自然法是不成文法。人关于自然法的知识随着人的道德良心的发展而逐渐增加。道德良心起初处于一种昏暗状态。[5]人类学家告诉我们，人的道德良心最初在原始部落生活的结构和刚刚觉醒的巫术中形成。这只是证明了自然法的观念最初浸润在仪式和神话中，然后才缓慢地显示出来，就像人性这个观念一样；自然法的知识经历的形式和阶段比某些哲学家或神学家所相信的更多。我们自己的道德良心所拥有的这种自然法的知识无疑仍旧是不完善的，仍旧要继续发展，要随着人性的存在而变得比较完善。仅当福音书渗透到人的本质深处，自然法才会开花和成熟。

自然法与人权

我们现在必须考虑这样一个事实，内在于我们的自然法和道德良心之光还不仅仅是做什么事和不做什么事，它们也承认权利，尤其是与人的本性相关的权利。个人拥有权利，因为个人是一个人，一个整体，是他自己和他的行为的主人，因此人不仅仅是实现某个目的的工具，而是一个目的，必须被当作目的来对待。个人拥有尊严？如果不用自然法来说明，那么这个表达法毫无意义，个人拥有需要得到尊重的那些权利，个人是权利的主体，拥有权利。我们把有些事物归于人，仅仅因为他是人这一事实。权利的概念与道德义务的概念相互联系在一起。它们的基础都是与精神的行动者相应的自由。如果人在道德上受到这些对他完成自己的宿命来说是必要的束缚，那么显然他有权去完成宿命；如果他有权去完成宿命，那么他有权去做为了实现这个目的所必须做的事。权利的概念甚至比道德义务的概念更加深刻，因为上帝对被造物拥有主权，但是上帝对被造物没有道德义务（尽管上帝对自己拥有这种义务，要按照被造物的本性把它们所需要的东西赋予它们）。

因此，真正的人权的哲学基础是自然法的观念。自然法也为我们最基本的义务奠定了基础，各种法都受制于这种最基本的义务，这就是赋予我们根本权利的法则。这是因为我们处在宇宙秩序之中，处在宇宙的法则和规范之中，处在被造的自然物的家族之中（最后处在创造性的智慧的秩序之中），这是因为我们同时拥有分享灵性的特权，我们拥有的权利其他人和其他所有生灵也都拥有。总而言之，由于各种生灵都只按照它自己的原则行事，即所谓纯粹的行为，由于每一种名副其实的权威（亦即正义）都只是按照存在物的原则而受到良心的约束，即所谓纯粹的智慧，所以，被人拥有的每一种权利之所以被拥有只是因为上帝拥有的这种权利，即所谓纯粹的正义，借此可以看到上帝的智慧在存在物中是否被每一个理智所敬畏、服从和热爱。

相反的另一派哲学试图把人权的基础说成是，人服从他的意志和自由，而不服从法则，人必须"只服从他自己"，这是卢梭的说法，因为每一种从自然界中产生的（最终来自创造性的智慧）尺度和规范最终都将摧毁人的自主和尊严。这种哲学没有为人权奠定坚实的基础，因为在幻想中不可能发现真理。它把权利加以混杂和驱逐，因为它使人把这些权利自身当作神圣的，因此是无限的，没有任何客观尺度的，并否认任何自我所受到的限制，最终把人说成是绝对独立的，拥有所谓绝对的权利，——依据人拥有绝对权利而假定一切事物均从属于人这个主体，——以其他所有存在物为代价来展现个人拥有的可能性。当人们受到这样的教导而又四处碰壁时，他们就相信自己没有人权。有些人转过来带着一种奴隶的怨恨反对这些人权，有些人则继续鼓吹人权，但在内心深处，他们正在受到怀疑主义的诱惑，这正是当前危机最令人震惊的征兆之一。我们需要有一种理性的和道德的革命，为的是在一种真正哲学的基础上重建我们关于人的尊严与权利的信仰，为的是重新发现这种信仰的真正源泉。

人的尊严与人权的意识在异教的古代就已经存在，只是笼罩在奴隶制的阴影下。福音书的信息使这种意识突然觉醒，它以一种神圣的、超验的形式向世人昭示，神的王国在召唤他们成为上帝的子民。在传福音的推动下，这种觉醒的意识逐渐扩展，与自然法的要求相关，进入人的今生今世，也进入了世俗之城。

注释

[1] 参见 J. 马里坦的《现代世界的自由》及《经院主义与政治学》"人与社会"一章。

[2] 在某些事例中，民众本身可以直接行使权威，或者由"公民投票"作出具体决定，但我们看到，这样的例子往往是一种过着非常简单生活的很小的社团。

［3］托马斯·阿奎那：《神学大全》，第 11 卷，第 11 讲，第 64 题，第 2 条。

［4］托马斯·阿奎那：《神学大全》，第 1 卷，第 11 讲，第 21 题，第 4 条与第 3 条。

［5］参见瑞萨·马利坦：《论道德良心与人的本性》，纽约，1942。

选译自［美］J. 马里坦：《人的权利与自然法》，

D. C. 安森（Doris C. Anson）英译本，纽约，

查尔斯·斯克里布纳父子出版公司，1949。 王晓朝译。

《个人与共同善》（1947）（节选）

一、个体性(individuality)和人格(personality)

人格(the person)难道不是自我(self)吗？我的人格(my person)难道不是我的自我吗？让我们考察一下自我这个术语和概念所引起的奇特的矛盾。

帕斯卡宣称："自我是可憎的。"这一表述在帕斯卡的著作中是老生常谈。在日常语言中，当我们将某人描述为"我行我素"的时候，我们不是意指他是自我中心的、专横的和独裁的——鲜能获得友谊吗？一个著名的当代艺术家曾说过，"我不喜欢他人"；这是一个显示了强烈申认的人格表述。在这一意义上，我们可能将人格解释为以损耗他人而获得的自我实现。如果我们如此解释人格，那么人格就会总是意味着某种自私或专横，因为在一个忙于他自己的人的身上，没有其他事物或他人的位置。

在另一方面，宣称一个人没有人格难道不是一种重大的耻辱吗？英雄和圣人们难道不是作为达到了人格和慷慨(generosity)高度的人而深深打动我们的吗？在这个世界上，除了对一个说"我"的人所看见和所声明的某些真理的英雄式的忠诚之外，我们没有完成什么重大的东西；这是一种对他——他自身、一种人的人格(a human person)——所必须完成的某种使命的英雄式的忠诚。也许，他独自意识到了这种使命，并且为之献出了他的生命。

但是，让我们转向福音书。没有比基督的人格更为壮丽武断的了。启示的教义告诉我们，它是不可创造之道(the Uncreated Word)的人格本身。

在这里，与帕斯卡"自我是可憎的"的表述相对照，我们想起了圣托马斯的话语："人是所有自然物中最高贵者和最完善者。"[1]帕斯卡教导说"自我是可憎的"，而圣托马斯教导说，爱上帝之人必定为了上帝而爱他自己，必定以仁慈之爱去爱他自己的灵魂和肉体。关注自我——或当代心理学称之为内向性的东西——能够发泄大量严重的破坏性。据说，那些在一种严格的清教主义中被培养起来的人抱怨一种自我意识所引起的痛苦，这是一种内在的麻痹。在另一方面，哲学家们，首先是圣奥古斯丁和近代的黑格尔，教导说自知是精神所特有的；大量的人之进步在于对自我之意识的进步。

这些矛盾意味着什么？它们意味着人是处于两极之间的：物质的一极，实际上，它不涉及真正的个体而是涉及人格的影子，或在严格意义上我们称之为个体性的东西；精神的一极，它涉及真正的人格。

帕斯卡的表述所指向的正是物质的一极——个体成了一切的中心。与之相反，圣托马斯的表述所指向的是精神的一极——人是自由和慷慨的源泉。因此，我们面临着个体性和人格之间的差别。

这不是一种新的差别，而是一种属于人类之知性传承的古典差别。在印度哲学中，它相当于本我(ego)和自我(self)之间的差别。这在圣托马斯的学说中是基本的。当代的社会问题和精神上的问题使得它尤其适合时宜。十分不同的思想学派都诉诸它；如托马斯主义者，普鲁东的某些门徒，尼古拉斯·贝尔德叶耶夫和那些在年轻的存在主义者群体入侵之前已经谈论了"存在的哲学"的哲学家们。因此，区别个体和人格是十分重要的。正确地理解这一差别也同样重要。

让我们先考察个体性。在心灵(mind)之外，只有个别的实体存在。[2]只有它们能够实践存在的行动。个体性与头脑中的事物所具有的普遍性的状态是相对的。它为存在所要求的统一性和不可分割性的具体状态命名，借此，每一个实际地或可能地存在着的自然物都能将其自身作为与其他的存在物区分开来的东西而置于存在之中。天使是个别的实体，神圣的本质（the Divine Essence）在其至高无上的统一性和单一性中是绝对个体性的。纯粹的形式或纯粹的精神，就其自身来说或根据构成了它们实质性的可理解性的东西，处于个体性的状态。由于这个理由，圣托马斯说，每个天使都与任何一个别的天使不同，就好像狮子的整个种类与马的整个种类或鹰的整个种类不同一样。换句话说，每一个天使都与每个其他的天使非常不同；每一个天使都是一个这样的形式（完全没有任何内容）的个体：他的存在在于这种形式，并且这种形式构成了他的种类。

世俗的事物——物质存在——的情况就十分不同。据天使博士（Angelic Doctor）所说，它们的个体性根源于内容，因为内容要求占据与所有其他位置都不同的位置的空间。内容自身是一种非存在，仅仅是一种接受形式和经历实质性变化的潜能或能力；简而言之，是一种对存在的渴欲。在由内容构成的每个存在中，这一纯粹的潜能具有了形而上的能力的印记——"形式"或"灵魂"——这种形而上的能力将存在构建成一个实质性的单位，并且决定了这一单位是它所是。通过形式受命传达内容这一事实，形式发现它自身在这样的存在中被特殊化了：这种存在与其他同样处于空间中的存在一起分有了同样的特殊的本性。

根据这一学说，人的灵魂和它所传达的内容构成了一个实体，这一实体既是物质的，又是精神的。正如笛卡儿所相信的那样，灵魂不是一个独自作为完全之存在的思维存在物（thing-thought-existing），并且肉体也不是另一个独自作为完全之存在的外延存在物（thing-extension-existing）。灵魂和内容是我们称之为人的同一存在——同一实体——的两个实质性的共同原则。因为每个灵魂都想以它们全部的遗传的内容赋予一个特殊的肉体以生命，它从胚胎细胞中获得其内容，并从胚胎细胞开始发展，更进一步地，因为每个灵魂都具有或是与一个特殊肉体的实质性关系，所以它恰好在其实体内具有个体的特征，这些个体的特征使它区别于任一其他的人的灵魂。

在人身上，正如在所有其他的物质存在物——原子、分子、植物、动物——中一样，个体性在内容中具有其首要的本体论根源。

这就是圣托马斯关于物质的个体性的学说。所有存在物的这一共同特征，即为了存在，它们必须是统一的和区别于任何其他存在的，并不是在物质存在中，就像在纯粹心灵中那样，来自这样一种形式：这一形式在如此这般的特殊的可理解性程度上建构了它们。在存在物中，这一共同的特征在分离的形式——无论它是在真实的存在中被分离还是通过头脑的抽象作用被分离——所特有的行为中，低于可理解性的水平而被实现。物质存在因"具有其指定之数量的内容"而是个体性的，它们的特殊形式和它们的本质不是根据它们自己的实体而是根据它们与被理解为在空间中占据了位置的内容的超越性关系而是个体性的。

我们已经将内容的特征描述为对存在的渴欲，它没有其自身的决定，而是从形式中衍生出它的一切决定。我们能将在我们每个人中的个体性——是某种从自身中排除了所有其他人所是之物的东西——描述为永远被胁迫并永远渴望为其自身而摄取的本我的狭隘性。在精神赋予其生命的肉体中，这样的狭隘性来自内容。作为一个物质性的个体，人只具有一种不稳定的统一性，这种不稳定的统一性易于分散成一种多样性。因为就它自身来说，内容易于分解，就好像空间易于分割一样。作为一个个体，我们每个人都是一个种类的一部分，是宇宙的一部分，是宇宙的、伦理的、历史的强力和影响的巨大之网中的一个独一无二的点——并且，它们的法则束缚了我们。我们每个人都从属于物理世界的决定论。但是，我们每个人也是一个个人，并且本身不被天体所控制。我们的整个存在借助于精神性的灵魂的存在而存在，我们的精神性的灵魂是有创造力的统一性、独立性和自由的原则。

我们已经简要地概述了个体性的理论。人格是一个深奥得多的神秘的东西，并且，探测其意义的深度是极其困难的。也许，讨论对人格的哲学发现的最恰当的方法是研究人格和爱之间的关系。

帕斯卡说，"我们爱的不是个人，而仅仅是其性质"。这是一个错误的陈述，并且正好展示了帕斯卡的理性主义痕迹，而他是力图保护自己免于陷入理性主义的。爱不关涉性质。性质不是我们爱的对象。我们爱最深刻的、最实质性的和最隐秘的、最存在的（existing)可爱的(beloved)存在物的实体。这是一个比所有我们能在可爱之物中找到的性质和本质都更为深刻的形而上的中心。爱人们的表达是无止境的，因为他们的对象是难以形容的。

确实，爱不是作为从其性质中分离出来的东西，而是作为一个具有这些性质的东西而挑出(seek out)这一中心的。这可说是一个有着无穷尽的存在、慷慨和行动的中心，它能够付出，并且能够付出自身。它不仅能够接受他人所赠予的这一或那一礼物，而且甚至能将另一个自我作为礼物来接受，这另一个自我馈赠其自身。这一对爱本身的法则的简要考察，将我们带到了关于个人的形而上问题的面前。因为爱与性质或本性或本质无关，而与个人有关。

"你是你自己"，朱丽叶说，"尽管你不是一个蒙塔哥人……罗密欧，抛弃你的名字，并且为了不是你的一部分的你的名字带走所有的我自己"。

为了馈赠出自己，一个人首先必须存在。确实，他与穿透空气的声音不一样，与穿过头脑的思想不一样，而与为其自身存在和实践存在的事物一样。这样的存在物必须不仅仅如其他事物那样存在，而且要在沉着之中明显地将它自己控制在手里，成为它自己的主人。简而言之，他必须被授予一种精神性的存在，能够包容它自身对知性和自由的运用的感谢，能够通过知识和爱超越存在。由于这个理由，西方的形而上传统根据独立性将个人定义为一个建构了通往其自身之宇宙的精神性地存在着的实体，一个面对着上帝这一超越全体的、伟大的宇宙整体中相对独立的整体。由于同样的理由，这一传统在上帝中发现了至高无上的人格，通过知性和爱，它的存在本身在于一种纯粹的和绝对的超存在。与物质事物的个体性的概念不一样，人格的概念不是与内容相联系，而是与存在的最深刻的和最高的维度相联系。它的根源在精神之中，因为精神在存在中把握了它自身，并且存在达到了超度的丰富。如果我们形而上地考察人格，它就是，正如托马斯学派所正确地宣称的那样[3]，"存在"是有创造力的涌流(influx)用以封印的终极的成就，在其自身之内，它是直面存在之整个秩序的本性，以至于它所获得的存在是它自己的存在和它自己的完善。人格是精神性灵魂的存在，而精神性的灵魂是被传达给人这一混合物的。因为在我们的实体中，它是一个能使它拥有其存在、自由的完善和付出其自身的印迹(imprint)或印鉴(seal)。所以人格证明了存在中的慷慨或广阔(expansiveness)，而个体化的心灵从其精神本性中衍生出这一存在，并且，在我们本体论结构的神秘的深处，这一存在构成了动力的统一性的源泉——来自内部的统一的源泉。

因此，人格表征着对自我的内在性。并且，由于它是人的精神，与植物和动物相对照，这一精神使人超越了恰当地所谓独立性的界限和对一个人自身的内在性的界限，所以在没有门或窗户的情况下，个人的主体性通常与莱布尼茨单子的独立的统一性无关。它要求知识和爱的交流。正是通过我们每个人都是一个个人并且都向自己表达自己这一事实，我们每个人都要求在知识与爱的秩序中与一个和多个他人交流。就其本质来说，人格要求一种灵魂在其中真正进行相互交流的对话。这样的交流是鲜有可能的。由于这一理由，人的人格似乎比被束缚于创造性之努力的经验更深刻地被束缚于苦恼的经验。个人直接与绝对者相联系。因为，只有在绝对者中，它才能享受其完全的充分性。它的精神家园是绝对者和那些没有缺陷的善的整个宇宙，这些没有缺陷的善是通往超越了世界的绝对之整体的道路。

最后，我们转向关于后一个词的宗教思想，并且发现人类个人(the human person)之尊严的最深刻的层面在于其与上帝的相似性——不是以一种在所有被造物的态度之后的一般的方式，而是以一种特有的方式。这就是上帝的影像(image)。因为上帝是精神，并且人类个人在将一个能认识、能爱和能被分享上帝的生活的恩赐提高的精神性灵魂当作生活的原则的过程中，从上帝开始前进，以至于最后它可能如上帝了解和爱他自己一样去了解和爱上帝。

如果我们的描述是恰当的，那么这就是人的两个形而上方面——个体性和人格——和他们特有的本体论上的特征。无论它可能看起来多么明显，为了避免误解和荒谬，我们也必须强调它们不是两个分离的事物。在我之中，不存在一个称之为我的个体的实体，也不存在另一个称之为我的人格的实体。同一个实体，在某种意义上是一个个体，在另一种意义上是一个个人。根据在我们之中的来自内容的事物，我们的整个存在是一个个体，根据在我们之中的来自精神的事物，我们的整个存在是一个个人。相似地，一幅画的整体根据构成它的颜料是一种物理化学的混合物，而根据画家的技艺则是一幅关于美丽的作品。

当然，物质性的个体性在其自身内不是某种恶的东西。显然，作为我们存在的特定条件，它是某种善的东西。但是，准确地说，正是由于个体性与人格相联系，它才是善的。在我们的行为中，当我们将优势给予我们的存在的个体性方面时，恶就产生了。因为，尽管我们的每个行为都同时是作为个体和个人的我们自己的行为，然而，正是通过每个行为是自由的并且包括了我们的整个存在这样一个事实，每个行为在朝向人格所倾向于的至高无上的中心的运动中被连接起来了，或在朝向分散的运动中被连接起来了——如果任其自然，物质性的个体性就易于堕入这种分散。

在这里，我们应该注意，人必须通过他的意志来实现他的本性仅是其概要的东西。根据老生常谈——非常深刻的老生常谈，人必须成为他所是的东西。并且，他必须以一种悲伤的代价和冒着巨大的危险来做这件事。在道德秩序中，他必须自己赢取他的自由和他的人格。换句话说，正如我们在上面所看到的，他的行为要么能够跟随人格的倾向，要么能够跟随物质性的个体性的倾向。[4]如果发展发生在物质性的个体性的方向上，它就会朝向法则是为其自身摄取或攫取的可憎的本我。同时，人格本身会易于被掺杂和分解。但是，如果发展发生在精神性的人格的方向上，那么人就会朝向英雄和圣人的慷慨的自我。因此，只有当精神和自由的生命支配了感觉和激情的生命时，人才会是一个真正的个人。

在这里，我们面临着对人的教育的关键问题。存在一些将个体与人格混淆起来的人。为了完成人格的发展和他所渴望的扩展（expansion）的自由，他们拒绝一切禁欲主义；这些人不修剪树，却要树结出果实。被如此教育的人完成的只是分散和分解，而不是自我实现。心变得萎缩了，感觉恶化了，或其他所有在人之中最人性的东西退化成了一个轻浮所掩盖的空白。

另外一些人则误解了个体和人格之间的差别。他们将它错误地当成一种分离。这些人相信，在我们每个人之中有两个分离的存在物，一个是个体，另一个是人格。他们的座右铭是："个体死了，人格永存！"遗憾的是，在他们杀死个体的同时，他们也杀死了人格。对人类进步的专制的构想一点不比无政府主义的构想更好。它的理想似乎是先移走心脏——如果可能，是无痛苦地移走——然后用天使的心代替它。第二步是困难得多的操作，并且也更少成功。在展示创造者神秘的面容的过程中，一个面具而不是真正的人格出现了，这是法利赛人的粗陋的面具。

它是在教育和人类进步上最为重要的内部原则，即本性和恩赐，就好像它是一个在机体的成长中最为重要的内部原则一样。我们的工具仅仅起到帮助的作用；我们的技艺不过是这一内部原则的仆人和合作者。这一技艺的整个作用是在人的亲密性(intimacy)中以个体性的比重减少而真正人格及其慷慨的比重增加的方式进行修剪和修整——这是个体和人格都感兴趣的操作。确实，这样一种技艺是困难的。

二、个人和社会

在我们对个人的特征的处理中，我们注意到人格本然地倾向于交流。我应该强调一下这一经常被误解的要点。因为，个人因其尊严和需要要求成为一个社会中的成员。我们仅在一种不恰当的意义上才将动物群体或群落称为社会。它们是仅由个体组成的聚集的整体。恰当意义上的社会——人的社会——是一个人格的社会。一个担当得起这一名称的城市是一个诸人的人格的城市。社会的单位是个人。

但是，为什么作为人格(person)的个人(the person)要寻求在社会中生活呢？首先，它这样做是因为他的作为人格的完善和他内部的对交流知识和爱的冲动，而知识和爱的交流要求与其他个人的关系。在其完全的慷慨中，人的人格倾向于在对被记入存在、生命、知性和爱深处的过度丰富的法则的回应中洋溢于(overflow into)社会交流之中。第二，它这样做是因为它的需要或者说它的缺陷，它们来自其物质性的个体性。在这一方面，如果它不被整合进一个社会交流的团体，那么它就不能获得其生命的完满和成就。因此，社会出现给人的人格正好提供那些它所需要的存在和发展的条件。人的人格不是通过它自身一人，而是通过从社会中获得本质的善，才达到它的完满。

在这里，问题不仅仅是他的物质需要，对面包、衣服和住所的需要——为了获得它们，人要求其同胞的帮助，而且也是，且首要地是他应被给予的从事理性和美德的工作的帮助，这种帮助与他的存在的特征相对应。为了达到知识上的某种程度的高深和道德生活上的某种程度的完善，人需要教育和他人的帮助。在这个意义上，亚里士多德的陈述：人天生是政治的动物，是极其正确的。人是政治的动物，因为他是理性的动物，因为理性要求通过品格的训练、教育以及与他人的合作而发展，因为社会对于人的尊严的完成来说是不可缺少的。

在作为社会单位的个人这一概念和作为社会整体的目的的共同善的概念之间，存在一种相互关联。它们互相意指对方。共同善是共同的，因为它在个人中被获得，每一个个人都好比是整体的一面镜子。在蜜蜂中，存在一种公共的善，即蜂群的良好运作，但不存在一种共同善，即一种被获得和被交流的善。[5]因此，社会的目的既不是个体的善，也不是构成社会的每个个人的个体善的集合。这样的构想会将社会本身分解为其各个部分的利益，并且会要么相当于一种直白的无政府主义的构想，要么相当于古老的伪装的个人主义唯物论的无政府主义构想，在个人主义唯物论的构想中，城市的全部作用是保护每个人的自由，由此给予了强者压迫弱者的充分自由。

社会的目的是共同体的善，是社会团体的善。但是，如果我们不将社会团体的善理解为人类个人的共同善，就好像社会团体自身是人类个人整体一样，那么这一构想也会导致其他极权主义类型的错误。城市的共同善既不仅仅是个人善的集合，也不是整体的特有的善，与相对于其个体的种类或相对于其蜜蜂个体的蜂群一样，这样的整体将部分与它自身联系起来，并为其自身牺牲部分。它是多数者善的人类生活，是大量个人的善人类生活；它是他们在善的生活中的交流。因此，它对整体和部分来说都是共同的，它复归于整体和部分，反之，整体和部分也必定受益于它。如果它没有损害其自身，那么它意味着并要求承认个人的基本权利和国内社会的基本权利，比之政治社会，个人更原初地是加入这种国内社会。它作为与整体的善和个人的善相协调的首要价值——最高权利——包含在其自身之内，个人的善是关于他们个人的生活和扩展(expansion)的自由，以及随着这样的扩展而发生的慷慨之交流的善。如果，正如我们打算稍后强调的那样，城市的共同善意指一种对某种超越它的东西的内在受命(ordination)，那么这是因为就其本质和在其特有的领域内，它要求与构成社会的个人交流或重新分配给构成社会的个人。它预先假设了个人，并且复归于他们，在这个意义上，它在他们之中被实现。

因此，构成政治社会的共同善的事物不仅仅是组织共同生活所要以之为前提的公共物品和设施——公路、港口、学校等——的集合；国家良好的财政状况和它的军事力量；公正的法律、优良的习俗和贤明的制度；它伟大的历史记忆的遗产；它的象征和它的荣耀；它的仍然有生命力的传统和文化财富。共同善包括了所有这些和除此之外的某些更多得多的东西——某些更深刻、更具体和更人性的东西。因为，它也包括了、并且是首要地包括了这些事物的总和本身，这个总和与并列的各个单位的简单集合十分不同。（即使在数学定则中，正如亚里士多德所指出的那样，6 与 3＋3 也是不一样的。）它包括了所有市民的良心、政治美德以及权利和自由的观念的总和或社会学意义上的整合，所有活动、物质繁荣和精神财富的总和或社会学意义上的整合，以及在其成员个体生活中的道德上的正直、正义、友谊、幸福、美德和英雄主义的总和或社会学意义上的整合。因为，在某种程度上，这些事物全是可交流的，并且，它们在帮助每个成员完善他的生活和个人自由的过程中，复归于每个成员。它们全都构成了多数者的善的人生。

让我们顺便解释一下：共同善不仅仅是一个利益和效用的体系，而且也是一个正直的生活，一个在其自身内的目的、善，或如古希腊人所说的，真诚的善。因为，一方面，确保多数者的存在本身就是某种道德上善的东西；另一方面，被这样确保的存在必须是共同体的正义和道德上善的存在。只有在共同善是依据正义和道德善的条件下，它才是它所是，即它才是一个人和一个城市的善，而不是歹徒和杀人犯团伙的善。由于这一理由，即使不忠、蔑视约定和发过的誓、政治暗杀和不正义的战争对一个政府来说是有用的，并且它们促成了使用它们的人的一些短暂利益，但就它们作为政治行为——在某种程度上是包括在共同行为之中的行为——的本性来说，它们往往摧毁共同善。

共同善是某种在伦理上善的东西。作为一个本质的要素，它包含了此时此地组成联合的多数个人向形成一个不仅仅靠强力而且也靠正义组织起来的民族发展的最大可能。历史条件和人性静止的低劣发展，使得社会生活之目的的完满完成变得困难。但是它所倾向于的目的会以这种方式——具体的个人在与整体的善相协调的情况下最大可能地真正独立于自然奴役的方式——促成共同善。劳资的经济保证、政治权力、道德美德和精神文化全都对这一独立的实现作出了贡献。

在这里，一个双重的观察是适当的。一方面，市民社会的共同善意味着整个人参与其中。与农夫间的合作社或技术上的联合不一样——它们仅要求对成员的利益作部分约定，市民社会要求公民交付他们的生活、财产和荣誉。另一方面，我们应该注意，与政治社会的共同善概念联系在一起的"完美社会"的概念在历史进程中已经经历了很多冒险；我们甚至可能怀疑在任一特殊社会群体的范围内，人们是否曾真正实现过它。现在的国家比亚里士多德时代的城邦或苏阿雷兹（Suarez）时代的政治团体离"完美社会"的理想类型更远。我们时代的共同善当然不仅仅是民族的共同善，但仍没有成功地成为文明世界共同体的共同善。然而很清楚，它更倾向于后者。由于这一理由，将一个国家或民族的共同善仅当作很多相似领域中的一个领域就似乎是恰当的，在这些领域中，整个文明社会的共同善达到了更大的密度。

我们已经强调了个人的社会性和共同善特有的人类本性。我们已经看到了，它是一种依据正义要求的善，它必须复归于个人，并且，它包括了作为其首要价值的个人通向他们自由扩展的途径。

我们还没有考虑过我们可能把什么称为社会生活的典型矛盾。在这里，我们将再一次发现个体和个人之间的差别。因为这一矛盾产生于我们已经注意到了的这一事实，即我们每个人在其整体上是一个个体，并且在其整体上是一个个人。

在这一点上，一些形而上的、也是神学的观察会有助于确保这一讨论的正确发展。让我们回忆一下，个人的概念是一个只有在其至高无上的类比物——上帝、纯粹行动（the Pure Act）中才被完全地和绝对地实现的类比概念。让我们更进一步地回忆，对圣托马斯来说，"整体""全体"的可理解价值不可分离地与个人的可理解价值联结在一起。个人本身是一个整体。这是托马斯主义的一个基本命题。部分的概念与个人的概念是相对的。[6]

那么，说社会是一个由个人构成的整体，就是说社会是一个由整体构成的整体。如果我们在其完全意义上把握这一表述，那么它就将我们直接引向神圣个人（the Divine Persons）的社会（因为社会的概念也是一个类比概念）。在神的三位一体（Divine Trinity）中，存在一个整体——神的本质，它是三个存在着的关系的共同善。就这一整体来说，构成三位一体的社会的三绝不是部分，因为它们完全与整体同一。它们三个是那一整体①的整体。"在被造物中"，托马斯写道，"一是二的一部分，二是三的一部分（正如一个人是两个人的一部分，两个人是三个人的一部分一样）。但是，在上帝那里却不是这样。因为圣父与整个三位一体是等同的"[7]。

在这里，我们必须了解我们语言的无法补救的缺陷。由于我们的社会概念产生于、并且就我们所关心的概念化的模式来说，受制于我们的经验，所以对我们来说，表述个人生活在社会中这一事实的惟一可能的方式，就是说他们是社会的一部分或构成了社会。但是，我们能说，除非是非常不恰当地，神圣者是非被造的社会的"一部分"或"构成了"非被造的社会吗？准确地说，在我们面对出类拔萃的社会——纯粹个人（pure persons）的社会——的所在，我们的语言的缺陷是无法补救的。让我们记住这一本质的要点——它是跟随精确性的特有的困难和关键，即如果个人自身要求是社会的"一部分"或"是社会的一个成员"，这绝不是意味着它必须以部分在整体中的方式处于社会中，以及在社会中被当作整体中的部分来对待。正好

———————————

①　指神的本质。

相反，作为人格的个人，他要求在社会中被当作一个整体来对待。

为了获得人类社会的正确概念，我们必须将它看作是处于非被造的范型——社会概念的最高类比物，即神的社会——和一种不恰当的和隐喻意义上的动物社会之间的类比刻度上的东西。在人的城市的无限上方，存在一个纯粹个人（Pure Persons）的社会，这纯粹个人处于个体性的顶端，但却没有内容所导致的个体性的阴影（与存在的行为不同，甚至也没有形式所引起的个体性的阴影）。每个人都通过一种无限的交流[8]处于对方之中，这一交流的共同善严格地和绝对地就是每个个人特有的善，因为它就是每个个人所是之物，并且就是他们的存在行为。在人之社会的较远的下方，甚至是在所有恰当地所谓社会的水平之下，存在一个物质性个体的"社会"，这些物质性个体不是个人，它们每个个体在其自身内是如此孤立，以至于它们不倾向于任何交流并且没有共同善[9]，但是，每个个体完全从属于整体的特有的善。人类社会处于这两者之间。它是个人的社会，个人是物质性个体，因而个人在其自身内是孤立的。但是它们要求彼此之间的交流，尽可能在此世期待那一与他人和处于永恒生命中的上帝的完美交流。一方面，这样一个社会的世俗共同善优于每个成员的特有的善，但又复归于每个成员；另一方面，它在每个人中维持这样一种运动：通过这一运动，它努力争取自己的永恒善和那一超越整体；通过同一运动，每个人超越了世俗城市的共同善所建立于其中的秩序。

个人本身就是一个整体，一个开放的和慷慨的整体。确实，如果人的社会是一个纯粹的人格社会，那么社会的善和每个人的善就会是同一个善。但是，人远不是纯粹的人，人类个人是一个粗劣的物质性个体的人，是一个生来就比其他任何动物都无助的动物的人。尽管个人本身是一个独立的整体，并且是所有自然物中最尊贵者。但是人的个人却是最低程度的人格——赤裸的并且是悲惨的，贫穷的并且充满了欲望。因此，当它带着它的属性进入社会时，由于它的缺陷——是它作为种类中的一个个体的状态的证据——人类个人作为整体的部分而出现的情况就发生了，这一整体比其部分更大、更好，并且这一整体的共同善比每个部分的善更有价值。然而，由于人格本身和它作为一个独立的和开放的整体所暗指的完善，人的个人要求成为社会中的成员。因此，如我们先前所注意的那样，对在某种方式上复归于每个成员的个人的社会整体的善来说，它是本质的。正是人类个人进入了社会；作为一个个体，作为一个其特有的善次于整体（由个人所构成的整体）的善的部分，它进入了社会。但是，只有当整体的善造福于个体的个人，被重新分配给个体的人并且尊重他们的尊严时，它才是它所是，并且优于个人的善。

　　另一方面，由于它受命于绝对者，并且超时间的命定传唤了它，或换句话说，由于人格本身的最高要求，人类个人作为一个被参照于超越的整体的精神性全体，超越并且优于所有的世俗社会。从这一观点来看，或如果你愿意，就我们每个人都不是恺撒而论，社会自身和它的共同善都间接地从属于人的完满的成就，和它对另一秩序的目的——一个超越了它们的目的——的超世俗的热望。一个人的灵魂比整个物质世界都更有价值。没有比不朽的灵魂、上帝更高的事物了。就灵魂的永恒命定来说，社会为了每个个人而存在并且从属于它。

　　我们刚才已经说过了，只有当共同善被重新分配给各个个人时，它才是它所是。现在，让我们再进行一种思考——这一思考来自同一原则，但走得更远，即：如果城市的共同善或文明的共同善——本质上是一种整个人类都参与其中的人类共同善——不尊重超越了它的事物，如果它不从属于，不是作为一种纯粹的手段，而是作为一个低价的目的，永恒的善的秩序和人的生命被悬置于其上的超世俗的价值，那么，城市的共同善或文明的共同善就没有保护其真正的本性。

　　这一本质性从属首先指向人类个人所直接受命的超自然的至福。它也与并且已经与自身超越了政治社会的任一事物相联系——这是一个哲学家不能忽视的事实，因为所有这样的事物都从属于绝对者的秩序。[10]我们在头脑中有自然法、正义的规则和对友爱的要求；精神的生活和所有是我们的沉思的自然开端的东西；真理的无形尊严，神学知识的无形尊严，以及美的无形尊严，无论它们在所有领域中或在任何程度上可能多么谦卑，它们都比共同生活的事物更为高贵，并且如果共同生活的事物限制了它们，它们就绝对会为它们自己报复。在人类社会力图将其自身从这一从属中解放出来并宣称其自身就是至高无上的善的程度上，它误解了它自己的本性和共同善的本性——在同一程度上，它摧毁了共同善。政治社会的共同善是一个"诚实的善"。但是，它是一种实践的善，并且正如我们在一开始就注意到的那样，不是绝对的善，这一绝对的善是神学知识的至高无上的对象。市民生活的共同善是一个终极的目的，但却是一种相对意义上的和某种秩序中的终极目的。如果它在自身内是封闭的，那么它就会迷失。因为就其本性而言，它有意于支持人类个人的更高目的。人类个人对超越了它的善的使命体现在共同善的本质中。忽略这些事实就是同时和以同样的标志违犯了人类个人和共同善。

当人类个人拥护权利、正义、友爱的仁慈以反对社会压迫时，当他将自身提升到社会生活之上以进入精神的孤独生活时，当它放弃共同生活的宴会而满足于超越时，当他似乎忘记了城邦，牢牢抓住美和真理的坚固客体性时，当他敬重上帝而不是敬重人时，就是在这些行为中，人类个人仍然服务于城邦的共同善，并且是以一种卓越的方式服务于城邦的共同善。

并且，当人为他最亲近的城邦的共同善而牺牲、遭受痛苦并为城邦付出他的生命时，由于他愿望善的事物并且依照正义而行动，他仍然——依照仁慈的秩序——比爱城邦和城邦的共同善更爱他自己的灵魂。

我们看到，政治生活的真正构想既不是完全的个人主义，也不是完全公共的。正如我们在很多年前所写的那样，它以这两个术语互相要求和意指对方这样一种方式，因而既是个人主义的也是公共的。因此，没有什么比根据对立而提出个人和共同善的问题这一举动更虚幻的了。事实上，我们是根据互相从属和互相指谓而提出这一问题的。

因此，正是在事物的本性中，作为社会之部分的人应该受命于共同善和城市成员为此被组织起来的共同事业。[11] 正是在事物的本性中，当需要出现时，他应该宣布放弃这样一些行动：这些行动自身比为了挽救共同体的政治团体之行动更高贵。也正是在事物的本性中，社会生活应该将大量的限制和牺牲强加在作为一个个人的、

的成员还是为了普遍理性，杀死一个无辜的人都是一种罪恶。即使是为了试验某种可能挽救成千上万的病人的药而判决一个囚犯死罪，也是一种罪恶。在一场正义战争中，社会团体没有权力强迫它的公民上战场。它没有权力要求公民承担这一危险，或为了挽救城邦而判决一个人死罪。当它是一个关于特殊使命——在这种使命中，人们走向确定无疑的或几乎确定无疑的死亡——的问题时，我们要求有志愿者。这一事实本身是对人类个人生命权利的一个额外证明。即使在这些极端的情况下，只要它是一个个人的生命，某种东西就仍然具有对人的生活的超越性价值的证据。个人能在良心上有义务，如果必要甚至是被强迫，献出他的生命，但是他永远不能像一个屠宰场上的动物那样被污辱。他仍是他自己的主人，并且他通过一种美德的行为面对死亡。除了个人的尊严这些终极要求之外，这一情形仍然是真实的：即在正义的情况下，当整体出现危机，个人有义务为了挽救整体而冒牺牲自己生命的危险。准确地说，他之所以有这一义务是因为个人作为一个个体在整体上是共同体的一部分，个人以某种方式从这样一个共同体中获得他所是的一切。但是，只有当世俗的共同善本身包含了超越人的价值和间接地与人的绝对的终极目的相联系时，他才被迫如此。

> 如果人的社会共同善仅仅是和完全是世俗的利益和成就的总和，就像蜂群或蚁群的共同善——不是真正共同的，而是极权主义的——一样，那么为它牺牲一个人类个人生命就无疑是荒谬的。因此，将个体的个人（individual person）对世俗的共同体的从属推至极限的战争，同时证明了这一从属所预先假定的超世俗的含义和超社会的结局。另一方面，我们能够看到，正是由于它们的本性，极权主义的国家——它们正是以民族的名义吞噬人的生命的国家——本身就丧失了要求一个人为它们牺牲其生命的权力。[14]

简而言之，尽管个人本身是一个全体，但物质性的个体，或作为物质性个体的个人是一个部分。虽然，作为个人（person）或全体的个人（the person）要求世俗社会的共同善复归于它，甚至通过其对超越之整体的受命而超越世俗社会，然而，作为一个个体或部分的个人仍然次于和从属于整体，并且，他作为整体的一个器官，必须为共同的事业服务。

圣托马斯的两个相互补充和平衡的论述能将我们引向对这些概念的更深刻的洞察。"每个个体的个人(individual person)，"圣托马斯写道，"作为整体的部分而与整个共同体相联系"[15]。从这一观点来看且在这一方面，那是因为：由于个人的某种特有状态，他是社会的一部分，所以个人在整体上参与和受命于社会的共同善。

但是，让我们同时补充一句：尽管人在整体上被当作介入政治社会的一部分(因为他可能不得不为它献出他的生命)，但是他不是由于其全部自我和他固有的一切而是政治社会的一部分。正好相反，由于人固有的某些东西，他在整体上被提升到政治社会之上。圣托马斯的第二个论述完成并平衡了第一个论述，它在这里是恰当的："依据他所是和所有的一切，人不受命于政治团体。"[16]

在这一陈述"人，由于他固有的某些东西，在整体上被当作介入政治社会的一部分"和另一陈述"人由于作为一个整体，其自身和他固有的一切而是政治社会的部分"之间存在着巨大的差异。第一个陈述为真，第二个陈述为假。问题的困难和解答都在这儿。无政府主义的个人主义否认，人由于其固有的某些东西而在整体上被当作政治社会的一部分。极权主义宣称，人由于其整个自身和他固有的一切而是政治社会的一部分。("一切都在国家之内，没有任何东西反对国家，没有任何东西在国家之外。")事实是，人在整体上被当作政治社会的一部分——但不是由于他的整个自我，受命于社会之善的一部分。以同样的方式，一个好哲学家不是由于其存在的所有功能和结局而在整体上从事哲学，他是由于他固有的知性的特殊功能和特殊结局而在整体上从事哲学。一个好的赛跑者不是由于他的存在的所有功能或结局而将整个自己投入比赛。他是由于他的神经肌肉结构，而不是由于比如说他对《圣经》的知识或关于天文学的知识而将整个自己投入比赛。人类个人不是由于他固有的所有事物和属于他的所有事物在整体上被当作政治社会的一部分。由于在个人内部的其他事物，他也在整体上高于政治社会。因为在个人内部，存在一些事物——它们是最重要的、最神圣的事物——它们超越了政治社会，并且牵引人在整体上超越政治社会——正是这相同的整个人根据的另一个范畴而是政治社会的一部分。由于同这个关涉我们整个存在的共同生活的某些关系，我们是国家的一部分；但是由于与比共同生活更重要的事物的其他关系，在我们内部存在既不是代表国家，也不是为了国家的善和价值，它们外在于国家。

人由于他固有的和属于他的事物而是政治共同体的一部分并次于政治共同体，因为这些事物是物质性个体的缺陷，它们正是在其本质上依赖于政治社会，反之，它们可能被用作手段去提高社会的世俗的善。在这一意义上，一个数学家依靠社会生活使之可能的教育制度而学会了数学。这一进步的形式——他从他人那里获得教育并且这是个体之局限的一个证明——依赖于共同体。因而，共同体能在给定的环境下要求这个数学家通过教数学而服务于社会群体。

另一方面，由于人固有的和属于人的事物——它们源自于人格本身对绝对者的受命，并且由此，它们在其本质上依赖于某种比政治共同体更高的事物，以及特别关涉作为人格的个人之超世俗的成就——个人优越于政治共同体。因此，数学真理不依赖于社会共同体，但却关涉个人本身的绝对善的秩序。共同体永远没有权力要求数学家将某一数学体系而不是任何另一体系当作真理，或教授被认为与社会群体的法则更为一致的数学（例如，因为它们是"亚利安人的"数学……）。[17]

为了上帝和永恒的生命而被创造出来的人在构成城邦的一部分之前，构成了一个个人；并且，在他构成政治社会的一部分之前，他构成了家庭社会的一部分。这就是原初权利的起源，政治社会必须尊重这些原初权利，并且当它要求其成员为它服务时，不得损害这些权利。

我们已经说过，一方面，正是个人自身进入了社会；另一方面，在根本上正是由于其物质性的个体性，他作为一个其善次于整体之善的部分而处于社会之中。如果这一情况属实的话，那么我们就可以理解以下说法了：没有来自个人的永久天赋，社会就将无法存活下去，而每个人都是不可替代的和不可交流的；但是，由于个人总是被个体化而失去个人性（depersonalize），所以在社会习俗中被保留下来的个人就变成了某种可交换的和可替代的东西。

我们可能也要补充一句，社会、它的生活和它的和平，不能没有友爱，即公民的友爱而存在，这种友爱是社会的生气勃勃的形式，它在本质上是个人的。[18]然而，构成社会结构的关系本身只关涉正义，正义在本质上是非个人的，因为它需依据各种事物来权衡评价，并且不限于个人。

从以上考察中我们能够得出两个结论。第一个结论关涉个人与社会的相互关系。为了描述这些关系的特征，我们可能要使用下面的公式：正是由于个人因其丰富性或作为一个个人或因其贫困或作为一个个体而需要社会，于是，共同善就其本质来说将其自身导向作为人格的个人，并且将作为个体的个人导向它自身。它以一种双重的方式将自身导向个人：第一，当个人参与社会秩序时，共同善就其本质来说必须复归于个人，或重新将自身分配给个人；第二，当个人超越社会秩序并直接受命于超越的整体时，共同善就其本质来说必须支持他们朝向超越政治社会的绝对善而前进。从第一种观点来看，我们有关于将共同善重新分配给社会的各个部分的法则，因为这些部分是个人。从第二种观点来看，我们有关于超越性的法则，这一超越性显示了个人对社会的超越性。

第二个结论关涉人类社会所固有的紧张和冲突状态。社会生活本然地受命于——以一种我们力图描述的方式——个人的善和自由。然而，正是在这同一社会生活中，存在一种在社会中将个人当作一个部分和仅当作物质性的个体程度上的奴役和削弱个人的倾向。"当我处于人们之中时"，塞涅卡写道，"我已经不是一个完全的人了"。

作为人格的个人坚持自由地为共同体和共同善服务。他坚持这一点，而又倾向于他自己的完满，又在其朝向超越的整体运动中超越他自身和共同体。作为一个个体的人必然负有责任，如果需要甚至是被强迫，为共同体和共同善服务，因为它们优越于个人就好像整体优越于部分一样。

这种矛盾、紧张和冲突是某种自然的和不可避免的东西。对它们的解决不是静止的而是动态的。因为，以这种方式，一种双重的运动产生了——这是一种比马克思主义者所诉求的辩证运动更为深刻的运动。第一个运动是当社会及时地发展时，它们自身被昂贵地收买和被不停地阻碍的运动。首先是由于精神和自由的力量，它像一个对腐败不断出现于其中的社会衰退浪潮的推动，这一腐败痛击了我们。因为当这一运动向前发展时，它倾向于在社会生活本身内逐渐实现人对被当作整体中的一个个人，或如果你们愿意，被当作一个整体而不是一个部分来对待的渴望。对我们来说，这是一个非常抽象的但却准确的对这样一个理想的表述：现代民主从一开始就向往这一理想，但它们的生活哲学却损害了这一理想。我们不能在此世期望对这一理想的完全实现，因为它自身对历史的上升部分设置了上限。它要求一种与绝对的和精神性的价值紧密相连的英雄式的生活哲学。只有通过律法的发展、一种对正义和荣誉的神圣观念的发展和通过公民的友爱的发展，我们才能逐渐实现它。因为正义和权力本身通过将它们的法则就像加在一个道德主体身上那样强加于人身上，并且通过诉诸理性和自由意志而关涉人格；它们变成了两个整体——个体个人（individual person）的整体和社会整体，社会整体不过是部分对整体的纯粹从属——之间的一种关系。并且，爱通过自愿地假设一种奴役状态而将这一关系变成自由和一种自由的天赋才能。[19]

　　第二个运动可说是在社会生活之中的个人自身生活的一种垂直运动。它在高度上产生于作为一个人格的个人具有其生活中心的水平和它被建构为社会共同体的一部分的水平之间的差别。因为这种水平上的差别，个人需要社会并且总是倾向于超越它。

　　　　直到最后它进入了一个纯粹个人的社会，也即神圣者的社会，神圣者的社会以无限多于他就其自己的本性来说所恰当渴望的天赋才能而压倒了他。人由家庭群体（因为它涉及人的类差别，所以它比国家更基本）而进入市民社会（它涉及特殊的差别），在市民社会中，他感觉到了对将有利于他的知性生活和道德生活的组织和伙伴关系的需要。他以其自身的自由选择进入这些组织和伙伴关系；它们帮助灵魂努力上升到一个更高的水平。最后，这些也不能满足——灵魂被迫超越它们。在市民社会的水平之上，人穿越了超自然的实体界限，进入了一个人个体化了的上帝的神秘实体的社会——一个其特有的作用是将他引向其精神的完满和其自主的完全自由、将他引向其永恒福利的社会。教会既是荒漠，也是城邦。[20]

在她的管区内，她用神圣的食物滋养人的人格（human personality），并且将它引离周围的人群——在这里，灵魂在人们身上发现了生活中的满足，将它引向处于中心的更深的孤独——在这里，它在神圣者身上发现了生活的最高满足。最后，在个人知性理解神圣本质的视景中来看，个人更加迷失在教会的生活中。但是，教会的共同善现在还没有被揭示，并且，超自然的力量将人提高到作为一个纯粹的人格分享神圣者的不可创造的社会水平，人因之进入了上帝的王国和荣光。你们人，不是为了将精神生活社会化而奋斗。人就其自己的本性来说倾向于在社会中生活，并且只有在那儿他才找到自己的实现。[21]

我们要注意，这些考察使我们能够在其真正意义上理解亚里士多德的论述，圣托马斯如此经常地重复了这些论述，并且我在这篇文章的开头也已提到了这些论述：城邦的善比个体的善更高贵、更神圣。在这里，正如在很多其他的要点上一样，亚里士多德表述了一个非常纯粹的原则，只有比异教智者的眼睛更明亮的眼睛才能洞察这一纯粹原则的重要性。我们必须以一种非常精确正式的方式，在这同一价值系列中——人在其中是与社会整体相联系的一个部分——理解这一原则。正如我们在上面所解释的那样，这一情况是很清楚的：在世俗价值的秩序中，共同体的善（真正的和真实的共同善）优于个体的个人的善。根据这些世俗的价值，个人是共同体的一部分。但是，这些价值不等于个人的尊严和命定。根据我们所描述的超越或僭越的法则，个人被提升到一个比这样的水平——在这一水平上，它仅是一个部分——更高的水平；在此水平之上，个人的善是更崇高的。然而，在这一较高的水平上，它仍然是一个部分，但却是一个较高的共同体的部分，由此，我们在完全不同的条件下，在一个完全不同的程度上重新证明了亚里士多德的至理名言。

由于精神（minds）在对真理和美的爱中交流，在生活、知识、艺术、诗歌的作品中交流，在文化的最高价值中交流，因此，在自然秩序中，存在一个精神的共同体。然而，这一共同体并没有如莱布尼茨表述的那样成功地将它自身建构为一个在该语词的恰当意义上的社会，一个精神的王国。我们仅能够在一种类比的意义上谈论它的共同善。事实上，我们能以两种方式理解理智者的共同善：以第一种方式，它是真理和美自身，（通过精神所获得的某种自然发散的快乐或对非被造的真理和美的参与或对分离的共同善的参与。）理智者的这一共同善明显地优于个人的行动，通过这种个人的行动，每个理智者征服了它的一个部分；但是，它不是一种社会的善，一种在严格意义上的共同善。这一理智者的共同善是超世俗对象的巨大无限，每一个理智者独自坚持这一超世俗对象的某个方面。

以第二种方式，理智者的共同善是精神在其中互相交流之社会的可理解的财富。这一社会财富——精神在与它的联系中完成了共同事业——或多或少完全地复归于每一个精神者。在这个意义上，它毫无疑问是严格意义上的社会善或共同善的一个模式——没有组织化的社会团体，并且，以某种方式，广阔的和散布的方式，它是某种比每个人的特有善更好的东西。从其广度来看，或从显示了对真理之寻求的不同方面的多元的观点看，有柏拉图、亚里士多德、康德和圣托马斯的情况，比只有圣托马斯的情况要好，即使我们乐意为了圣托马斯没有所有其他的人也行，有路易斯布罗克和伪狄奥尼修斯、杰楚德和锡耶纳的凯瑟琳、圣泰瑞莎和克劳斯的圣约翰的情况，比只有克劳斯的圣约翰的情况要好。但是，绝对地讲，每个精神以一种个人的和独自的方式，带着通过神学知识获得的真理，带着通过沉思认识到的上帝而参与其中的交流，比精神从彼此那里所获得的可交流之文化的财富更好。因此，超越的法则仍然对精神的共同体有效，正如它对每个人类共同体来说有效一样。个人仍然会超越精神的共同体，并且要求更多，至少只要它所参与的共同体不是超自然的社会，超自然的社会生活是与上帝交流的生活——是教会本身，超自然的社会善与个人善是同一的。在圣徒的共同体中，个人不再倾向于超越共同体以进入一个更好的社会，因为正是在教会本身之中，他完成了对神的生活的参与。于此，在不同的方面，个人寻求共同体和共同体寻求个人的事实就更加真实了。因为对教会来说，存在一种共同的事业，这种共同的事业是持续的赎救，每个人就好像部分受命于整体的事业一样受命于它。但是，这一共同事业本身受命于每个人的个人善，受命于每个人与上帝本身的联合，受命于赎救对每个作为单个人的人的应用。

一方面，个人的特有善在恩赐和仁慈与上帝、与非被造的善的联合中得以实现，非被造的善是高于所有人类善和所有在教会中发现的被创造的善之间的交流的教会之共同善——一种超越的共同善的，这种超越的共同善不再是要被实现的实践善，而是坚持它的存在着的善。在这一意义上，法兰西斯·德·维多利亚写道："在物质的有机体中，自然的部分直接为了整体而存在。但是在教会中，每个人至少直接地和主要地只为了上帝和他自己存在，因为，既不是恩赐也不是信仰、不是希望、不是任何其他超自然的形式就好像存在于它的对象之中那样直接地存在于整个共同体之中。"[22]

另一方面，个人的特有善，作为一个个体，也即作为被造的整体的一部分——这一整体的首领是道成肉身之道（Incarnate Word），不仅次于这一整体神圣的共同善，而且也次于人类善的集合和被造善之间的交流的集合，被造善在这一整体中来自恩赐与非被造的善的联合。

因此，如果我们将这一伟大城邦当作在整体上依赖于上帝的生活的共同善而存在的东西，被传达给正义者的多数的东西和挑出不诚者的东西，那么每块石头都是为了城邦的。但是，如果我们将每块石头当作在其对这一共同善的个人参与中，自身依赖于交流性的上帝的生活而存在的东西，或当作上帝亲自所寻求的东西——上帝乐意将他自己的生活传达给它，那么，在每个人能够接受城邦之善的丰富性的程度上，城邦所有的善又集中复归于每个人，在这一意义上，城邦又是为了每块石头的。圣托马斯写道，正是对上帝的每一个圣徒来说，《马太福音》说："他①会将他置于他所有的善之上。"[23]并且就每个圣徒来说，克劳斯的圣约翰写道："我的就是天堂，我的就是尘世，我的就是所有的人——正义的人和邪恶的人；

————————

① 指上帝。

天使是我的，圣母是我的，所有的东西都是我的；上帝自身也是我的并且是为了我的。噢，我的灵魂，那么你还需要什么呢，你还寻找什么呢？因为你的是所有这些，并且所有这些都是为了你。"[24]

最后，以赐福的观点来看，通过对神圣本质的直觉，每一个被赐福的灵魂以一种卡热丹（Cajetan）所说的有意的方式都变成了上帝，并且因此进入了神圣者不可创造的社会。每个灵魂特有的永恒的善，以其观察力把握了它，它就是神圣者的共同善本身。每个灵魂都看见了它但却没有"理解"它，因为它仍然无限地超出了每个灵魂的能力。并且，每个灵魂比爱其自身更爱它。更进一步，由于存在大量分享这同一不可创造的善的被赐福的灵魂，所以这个善实际上变成了神圣者和天堂的教会的共同善。由于它是上帝本身，所以它当然比这样的行为更神圣：从实体性的意义上考察，神圣共同体的每个被创造的成员，根据其视界来看，通过这一行为占有其个人的善（我们应该注意，这种个人的善更真实地是被造的个人的善，因为它无限地优越于它）。但是，在什么意义上每个灵魂因此所占有的个人的善次于这一共同的善呢？它们是同一的；个人的善也就是上帝本身。在与神圣的服务和神圣的称赞的关系中，每个灵魂是被赐福者的共同体的一部分。在与观察的对象的关系中，不再存在一个是一个部分的问题，而是存在一个在被赐福者的社会中与整体同一的问题，被赐福者的共同对象是更好的，仅因为，就大多数成员来说，它是每个人作为一个与整体同一的整体，尽管是在不同的程度上，共享着相同的对象。在这里，在每个灵魂与神圣本质的有意的同一中，共同善优先于个人善的法则在某种程度上失效了。[25]准确地说，它在这里失效，是因为个人善就同时是共同善。"每个被赐福者的个人善与整个宇宙的独立的共同善是一样神圣的：在精神上来看，它完全是这一相同的善。"[26]

注释

[1]"人格表征了所有自然物中最完美的事物——即，一个理性自然的存在个体。"（《神学大全》，第1卷，29，3）

[2] 也即由个体构成的集合的实体，如社会。

[3] 参见 J. 马里坦：《知识的程度》，附录四。

[4] 参见 R. 盖里格-拉格兰奇：《常识：形式教条主义的存在哲学》，第4版，

第 2 章，第 3 部分。

[5] 在动物社会中，个体不是一个个人，因此不具有道德"整体"的价值，不是权利的对象。如果整体的善有益于部分，就好像身体的善有益于其成员一样，那么这不是在整体的善被回馈或重新分配给部分的意义上来说的。整体的部分被维持生活或维持好的状态仅仅是为了整体自身能存活和能被更好地服务。因此，它们仅作为整体的部分而分享整体的善。确实，如果不对构成整体的部分有益，它怎么可能是整体的善呢？（除了当它要求这一或那一自发地将自身暴露于危险之中的部分的牺牲时，如手救助身体，因为它天生地比爱自身更爱整体。参见 Cajetan，第 1 卷，60，5)这样一种善在一般的和不恰当的社会的意义上是一种共同善。它不是在这篇文章中我们所涉及的正式的社会的共同善。它仅在一种不恰当的意义上对整体和部分来说是共同的，因为它没有在根据由个人所构成的整体的特殊紧急需要为了整体而有益于部分的同时也为了部分自身而有益于部分。它更准确地是整体的特有的善——确实，它不是与部分没有关联，但却只为了它自己和整体而有益于它们。动物社会的这种共同善类似一个"真诚的善"(bonum honestum)。但是，在其恰当的秩序中，这里的整体由不是人的个体构成。人类社会共同善——它是正式的、社会性的——为了成为真正的共同善和作为共同善为了得到"真诚的善"的特征，意味着对作为人格(persons)的个人(the persons)的重新分配。

[6] 见第三节第 5，3，2 段，圣托马斯在这一文本中谈到人这一混合物，并且指出，因为灵魂仅是人的一部分，所以单独的灵魂不能是一个个人。对任何一个对托马斯主义的理解充分深刻的人来说，这是很清楚的：部分的比率与人格的比率不一致的原则是一个完全普遍的原则，并且根据情况被类似地应用。因此，在谈论发生在人格(参见《神学大全》，第 2 卷，2，2)中的本质的联合的过程中，圣托马斯的约翰指出，上帝能与仅作为个人的人的本性合为一体(be united to)，正如他能与仅作为种类之可理解性(species intelligibilis)的人的知性合为一体一样，因为在两种情况下，他都是作为关系和作为整体，而不是作为部分与他合为一体的。(《十字架神学》，"道成肉身"："辩论"，之四，a.1)。当个人的概念相对于不再是实质性的，就像人的混合体一样，而是仅具有一个偶然的统一的整体而被考察和它们自身由与社会整体相似的个人构成的时候，相同的原则也必须明显地开始起作用——尽管在完全不同的状况下和跟随另一条应用的路线。

[7]《神学大全》，第 1 卷，30，ad4。

[8] 参见《神学大全》，第 1 卷，42，5。

[9] 在前文 39～40 页详细论述过的正式的社会意义上的。

[10] 在这一意义上——因为确实存在自然秩序的善（例如，像亚里士多德所构想的沉思的生活那样）——与莫提门·阿德勒和沃尔特·费若尔一起，说人的自然，幸福在某些本质的要素上超越了政治的共同善（参见沃尔特·费若尔的《民主制度中的个人和共同善》，见《美国天主教哲学联合会文集》，第 20 卷，27、28 页，1945）是完全正确的。这些超世俗的自然的善——即使在自然秩序中，人类个人也由于它而超越了国家——在政治的共同善自身之内，与某种社会的世俗参与一致而被不完全地和逐渐减小地得到了反映。（当圣徒们增加他们的世俗祖国的道德遗产和荣耀时，他们的超自然美德也是这样的。）但是，就他们本身来说，他们与文明的秩序相联系，并且，更进一步地，甚至更多地与我们称之为心灵（minds）的共同体的秩序相联系。他们被整合进文明的共同善（并且与上帝王国的"精神的"或超自然的秩序相对，它是"世俗的"，但是它的最高的自然价值是"超世俗的"或是绝对的秩序），并且它们直接产生于精神共同体的共同善。然而，文明的共同善和精神的共同体的共同善本身都从属于超自然的共同善。

[11] 参见《人的权利和自然法》，39～43 页，纽约，1943。

[12] 同上书，32 页。

[13] 由于这一理由，基督可能这样说犹大："如果那个人没有出生，对他来说会更好。"（《马太福音》，26：24）当然，存在的行为就其本身而言永远是善的和值得向往的；但是，当它完全失败和缺乏它所受命的任何东西时，它就不再如此。（参见《神学大全》，第 1 卷，5，2，ad3）。

[14]《圣托马斯箴言》，148～149 页。

[15]《神学大全》，Ⅱ－Ⅱ，64，2。别处也有这样的论述："由于个人是共同体的一部分，所以每个人，就他所是和所有的一切来说，都属于共同体；就好像一个部分，就它所是的一切来说，属于整体一样。"（同上书，Ⅰ－Ⅱ，96，4）"个人与共同体相比较，就好像一个部分与整体相比较一样。"（同上书，Ⅱ－Ⅱ，61，1）"人的整体就像被引向他的目的一样被引向他是其一个部分的共同体的整体。"（同上书，Ⅱ－Ⅱ，65，1）

[16]"人不是根据他所是和所有的一切而受命于政治实体。"（《神学大全》，Ⅰ～Ⅱ，4，ad3）"但是，人所是，并且能够是，和所有的一切都必须归诸上帝。"（同上）

[17] 参见《人的权利和自然法》，17 页。

[18] 参见杰拉德·B. 费兰：《正义和友谊》，见《托马斯主义者马里坦卷》，153～170页，纽约，希德和沃特，1943。

[19] 在这里，让我们注意：就像军队的"外在的共同善"（胜利）优于其"内在的

共同善"一样，世俗历史进程中的人的社会生活的"外在的共同善"(战胜奴役和反对奴役分裂人性)优于其"内在的共同善"，并且完成了其进化。历史动力论来自这一事实，通过我们可能永远不会在此世生活的状态中所获得的目的方向上的考验和灾难，它伴随着人的社会形式和文明。

［20］参见 H. 克勒瑞萨科：《自我的神话》，第 6 章。

［21］J. 马里坦：《现代世界中的自由》(1936)，51～52 页。

［22］"除此之外，在身体中，一个自然的部分绝对地为了整体而存在；在教会中，个体的人为了上帝和他们单独的自己而存在。他们的个人善至少在形式上或原则上不受命于整体的善。由于既不是恩赐也不是信仰、希望或任何其他的超自然的形式直接存在于整个共同体之中，所以，它同样是超自然的，甚至是更为超自然的精神力量也不存在于整个共同体之中。"《新教教会》，第 2 卷，5。t. Ⅱ，117 页，马德里，1934。

［23］圣托马斯：*Expos. in Ep. ad Rom.*，第 8 章，讲演 6。

［24］克劳斯的圣约翰：*Avisos y Sentencias(ms. d'Andujar)*，silv. 四，235 页。

［25］在另一种意义上，这一法则总是有效的；在不可理解之本质无限的可交流性永远超越于被造物通过其观察所获得的它的交流的意义上。

［26］查里斯·朱奈特：《自我荣耀的因果唯物论》，载 *Nova et Vetera*，1945(1～3)，86 页。

选译自［美］J. 马里坦：《个人与共同善》，第 3、4 章，纽约，查尔斯·斯克里布纳父子出版公司，1947。汪琼译，万俊人校。

［瑞士］巴特（Karl Barthe，1886—1968）

《上帝之语和人之语》（1924）（节选）

《上帝之语和人之语》（1924）（节选）

一、今日伦理学问题

伦理学问题关系到人的行为，即他整个的现世存在。伦理学问题来自各种危机。人们发现自己一直都在寻求行为的内在意义和法则，寻求关于自身存在的真理。然而，他也逐渐地意识到，他自己才是这种意义、法则和真理的缘由。

只要人们以任何方式通过自己的生活来表达真理，就伦理学问题来说，这个真理就是值得怀疑的。表面上的事实便成为苦差事。那些以至尊的、至上的价值来宣称的，根据它们的实际存在来想象的事物，笼罩在根据它们可能存在来想象的、另一些至高无上的事物的阴影之下。什么是真实的——甚至什么是最真实的——本身必然陷于它是否也是善的危机之中。这个问题的承受力是由它被追问的事实来决定的。逻辑追问事物现实存在的真理性，因为逻辑自身的目的，甚至它的问题并非是偶然的和武断的，而是不可避免的；逻辑不是目标而是思考中的预测。在某种程度上，逻辑不是由某种其他事物而是由它自身来证实的。然而，只有它达到接受关于真理的真理的反问题，即伦理学问题的程度，逻辑才能被证实。这样一来，关于可能存在的和应当存在的事物的观念便对整个生活提出要求。只有当关于事物存在的逻辑问题与关于它们可能存在的、关于善的伦理学问题融合在一起时，问题才变得有几分最终危机的性质。

　　因此，把关于善的问题提交给在逻辑意义上的真理问题绝对不会有任何结果，似乎前者并不能为后者证实自身提供基础。把关于责任和权利、关于道德主体的问题转换成作为我们思考对象的关于人的现实性和实际可能性问题也不会有任何结果，似乎这样的人本身并不为我们应当如何的思考所要求。总之，我们从观察家的角度面对伦理学问题不会有任何结果，问题似乎并不出自这样一个事实——在生活和行为问题上起到观察家的作用，我们无法得到完全的满足，因而我们被迫把自己想象为现实的行为者。

　　眼下，我们不必思考是否自己能够摆脱成为这个世界的一部分——我们在这个世界上生活，我们在这个世界上能做的事情仅仅是证明自己的存在，在这个世界里，人们不能找到伦理善——因为这里找到或者能够找到的东西将证明它不能是善的。但同时事实仍旧是，我们在这个世界中被证明了的存在是根据一个标准来衡量的，这一标准根本不是像我们认识或者想象的那样是存在的一部分。事实仍旧是，人作为人不可抗拒地不得不意识到，他本人要对自己的生活负责，他的欲望需要审查，可能的情况有时也是应当的情况，它是关于真理的真理，是行为的最终指导者。

　　在历史和心理事件中，人们逐步意识到伦理学问题，以及特有的理想，人们可能认为，在过去、现在或者未来事件中，自己分辨出了对伦理学问题的答案——而这些或许是从我们想象或者可能想象的存在中演绎出来的，从偶然的、次要的、非因果性的原因，从命运或本性中演绎而来，从幻想或机遇，从饥饿或爱中演绎而来的；但是，伦理学问题本身并不在这个存在物的世界中以自己的表达俯仰进退，而且昨天、今天或明天解决它的企图也决定不了它的沉浮兴衰。它的根源超越了所有现世的起点，超越了所有对它实际的或可能的、现世的解决；正像它有自己的目的一样，它有自己的起源，它伫立于自身的正当性和尊严之中。所有伦理学体系都无法展露于怀疑主义视阈之内，因为在怀疑主义出现许久之前，伦理学本身就陷于产生所有伦理体系的无情的危机之中了。

　　善的问题呼唤人类行为的所有实际的和可能的形式，所有个人和社会的、现世的历史的事件。我们应当做什么是我们的问题；这个处处渗透和确立起来的什么指导抨击我们昨天做过的，以及明天将要做的所有事情。它使所有的事情保持平衡，而且不断地把我们的各种行为区分为善的或恶的——以便下一次不断地重复做似乎从世界发端时便开始做了第一次的同样的事情。它不停地爆发危机，使我们重新审视只是目前我们认为是善的东西，以及只是目前我们认为是恶的东西。

当伦理学问题出现时，我们开始设想完美生活的可能的含义，但对我们来说，除了死亡之外它还能意味着什么呢？我们开始建设生活，但是除了进步的毁灭之外，这种建设又如何能够完成呢？完美的永恒展露出来，但它是一种或许最好被定义为所有事物时间寿命的永恒。当人们斗胆去问这样一个简单的问题：我们应当做什么时，他们正在把自己置身于这种完美面前，任凭这种完美为自己作主，听从它的吩咐；他们与这种完美发生关系——一种所有与超感觉世界的上苍或恶魔力量的其他交往相形之下都黯然失色的关系。因为这个问题问的是人们不只在这个世界上，而且在所有可能的世界上应当如何生活和行动、如何拥有自己的存在的问题。当人们这样安顿自己时，他不仅意识到自己看到一只从超越所有的世界而来的凝视着他的眼睛，而且他也看到这只永恒的眼睛所见到的东西，他生活的每一个行为都被权衡，他的行为完全地和不断地陷于危机之中。他不仅被问，而且必须自问这样一个问题，只要他理解这一问题，他就会由于这一问题而毁灭自己。因为通过这个问题，他证明了自己与神的特殊联系，神从永恒的观点观照他，他由此接受了与自己所特有的一切观点决裂的绝对命令。通过这一问题，他证明了与上帝的关系，作为义务承担起这种关系赋予他的巨大的、深不可测的结局。对于一个通过与完美的忠告保持严格一致来献身于伦理学问题的人，我们所能说的将是，他献身于上帝并在上帝那里迷失。我们如何认为他仅仅是审慎地和有意识死亡呢？一个完美的忠告如何能够严肃地呼唤人(正像我们所认识的人一样)审慎的和有意识地去死呢？伦理学问题包含这样一个秘密——人(正如我们所认识的人一样)在今生中乃是一种不可能性。在上帝看来，这个人只能灭亡。

我们必须清楚地依赖这样一个事实：对于我们是否接受伦理学

问题，对于我们接受还是拒绝伴随我们所有选择而来的危机，对于我们将赞成还是抛弃与上帝的基本关系，我们没有选择。伦理学问题并不等待着我们沉溺于任何伦理学的理论化中，危机也不等待我们变成批评家——我们与上帝的关系也不等待我们所谓宗教体验。伦理学问题是主宰者；在这种处境中，它是基本的和首要的。它让我们来接受它。我们活在这种危机和关系之中；只有在我们不断地保持在一个真理——不借助于我们也能站得住脚的真理面前低头时——只有当我们面对这一事实，即伦理学问题是赋予我们的，我们必须接受它时，我们的理论和批评以及所谓体验才是可能的。并不存在着我们或许希望的摆脱伦理学问题加之于我们身上的负担的那一刻。

我们时时都在活着。活着意味着行动，甚至当行动意味着什么都不做时也是如此。在什么都不做的活着中，我们不会有意识；这也不是我们的那种活法。但是，所有行动、所有行为既然必须关系到目的，也总会遇到它自身的真理性、内在意义和法则问题。当我们领悟到把我们的行为与这样或那样近似的，或有限的目标相联系的内在意义和法则时，我们的问题仍旧没有被回答。因为这样或那样的目标必然展望着自己的目标，展望所有目标的最终的目标，因此我们的问题也期待着一种超越一切存在之外的善。每一个随意的和现世的我们应当做什么都包含着随意性和现世性无法给出一种满意回答的"什么"，因为它是一种最终的和永恒的"什么"。由于这个问题，我们生活中的危机继续着，由于这种危机，我们保持着与上帝的关系。我们在这种关系中生存，让我们看清楚自己在这种关系中的责任。

为什么我们必须回答这个题目"今日伦理学问题"？明显的意图是人们提醒我们这个问题不只涉及生活的观念、哲学或者其他类似无关紧要的东西，而且更关系到我们的存在，关系到我们此时此刻的处境：我们正在处理一个自己无法梦想摆脱的现实问题，只要我们像它实际存在的那样看待它，而不是把它看成某种不存在的东西的话。我们面对的不是一个问题，而是这个问题，当我们讲到今日伦理学问题时，我们尽可能地想消除把我们分离开来的，以及事实上使我们成为这个问题观察者的任何时代因素。

但是，人们一方面将提醒我们，我们不能完全地消除时代因素。因为我们懂得现代可以直接地划分成过去和未来，现代本身就是一个时代，我们的时代。当代的伦理学问题正是在昨天存在过的，以及在明天将出现的所有伦理学问题。当我们根据一个确定的时代——我们的时代来看待永恒的时代问题时，我们让自己承担起了无法终结的责任。我们步入了一种没有发展的历史，卷入了一种没有变化的关系。我们惟一要做的事情就是雅各所做的事情：与主斗争——我将不让你走，除非你赐福于我。我们也能够把自己投身到这个问题中去——不是以短暂的、而是以永恒的，更确切地说有永久意义的方式来看待这一问题。例如今天我们必须经受住接受一种革命哲学，或者是一种倒退哲学的诱惑。尽管我们是我们时代的人而不是其他时代的人，但是我们不能免除自己面对整个伦理学问题的特有使命，而且要注意到我们的时代是现在，是"各个时代"之间的永恒(《时代之间》)。我们或许不能逃脱这个问题，因为我们不能把自己同我们的时代分开；我们是那些面对和不得不面对这个问题的人们；我们是被问题特定了的人们：问题抛给了我们，我们被它打扰和为之困惑。我们是特定的人们，因为我们是我们时代的人。就像人们的确承认伦理学问题是他存在的首要问题一样，他同样是根据一个特定的时代——他的时代作出确认的，而且同样他必须确实以一种回答所在时代问题的特殊方式来逐步地理解这一问题。但是，我们必须补充说，这种特殊方式恰好只能是适用于所有时代的方式。它的特殊性仅仅在于我们对它的强调而已。

事实上，我们时代的特殊性在于，它以比正在流逝的时代要大得多的程度把伦理学问题呈现为一种真正的关切，即呈现为一个真正的问题。整个国家都开始问"我们应当做什么?"整个国家都开始看到，逍遥一个小时不是问题，但是消磨每一个小时就是问题了，是一个永远要求回答但永远也回答不了的问题。我将消耗你的时间去听，消耗自己的时间去背诵，"我们颤抖地生活在时代的口语杂志之中"。在我们目前的处境中，应当做什么的问题已经携带着比这个世纪初所有的更为沉重的东西向我们走来，那时霍恩佐伦的光辉和自信的时代达到了顶点。但是也有一个更为深层的问题构成我们目前的处境，对我们来说，这个处境已经变得困难、苦涩和痛苦了。我不是说对于我们的前人来说，处境不是困难的、苦涩的和痛苦的。但是人们不可避免地想到，比起 20 世纪头十年那代人来说，我们正以一种更困惑、更尴尬、更不确定的方式面临这一处境。的确我们更为清楚地看穿了伦理学问题把人置于的这种困惑、尴尬和不确定的不可避免的和最终的特性。我们并不想否认我们的先驱也看穿了这一特性，但令我们惊异的是，在他们所说的和所做的事情中，他们竟如此之少地背叛它。

让我们进行几点对比。曾有一个时代至少对于神学家和哲学家来说，伦理学问题是那种通常被称为学院问题的问题。无论是悲观主义者，挑剔者、文人学士还是其他斗志昂扬的人都可能在尼采、易卜生和托尔斯泰的作品中发现令人不快的东西，这也是一种以适当方式在政治、经济和科学中，在理论上和应用中建立起自身的人类文化，它沿着整个文化的前沿阵地稳步前进，艺术解释了这种文化并赋予其高贵性，这种文化通过自己的道德和宗教完美地超越自身，达到尚未到来的更美好的岁月。对于那些美好岁月的天真信仰实际上使善的问题简单化了，或者至少使它的困难不那么紧迫了。因此，研究伦理学成为一种快乐。它从根本上说不是一个去问做什么的问题，似乎这不能被把握，而是要找出哲学或神学、康德或施莱尔马赫是否提供了更有说服力的理论基础，因为显然做什么的问题除了推动了无限完美的文化之外，也将加深这种无限不完美的文化。如何避免或忽略《新约》对这样一个仅仅令这些时代更感兴趣，特别是令神学家更感兴趣的异议呢？里敕尔派的伦理学是俾斯麦帝国巩固时期繁荣起来的中产阶级伦理学。特勒尔奇的伦理学以他伟大的二合一（both-and）成为新德国经济文明的伦理学，这种文明并没有完全抛弃基督教，尤其是在社会希望方面，人们能够在弗里德里克·瑙曼那里发现预言家。这是两个例子；在那个时代其他公认的伦理学中，我们发现对于这个问题——我们应当做什么绝无一种近乎完美清晰的回答，我们应当做这类事，即在这个问题被问之前，国家、社会和教堂就已经做过了那些事情吗？

伴随着这种文化的摇摆、震动和破坏，我们至少已经失去了一些勇气以任何类似这样的方式回答伦理学问题。我们认为，自己在这个世界中看到的善更少了，这使得这个问题更容易回答了。我们的"什么"已经变得更虚伪、更空洞了。我们意识到不必花时间以最痛苦的方式热切追问我们应当做什么的问题，因为我们所认识的人们并不知道如何回答它。

曾几何时，人们追随康德，或者让我们再补充一句，追随快乐的费希特，把伦理学问题当成人超凡崇高和尊严的表达与证明。当他们的思路把他们从自己实然的存在引至应然的存在，从事实引至规范，从自然引至历史时，他们并没有被打扰或者感到尴尬，相反却感到一种兴奋和快乐。这就是人与动物之间的迥然不同，但这并不表明文明人与野蛮人之间的差异。他们甚至认为自己已经找到从中可以把生活中任何无神论的、绝望的唯物论观点都连根拔掉的要害之处。

今天我们开始担心，人们确信由于人类意识到伦理学问题的超越性来源而被赋予的高贵特权并不像他们自己认为的那样容易获得。我们被迫把这个问题仅仅看成是人的问题，而不是其他问题。关于善的问题似乎时时处处都包括一个对于我们所认识的人的判断——甚至是对于我们所认识的道德人的判断。我们并不熟悉野蛮人和非道德的人，甚至不熟悉使我们无一不为他的成就而感到特别骄傲的道德人。《创世记》第三章提醒我们，人区别善恶的能力以及随之而来的崇高和尊严可以表明他对上帝的背叛和对自然的超越。

曾有一个时期人们把教理神学视为一种困难，把伦理学看成一种相对来说容易理解的东西。他们认为《罗马书》被时间的历史忽视了、模糊了，而登山布道似乎像日光一样透明，非常适合于现代的布道。当人们拒绝教父和学者们冗杂的形而上学劳作时，他们把这看成一种赐予，福音似乎成功地被归结为一些宗教和道德范畴，如信仰上帝和兄弟之爱。他们认为基督教从本质上说是一种宗教伦理，认为照这样促进它的发展，自己便能够使之为我们这代人所接受。

但是，自打从现在起基督教被证明不可能作为一种伦理学以来，或者更进一步说，欧洲人的道路现在被证明不可能与基督伦理学有关以来，我们面对一种需要，一些问题摆在我们面前，这些问题使我们认识到，比起我们前辈自信地断定"跟随耶稣"是一个简单的任务来说，断言古老的基督教教义是困难更接近于现实的情境。

我将继续走下去吗？曾经一度有人认为上帝、精神和来世的生活只是由于辩解的需要才成立的，但是他们从伦理学问题放眼未来的展望中演绎出救助和安慰。但对于我们来说，这只是恐惧的来源。正是那个问题困惑我们，苦恼地困惑我们，它不可阻挡地直抵未来，直抵超乎我们所有现有的观念——总之超乎我们的挚爱、我们的宗教、我们的观念的东西。既然伦理学问题威胁着人们，对于我们来说，并不容易在扭转固有局面的过程中，用基督教拥护论把自己解救出来。

施莱尔马赫、洛德、特勒尔奇曾困惑于怎样去关照生活事实的丰富性和多样性。他们感到自己必须不惜任何代价公正地对待整个创造物和每一个生物；他们变得如此的慷慨无私，以至于没有赋予他们任何特权的基督教精神，都发现自己成为房屋短缺的不幸牺牲品。但在今天的欧洲人那里，我们不再能看到道德小故事中的富人；我们只能看到贫穷的拉撒路。我们紧迫的伦理学问题被归结为一个问题：我们如何可能公正地对待创世者的真理！对于我们来说，人的行为领域已经预设了现代的战场；在我们进步前面的整个无人地带已经变得空旷和恐怖起来。

对于里敕尔和他的学派来说，一个畏惧上帝的人在他职位上的工作，由此也是在上帝王国中的工作溢满了天堂之光；但对我们来说，这种光是黑暗的。代之以更多地赞美"承诺你的信道……"我们更可能在这种联系中求助于《希伯来书》上的语言：一种可怕的东西把握在有生命的上帝手中。

几乎没有必要作出更多的说明。我已经提到的那些人并非重要到必须分别对待，但对于他们所有人都显而易见的一点是：目前的伦理学问题是令人不安的、困惑的和攻击性的。伦理学问题使自己成为我们进入明亮生活圈的一个神秘的和令人不安的入口，就像一个陌生的石头客人一样。希望认真地追问和回答"我们应当做什么"这一问题的任何人，无论他是否具有陀思妥耶夫斯基和克尔凯郭尔的精神，都必定已经注意到今天和昨天的情境之间的某种差异。佯装什么都没发生那样仍旧以油腔滑调和确定的口吻讲下去是愚蠢的。古老的伦理学时代已经逝去了。目前无论什么人的欲望确定性都必须首先变得不确定起来。想要说话的无论什么人都必须首先保持沉默。因为某些事情已经发生。当然，这个世界还没有被毁坏，老人尚未被推下历史舞台，尽管在这些正在毁灭的时代的最初冲击下，许多人或许已经意识到了一些东西。简单地说，与人的自信心和自我信仰相抵的是已经以大量笔墨极度清晰地写下的文字：弥尼，弥尼，提客勒。[①]

我们当然并不怀疑伦理学问题的权威性和紧迫性，因为我们认为自己比任何时候都懂得它是如何的迫切。事实上我们也不怀疑伦理学问题与我们同上帝关联之间的联系。完全相反，实际上正是这种联系令我们今天惊恐不安，使得我们完全怀疑起自我、人，怀疑人们关于道德人格和道德目标的看法。

这就是我们的处境；我们不能摆脱这种处境。当它既是我们的处境，又是一个问题的这一简单的事实使我们的处境具有伦理学意义时，我们如何能够把伦理学问题与我们的处境分离开来呢？然而，我们并不是要基于自己现世的存在方式和印象对所有时代进行普遍概括。正像所有其他历史事件一样，它们是关系中的存在。我们的子女和子女的子女或许比我们更泰然自若地、更天真地看待生命，但他们首先必须看到——至少像我们一样清楚，或者比我们的父辈更清楚地看到，伦理学问题不仅是一种疾病，而且是一种致命的疾病。不要以为这只是战后盛行的感伤；因为以它所有现世的和有限的形式来说，它是一种现实赋予我们的见识，无论如何我们应当高兴有这般见识，我们不可能忘记它。正像我们所见到的那样，它有着广泛的基础，也必须被普遍认识到。但我们只是作为我们时代的人来把握它。我们只是以那种特有的、以它使自身为我们所认识的那种方式把握能够指导所有时代的原则。

请允许我再进行一种观察。当我说伦理学问题是人的危机，是人致命的疾病时，以及特定的现实性指引我们离开所有更舒适的概念进入这个概念时，我将恳求这种特定性不会由于一种事实上我所熟悉的、本身在所有时代都是完全可能的、适当的神学和哲学进程而中立化起来。我已经听说危机是一个辩证概念，它不但允许而且要求其反面——这种否定性使人类的行为摆脱所有虚幻的价值，有

---

① 根据《圣经·但以理书》，这句话是伯沙撒王举行宴会时，出现在王宫墙上的文字，但以理向国王解释说，这是王国即将灭亡的预言。

可能恢复新的价值，还其本来的价值——这个问题可能有自身的回答，反对人的论证也是有利于人的论证。关于这个进程我们将在后面多说几句。但这里我只告诫人们不要以辩证法作为回避，因为所有辩证法似乎都是为了逻辑对称和完美提出来的。我仅仅提出这一进程是否事实上与现实相吻合的问题。谁能够把伦理学问题（我们今天在这些问题中找到自己）中的"否"改变为"是"呢？谁有足够的胆量，以及足以万能到从超乎"否"和"是"的高度解决我们的问题呢？或许最终要做的这件事（但不是由我们做！）是一种在其他可能性中有其确定性和指定位置的可能性；但就我们而论，它"更深刻地存在于'否'而不是'是'中"。伦理学问题有时可能自相矛盾地把自己归结为证明，以及一种新的可能性，但对我们来说，它更清晰地揭示出生命的否定性一面，揭示出对人性的否定判断，因为我们不能对我们今天的现实视而不见。即便是我可以找到这样做的逻辑理由，我也不能更为自信地说，千百万人的需要和困惑是如此伟大的，我们的混乱是如此伟大的。让这个真理在我们的时代走向我们，走向街上的人们的角度接受它，并且懂得当我们这样做时，而且惟有当我们这样做时，我们才能把握整个真理。

　　…………

　　但是我们现在要回到惟此能够确定下来的基本思考，我认为，伦理学问题是一种人们无法承担的责任：一种对人致命的攻击。它或者给人提出一个问题，而且对他来说，这个问题本身也构成了问题的答案，或者它给他一种不能追问的答案。但他只能基于问题而生活，基于源源不断的新问题而生活。他不能依赖于一种如此终极的答案，以至于对他来说根本不再有答案的答案而生活。

　　人们首先在追问这种攻击性与主体的关系中发现这种攻击性是一个事实，一个不能逃避的事实；因此在康德的伦理学中，这种关系得以充分的研究，并得到特别生动的说明。康德把道德人格的概念建立在自由意志基础上，但他教导人们说，惟一能够被称为善的意志是那种依据没有内容的纯粹形式的法则来指导自身的意志。只有那种能够超出任何自我的，普遍适用的、能够被全人类接受的法则才能是善的。由对这种或那种对象的欲望而决定的一种物质性意志本身就表明是个体性的、自爱的和受外界支配的。善良意志摆脱了所有有限的目的，超越了所有对有限目的的欲望，对于最终的目的表现出纯粹的和直接的尊重，这一最终目的与义务的绝对命令是一致的。康德认为人的意志是由一种基于自由的理性世界来确定的，这个世界有其超出自然世界的自身的因果关系。道德人格既是伦理学问题所涉及的行为的立法者，又是这个问题本身的缔造者。

很少有人讲出比康德关于伦理学问题必要意义的论述还要清楚的词语。但如果我们假定提出伦理学问题的人，伦理行为的主体是基于自由世界的，就难以在逻辑上把他与他必须回答的自己的问题、必须有自己生活的现实世界联系起来：这个自由的主体仿佛把自己带入自然世界中，在那里他像我们所了解人们一样现实地生活吗？他能从出现之时便理解那个世界的因果关系吗？在对象体验方面，这个主体同我们所认识的人们一样吗？我们认识的这个人的意志由此取决于他对法则的纯粹的尊重，而完全不是取决于他对这种或那种对象的欲望吗？我们冒险地称为我或我们的那个人的意志和行为仅仅指向一个最终的目的——一种不同于其他目的的目的，一种所有目的的无限积聚吗？这正是康德使自己的伦理学如此可信的东西，他坚决拒绝对这些问题作出任何正面的陈述。

我们知道，人格意志并非是由人性观念来支配的，因此是一种纯粹的、自主的和善的意志——我们知道，这种道德人格从未越过自由世界的门槛步入到我们的世界中来。这样的人从未活过，或者也不会有生命。人们不可能梦想或者想象一个没有兴趣的人，或者只对这类的道德法则有兴趣的人。在时空中并不存在由纯粹实践理性来决定的，诸如人的意志一类的东西。

按照康德的说法，自由是一个前提条件，它由人意识到与自己欲望不同的，即在通常意义上与自己意志不同的"应当"这一事实而被确认下来。但是，这个由此被确认下来的前提条件表明了什么呢？康德提防以那种反叛的精神讲话，这种精神在费希特后来的关于"一个决定——我优越于自然！"的雄辩中体现出来。似乎要达到这种优越性只需要一种灵魂的跳跃，一种意识的插入！事实上，当我们斗胆使自由作为我们的意志和我们的行为因果关系的来源时，我们正在面对那种所向披靡的前提条件，一个永久性的前提条件。尽管在现实的意义上我们可能有这样一种自由观念，但我们对它尚无最浅薄的知识，因为我们不了解自己意志中的动机，不了解任何能够想象出来的意志——能够被严格地看成自由的或创造自由的意志。只有在它们成为欲望时，我们才有动机的知识，但它们既不能这样地从自由中演绎出来，也不能导致自由。我们所能设想的所有绝对命令都是它的不可想象性。

因此，康德的伦理学在先决条件的学说中达到了顶峰：上帝的先决条件，或者一种最终结合的先决条件，在这种结合中，我们仍旧必须以二元论来观察，即从道德和幸福，自由王国和自然王国来观察；自由的先决条件，或者我们能够思考的先决条件是由我们的学习能力推论出来的；不朽的先决条件，或者我们的真正品行与道德法则和谐的先决条件是在永远持续的尊奉过程中推论出来的。这些先决条件，像所有这三类条件一样只能意味着一种东西：康德见到的人是由一种对其自然意志的要求而得以惊人强调的人，这个人完全无法意识到这种自然意志，除非是通过一种仍旧是更惊人的信仰行为。在这种行为中，他必须首先假设，上帝是这种与人的现实性相矛盾的要求的保护者；第二，他本人能够自己提出这种要求；第三，按照他自己的意志和行为他至少能够（一种被假定的无止境的退步）接近这个要求的内容。

我要重复说，这种先决条件的理论要求一种信仰行为，它比人们设想支持的道德要求更缺乏理性。我并不敢肯定康德充分地估计到这一困难。但是，无论他是否估计到，无论这种直接摆脱每一种有限行为而产生的信仰行为是否构成道德人格的惟一基础和本质，人们都必然要追问，我们不断提及的"我"和"我们"是由什么构成的？我们所认识的现实的人是由什么构成的？是否只是善良的人才构成一个纯粹的信仰对象？善良的人不能够代表对于所有断言——我们认识的人能够具有的所有断言的废除吗？他的行为不是对所有历史中的真实行为的否定吗？他的行为没有消除所有可能的标准了吗？从这一观点来说——这是惟一的观点——对伦理学问题的回答能够摆脱转化成新问题的命运吗？除了作为对所有伦理学的批评之外，一种理想的伦理学如何能够发展起来呢？它那最终的前提条件能是什么呢——仅仅是认可了那种阻碍人的意志达到善之目标的束缚——认可了那种供人随心所欲役使的东西吗？

　　如果问题和源源不断的新问题都是一个人发现作为对伦理学问题答案的问题，他如何能够生活呢？他只能依靠问题生活吗？他能够这样做吗？或许通过像斯多葛派那样随波逐流的方式？或许受莱辛的话"真理只掌握在你自己手里"的启发，通过把握在上帝的左手中的方式？或者以其他什么方式？

　　人们可能在这种局面与伦理目标的联系中观察它。由此让人联想到表面上是遥远的，而且仅仅是表面上遥远的太平盛世概念。对于我们当代的许多人来说——我承认自己也在其中——这个概念已经呈现为那种社会主义理想的确定形式。它甚至在康德那里都发生了作用，而且事实上不能为任何严肃对待伦理学问题的人们所避免（《奥格斯堡信纲》第17款有与不抵抗主义相反的惩处）。它关系到现世历史的目标，这个目标对来世永生的希望不抱任何偏见。正如我们所见到的那样，伦理学问题尽管是一个个人的问题，但它不仅是一个关于个人的问题，而且更关系到人类普遍适用的法则。因此伦理学本身包含一个或多或少不同的问题——关系到历史的理想；关系到人们所追求的目标——不能在时间之外，而只能在时间之内存在和得以实现的目标；关系到人类社会的秩序，这种秩序建立在我们结结巴巴地释义为真理和正直、智慧和爱，以及和平和自由的那些东西的基础之上。这个问题显然体现在更大的问题"我们应当做什么"的"我们"之中。当个人把自己看成伦理学问题的主体时，他便在与自己同伴的关系中想象自己，他把自己看成是社会的主体；但这意味着他或多或少有意地把自己所做的事情，自己的道德目标看成是历史的目标。没有太平盛世到来论，没有至少是瞬间即逝的太平盛世，伦理学便同没有道德人格的观念一样无法存在。声称自己幸福地摆脱了这种犹太人的观念的人，或者是还没有懂得，或者是已经忘掉什么是真正的伦理学问题。当我们足够严肃地对待这个问题：我们应当做什么时，在时间中发生的事情，无论是外部世界还是内部世界的事情都不再是一个不可避免的结论：它们成为一个问题，并且仍旧是一个问题。

　　一些人企图通过最初便强调问题的解决与时间无关来拔掉问题的牙齿，似乎这是不证自明的；但那些严肃地对待这一问题的人们认识到，它必然首先是关系到时间的事件。

　　人们如何能把伦理学限定于个人的正确思考或者私人的道德上呢？这里需要探讨的一个问题是：是否一个特定的人或特定的群体可能找到一种答案，而且当这个问题在我们面前出现时，我们能够把什么样的正确性、什么样的理由限定在这个问题上呢？它不可抗拒地向我们指明善的行为的总体观念，如同向我们指明纯粹意志的观念一样，显然这种绝不能被否定的总体性，实际上是通过太平盛世的观念以及它的衍生物来表示的。

　　在这种联系中，我只能为了同乡拉加兹多一句嘴了，在其他问题上，我似乎与他迥然不同。就像他问我们一样，我们可能自问是否道德成熟的标志确实是一种冷淡、毫无热情、完全不相信社会状态和世界和平。从关于我们应当做什么这一问题出发，从伦理学的观点来看，这种怀疑论的确是没有根据的。事实上，拉加兹的许多批评家对未来都有一种与他不同的理想，这仅仅是因为他们目光短浅，视阈范围的颜色多少有些不同罢了。例如，倘若他们在信奉德国或者教会，抑或未来的使命中获得满足的话，倘若他们相信自己关于国际联盟的看法，或让我们来说，相信类似的迈向太平盛世的下一步的话，他们可能不会，而且也不必仍旧以更长的半径，或者从略微不同的圆心出发画自己希望的圆圈吧？所有关于历史目的的观点都是"想象的"，我们今天所有关于下一步可以走向哪里的想法也是如此。在近期和遥远目的中的本质成分，只要它们是伦理的，就一定是非常相似的。惟一的问题——这是我们应当从拉加兹那里学到的问题——是人们在并不热情地接受这些观点的前提下，能否真正地使伦理学问题具体化。瑞士的宗教社会主义者并没有像亚陶斯那样容易地被免职，或者像在"犁沟"中的施拉特一样更容易被抛弃，尽管他们可以这样做，而且这是惟一顺手牵羊的事。

　　目前人们观察到的事实是，期待太平盛世的动机并非是回到普遍幸福的黄金时代的幸福论梦想，而是一种所有目的无限积聚的现实论观点，依赖这些目的，每天固有的乏味的目标得到认可。按照《启示录》第20章，太平盛世绝非是一个幸福的岛屿，而是一个圣人和殉教者的王国，它建立在无底洞之上，古代的巨龙被铸在这个洞里。按照康德的理论，这个王国是一个实践理性的王国。正是作为一个任务，而不是一个欲望的对象，作为一个目的，而不是道德奋斗的终结，乐观的、理想的、共产主义的、无政府主义的和人们牢记的与不抵抗主义相反的所有真正的路德教义的，甚至基督教的希望才都要面对现世的实际。西方仁慈呼吁的是：让爱中的自由和自由中的爱成为社会生活中纯粹的和直接的动机，以及正直社会自身的直接目标！消灭家长制，以及人与人之间的剥削和压迫！消除阶级差别、国家的边界、战争，以及所有暴力和没有限制的权力！让精神文明代替物质文明，人的价值代替财富的价值、兄弟情谊代替敌意！他们中的一些是以明亮的色彩、而另一些是以更柔和的色彩来描绘这种目标的，一些人认为通向目标的路途并不遥远，另一些人可能认为更长些，一些人把注意力放在目标本身，另一些人则更多地放在通往目标的路途——例如放在现世不可缺少的民族国家；——然而确定的是，关于善的问题脱离开某种观点——无论是不成熟的还是完善的，无论是令人惊异的还是实际的关于善在历史中如何被实现的观点就无法被严肃地提问。没有柏拉图的国家，柏拉图就不是柏拉图；没有日内瓦湖上的上帝城，加尔文就不是加尔文；没有永久和平的观点，康德就不是康德。当席勒写下他那"无信仰之语"，夸大唯心主义抽象的一面，否定道德思考中不能被否定、不可能被否定的东西时，恰好是一种不幸的时刻。

　　的确，当我们问"我们应当做什么"时，我们指的是自己此时此地的行为，但同样正确的是，我们不能使自己摆脱对一种东西——恰好在这里受到影响的某种东西的思考，不能使自己摆脱对于在道德与历史的两条线相交时所产生的道德目标的思考。天堂的许诺和内在的体验在任何时候都不足以替代这个目标。这种探险正像人们所了解的那样，惟一的结局是让作为一个问题的问题失去活力而最终消失。

　　那么，不可逃避的太平盛世的设想意味着什么呢？什么是自由？什么是爱的含义？精神、和平和兄弟情谊意味着什么呢？以及所有那些词——煽动人们思想的，但在各种未来的图景中似乎没有一种能体现为任何终极道路的词语意味着什么呢？所有那些词语——在人们提出和追问伦理学问题的困惑中，人们以它们来跟跟跄跄地表达出他所感觉的最终必须要做的事情的词语意味着什么呢？是否他的答案严格地满足了这个问题的严肃性呢？我们可以想象人们通过建立社会状态——或许通过与仁慈的宗教团体保持一致来建立世界和平——但是，我们将如何把它描述为作为例证实现了我们的自由一词所代表的东西呢？如果我们不能达到这个词语和我们使用的其他词语所指定的目标，未来的整个图景是由什么构成的呢？人的目光越独特、越确定地被引向自己未来的图景，想象的或现实的图景，引向他们试图体现的有煽动性的词语，他就越充分地意识到我们应当做的事情是变得自由起来和创造自由，去彼此相爱，去成为精神的人和和平的人——而且就是这样！人们感觉到自己的图景越遥远，甚至更为遥远，那些词语，以及它们要求他完成的工作，他把自己看成是完成这种工作的工作者似乎就越是不可能的，这难道实际上不是所有道德——就像所有热情的、革命运动痛苦地凸显出来的问题一样有意追求自身目的，欲望有创造性的道德所不明言的和苦涩的秘密吗？

因此，幸福的人是这样一个人，他获得并保持了看到太平盛世实现的确定性的、独特的眼睛，他明确并且仍旧保持着对那些只能赋予自己蓝图意义的词语的清晰认识，而这些对所有其他人来说都是遥远的。幸福的人至少对自己认识他在那里所见事物的能力不抱幻想，他并没低估这一距离，也没有虚构大词，以便让理想适合于自己有限的可能性，修整和削减这一理想——他并不这样为了眼前的蝇头小利投机或挥霍自己的道德思考。幸福的人是这样一个人，他感觉到像自己一样的人是没有能量的和不可能的，他并不低声说出不相信的话，否定和辱骂自己的希望，似乎它已经欺骗了他，似乎它是不可能的！总之，幸福的人至少是神采飞扬走下去的人，不会屈服或者让步，真实地对待自己和自己所欲望的东西！对一个人来说，耻辱在于从他开始意识到道德对象对他意味着什么那一刻起的等待。但是，人们或者是以荣誉，或者是以耻辱（通常是二者兼有！）制造了海难，而且不能自救。对一个人来说，只是把目标无限积累的看法设想为努力的目标，以便作为思考的第一步或者生活的最后一步，迟早认识到所有现实目标——仅仅是那种他能够欲望的目标——与最终目标之间的不同和无法协调的差异。

我们能够欲望什么？我们能够做什么呢？

首先我们能够吃喝和睡觉，生育和养育子女，满足自己的物质需要：这是广义的基础，通常时髦的是伦理学忽略或以一些老生常谈来"解释"这一基础。似乎解释这种至少百分之九十的人声称完全有兴趣的目的领域，而且是我们中所有人的某种声称是孩子们的游戏的目的领域，似乎很容易把所有这些带入与正直的事物和精神生活的关系之中！

依赖这种基础，存在着一个相当薄弱的理论和应用科学、政治和艺术的层面。人们可能强调，这些追求体现在构成最高的目的——善之目的的各种目的中。在神学伦理学中，这些目的被普遍地接受为"为上帝王国服务"——这一王国被看成是某种比太平盛世更为丰富的东西！只要这些目的与人们分开，它们实际上就在服务于这个王国！但愿它们并不时时处处是我们欲望的目的！然而，这样一些目的只能是我们自己天才的非凡的吹嘘，而且可能应用于完全荒谬的目的，我只需要人们考虑科学在战争中的作用。即使除了这种滥用，它们清楚明白地造就了一批在纯科学、纯艺术或者纯政治中"丢失自我"的人难道不是荒谬吗？

在这上面还有另一个层面——一个仍旧是更薄弱的层面——道德目的的层面。但这些目的也是我们自己的目的。因此有中产阶级、布尔什维克和黑人的道德。眼下忽略道德被想象为是某种无休止庞大目的的不确定的反映；在一般的意义上考虑道德，道德是什么，只是一个人勇敢地面对自己的高度吗？这样一个举动如何有助于其同伴的快乐和满足呢（不是说和平和幸福）——尤其是在道德成为一种自我意识的抱负的情况下。存在着一种比一个人的意志被看成是完全道德的而且有效的对自由与爱的王国的否定吗？

或许是有的，因为在道德层面上还有另一个层面——所有层面中最高和最薄弱的层面——宗教目的的层面。所有宗教忏悔的关键环节是人能寻求上帝，崇拜上帝，向上帝祈祷。十分虔诚！人们听到宗教被赞美成文明不可或缺的酵素。有时当一个科学家或一个政客给予宗教这样的赞美时，我们会狂喜。他可能是对的，但是，如果他是对的，我们必须清楚地理解他所指的文明是我们已经提起过的较低层面文明中的一种，而不是爱的王国，不是最终目的。设想一下路德或者罗耀拉，或者克尔凯郭尔或任何其他宗教天才：这样的宗教人士以他的怪异、他的狂热、他的自负、他那几乎是不可避免的文雅伪善的倾向，他那非常勇敢的泰坦精神而使宗教被看成是人的欲望和行为，而不是任何其他的东西吗？他为了被理解为爱之王国的向导而出借了自己吗？这种非常悲剧性的局面不可能在于这一事实，即他才是宗教最遥远的、最终目的实现的最大妨碍吧？

所有人能够欲望的东西都是物，物并不是精神。所有人能够做的事情是自我表现其能力，而自我表现并不是爱。所有人们希望在历史中发展的是两种可能的社会类型中的一种：或者是一个高度个体化成员组成的公司，这一公司从不缺少伴随这种成员身份而产生的致命错误；或者是一个兵营，有着强制性的、乏味的和愚蠢的管理，在这里正确也是错误的——但这两种类型中的任何一种都既不是爱中的自由，又不是自由中的爱。人的惟一可能的爱是爱欲（eros）。对人来说的正直可能是国家的正义。甚至可能对人（见希特勒！）的祈祷是一种情感的过剩，它是像其他情感一样的情感，并不是那种非常有同情心的情感。在整个人的可能性范围内，并不存在任何东西——从通常的冷漠到对能够意识到道德目标和历史目的的宇宙的神秘热中。我们可能性的范围的确是能够被增大或者扩展的，但它与最终目的的关联必然仍旧是 1：∞。人欲望生；生就是一切；这种生之欲望从根本上说既不能被接受为被精神化了，又不能被解释成如同一个短语所强调的那样"投身于为上帝服务之中"。这刚好是生之欲望不再欲望的东西。生之欲望为人贴上了一个生物的标签。所使用的印章是所有人必须死的事实，一个接一个，尚未来得及看到历史的目的。人无法开始回答现实生活中的伦理学问题。他只能不断地意识到自己完全没有能力支配一种回答。道德目标的概念给我们的只是一种《圣经》所描述的人之灭亡，这种死亡先于并且决定了整个历史。

但是，如果人没有能力作出任何回答，他显然也无法生存下去。他能这样生存下去吗？通过选择羞耻、让步、投降，或许是摆脱罪恶感？通过学会闭上自己的眼睛？或者是别的什么方式？

看到这种局面之后，让我们重新考虑上帝思考的辩证法。我喜欢尽可能用自己的话对人们说明保罗、路德和加尔文的教义——我将强调在许多方面与柏拉图的教义相似的教义。

这种教义始于对我们现在从两个不同出发点已经获得的真理的

无条件的确定：由于他自己的关于善的问题，人判处自己死刑，因为惟一确定的回答是——他，人不是善的，从善的观点出发，人是无能为力的。但这样一种洞察力——在我们和我们的世界之下存在的这种全方位的批判性否定，这种洞察力使正直的良心面临着死亡的恐惧——是通向真理、现实和补救答案的一条狭窄的通道和紧锁的大门。第一个要求是我们坚守这种否定的洞察力，直截了当地面对它，而当我们进退维谷时，我们要避开它——不是通过忽视我们问题的根本严肃性，不是通过削弱其起源的某种超越性质，削弱真正道德行为的某种超越性质，也不是通过自己的任何幻想，就我们逃避的能力来说可以做到这一点。我们将能够理解整个不堪忍受的人类处境，把它接受下来，把它作为我们的责任担负起来。我们将在伦理学问题面临的劫难面前屈服。

正是由于这种劫难不可逃避的残酷性，我们要求上帝的现实性。这种要求证明，当伦理学问题成为我们的问题时，它注定要把我们同上帝联系起来。当我们计算自己的日子时，我们全身心地投入智慧中，因为通过这一不寻常的举动，我们到达了一个在质量和种类上都超越我们生活世界的世界。在我们面前，且要求我们止步的那条无法穿越的死亡边界、不能被逾越的鸿沟就是把上帝和这个世界、把创造者和创造物、把神圣的主宰和罪人、把上苍的善之观念同它那所有必要的碎片，以及无限不完美的表现分开，而且必须分开的分界线。如果上帝以任何其他方式遇到我们，上帝还将是上帝吗？除了同上帝比较起来，所有存在都不得不失去资格成为非存在，所有事物都被看作是疏远和远离了仅仅属于上帝的善和完美生活之外，上帝还将是所有存在的来源，所有事物的创造者吗？除了通过死亡和地狱之门——它是人远离上帝、人被上帝判决、人在上帝面前无能为力的感悟，人能够想象得到走进上帝吗？我们在永恒真理的岩石上面对自己的劫难，但这是我们可能被拯救出现象和幻想的海洋的惟一途径。在我们生活的这种致命的否定之下，也有其肯定的正面。

我们处境的意义在于上帝离不开我们，我们也离不开上帝。这是因为上帝本人，而且只是上帝给予我们生命以可能性——使我们生存变得如此不可能的可能性。正是因为上帝对我们说了"是"，在这里"否"的存在才是如此根本的和不可逃避的。正是因为对我们所有问题的答案是上帝和上帝对待我们的行为，我们根据自己行为找到的惟一答案不是直接变为了问题，就是以另外的方式对我们来说大得难以把握。正是因为上帝不朽的生命是我们真实命运的一部分，死亡的必然性才如此无情地提醒我们自己生存意志罪恶的狭隘性。通过我们的劫难，我们看到超越于自己劫难的是什么——上帝之爱；通过我们对罪恶的意识，我们懂得了宽恕；通过死亡和万物的终结，我们看到原初的新生命的诞生。正是当一个人离上帝最遥远时，上帝以自己的怜悯寻找和发现了他。为了让他意识到自己在如同爱、宽恕、生命、怜悯和恩宠的积极意义上与上帝的关系，上帝只是等待着——如果可以说成等待的话——等待着由于自己名字的荣耀而对他卑躬屈膝，等待人在无条件投降中忏悔，等待着绝望，有自信的绝望，在这一绝望中，人快乐地让步于自我牺牲——之所以快乐是因为他知道以这种方式牺牲意味着什么。伦理学问题不仅在我们生活行为之上笼罩上一层阴影，而且在最黑暗之处，让我们穿过这层阴影，目睹新的曙光。如果人与上帝的这种重要的、肯定性关系最终显示为完全是否定性的灭顶之灾的话，那么显然人的整个行为——既然它是被这种死亡之谷的危机所确定、所瓦解的，那么它就要参与到隐藏于其中的证明理由、诺言和有益的意义中。

的确，这种参与是这样一种参与，以致上帝的正直与人的正直的无限分离不仅不由于这种参与而减少，相反则更清楚地显示出来：它是诺言，不是完美、意义和事实；它作出无罪的判断，但本身并没有解脱罪行。人的这种再生，无法获得新生的老人获得新生是一种外来的正义，一种行为正当的犯罪，一个超越性的自相矛盾；也是上帝意志与人的行为的肯定性关联。人的意志是，而且仍旧是不自由的：他要在死亡的灭顶之灾之下活着，而且将要活到生命的尽头，他那从最低到最高的目的都将不同于最终的目的，他的行为将是邪恶的，他的成就不仅是不完美的，而且是被滥用了。因此法律是，而且仍旧是有力的，绝不能由福音的绝对真理来废除。换句话说，伦理学问题仍旧是开放的，它那严肃的要求和责任是不能懈怠的。任何人都不能逃避生命问题，都没有希望隐匿良心，使之安然入睡。这里没有安全，甚至连宗教的安全也没有。

无论新老路德主义，其危险之一是这样一种教义，它告诉人们存在一种所谓职位教阶制度，或者神圣职能教阶制度，从通过牧师教阶制度，父母的教阶制度到上帝派遣的国王的教阶制度——一种被认为是构成现实秩序一部分的等级制，在这一制度内，人的行为以一种方式被证明是正确的。目前，这是什么仅仅是对"我们应当做什么"这一问题的一种逃避，而事实上这一问题是不可能逃避的，因为罪犯的证明理由不可分离地注定要与这一问题联系起来。上帝的特别恩宠赋予这一问题以严肃性。只有逐步了解到他是如何地怜悯，我们才会意识到他如何地神圣，他的神圣如何地骇人。为什么宗教人士应当享受特有的证明理由——他连同他那有更多问题的"确定性"——为什么似乎在所有最应当感受到这种行为正当的犯罪必要性的人们中并没有他的身影？是什么理由使他相信自己的生命与拯救自己联系起来，似乎它们是某种最终的目的？最终的尊严，无须他物而获得的尊严只能属于神圣者；从不属于创造物，而只能属于创造者。在这个世界上，除了上帝惟有的宽恕之外，不存在拯救和确定性，通过宽恕，虔诚的和非虔诚的罪行，在所有生活关系中发现的罪行，构成整个人类目的体系基础的罪行全都被揭示出来。

把我们宽恕思考置换为一种方便的寂静教确定了这一事实，即人们只能在上帝那里发现宽恕，只能在伦理学问题使我们产生的需要意识中发现上帝，而这种有益的需要意识只能在现实斗争中出现。事实也可能是，假定特有的职位被从上下放到人们的生活中，便是宽恕过了头，但并非说是错误的。这一事实不仅保证了人的目的体系——由堕落的人从底层整个建立起来的完全是亵渎的目的体系，以所有相关的尊严和权威形式延续下来和适当地延续下去，而且也使政治、社会和其他领域的为了比较而言更高目的的斗争——或者以革命的方式，或者如果可能的话不通过革命的方式进行的斗争有了权威性和必要性。总之，宽恕的那缕不确定的阳光照在我们伦理学的阴暗领地，保证我们的日常工作继续下去，保证只是以更多的非常之光——已经照耀这一领地的非常之光才能打断它。

既然有一种类似于宽恕的东西(它一直是对罪恶的宽恕!)，那么也就存在着这样一种证明人的行为是正确的理由。存在着对拯救的服从——当我们从不同的高处下来时，从我们的高地下来时，它便开始存在了——显然如同道德学家所设想的那样，它宣称一种彻头彻尾的宗教，主张在道德上解除武装。存在着一种有效的兄弟之爱，它提供一种不同于我们熟悉的基督教仁慈机构的"服务"；它始于我们宽恕空手而来的借贷人！——就像我们被宽恕一样。如果存在着宽恕，就会有更差和更好的目的：存在着那种有意识的选择，以及为了更好的目的培养起来的明确的习惯。在工业、科学、艺术、政治，甚至宗教工作中，存在着类似于合作一类的事情；文明具有自己真正的尊严——不是作为被凸显的创造物的秩序，而是作为一种丢失的、被隐藏起来的秩序的证明，一种非常世俗的反思，人们发现这种秩序既不要求，又不能维持任何特有的神圣性。简言之，有这样一种可能性——这里的可能性意味着必然性——以一种带有怀疑论和悲观主义色彩的，非病态的方式对于伦理学问题以及它的答案说"是"的必然性。这种可能性不顾及，并且来源于我们答案的问题性，不顾及而且由于我们的问题不同于最终的问题。所有的生命首先都生活在"否"之中，所有生命的成长并不是由于悲观主义和怀疑，而是由于理解。

这些思考或许确实是更系统的论述，是辩证法的细节更为丰富的展开，但它们仍旧是保罗和改革派的教义，我认为这是今日伦理学问题的困难可能得到解决而依赖的惟一可能的原则。如果说我对教会和当代神学抱有一种希望，那就是用这些思考可以再度地恢复生机和力量，以往的基督教不止一次地这样重新获得自我意识。当我强调我们今天有无数的人，基督徒和非基督徒都在等待着聆听这种福音的再现时，我认为自己并没有犯错误。

但是！仍旧有一个但是吗？当我们已经展开保罗和改革派的辩证法时，有什么更多要说的吗？我认为没有：我们已经讲过的话是最后的话。我们可能，我们必须把它们发展为具有更为深刻、更为广泛的含义，但我们思考的主要原则将永远是巨大的倒退——从终点到起点，从罪恶到恩宠、从劫难到正直、从死到生、从人到上帝、从时间到永恒的倒退。

但是，它没有让我们产生某种不安——我们满足今日伦理学问题的最终资源只是词语——在所有词语中，我们已经使用了这些词语吗？在过去一年里，我不得不听到许多对我们这些观点的异议。

它们当中很少能给我留下深刻的印象，因为从整体上说它们基于在某一点上正确倾听的失败或者理解上的疏忽——那么在哪一点上我们不希望许多人没有正确地倾听或者理解疏忽呢？我的批评家的确在图书馆里的《新约》版本上，在路德的版本中找到了根据；但对他们中的大多数人来说，这种思考方式似乎难以置信地新鲜。我已经遇到一些慎重的，逐步提出来的异议。然而，我一直不能遇到，绝对不能遇到最明显的、最陈腐的异议，并非是那种在所有异议中最愚蠢的异议，而是那种我基本上只是在玩一个好玩的智力游戏的异议，黑格尔和他的学派在很久以前比我玩的要好得多，这一游戏并不引导人们更接近于问题的真正解决。

在这种异议后面的东西是什么呢？它从根本上说仅仅是由于懒惰吗？当路上呈现出第二个拐弯时，我们这里的智力形式陷入筋疲力尽的状态，拐过弯之后恢复了呼吸，为走得太远寻找借口，以鼓舞人心的话说，"没有教条，生命……"这最初的笔记就足以成为反理性主义的一曲完整美妙的音乐。或者呼吁那种欲望那些为一个人自己所喜欢的安慰和纪念，而没有想到上帝和永恒的，被克尔凯郭尔称为"直接信息"禁果的，只是一种不可信的神，不可知的神吗？然而，即便假定这种不可再生的神学窥视出我们的批评所掩盖的每一个侧面，我们有什么确定的权利谴责犯有这类第二种罪行的追随者吗，甚至要谴责犯有第一种罪行的人吗——除非他是一个处于狂热之中的学生吧？或许他并不比我们有更多的权利，因为我们所有的辩证法都是保罗和改革派的辩证法吗？因为我们的辩证法至少不可能像他的辩证法那样是一种不可再生的神学吗？他理智懒惰的惊人事实可能不会导致我们意识到，我们的思考，所有人的思考很快就会达到思考的边界吧？

我们的确无法对于那些谴责——我们的思考是一种求助于逻辑的神圣性来完成的"纯粹的语言游戏"的谴责作出自我辩护，因为我们所说的，即便在文字上是保罗或路德的语言，也不具有神圣的逻辑性：我们所说的不断地破开逻辑的多元性，把一分为二，最终分成一种无限的系统，它带来各种自相矛盾，正如我们所知，这些矛盾通过活泼和辛勤的循环往复，在一个只是看似的整体中聚集到一起。任何人，甚至包括保罗最严格的信徒如何能够逃离这种周而复始的运动呢？《罗马书》不断暗示的对我们的期望是什么呢？——路德几乎在每一页上，连同加尔文（参见《法典》第三部第二卷信仰篇，这里自身便构成一个真正的问题海洋）对我们的期望是什么呢？——不用提19世纪的辩证法大师克尔凯郭尔了吧？上帝之语是一把真正的双刃剑；它没有必要翻转过来用另一面切割；但我们之语，甚至我们所谓最终之语——甚至我们说出的"上帝"之语，无论我们如何强调，都只能是我们说出的语言。

简言之，我们必须准备接受这样的批评：我们的思考看起来像是一种"纯粹的语言游戏"。它看起来像一种游戏。（准确地说，它一直像一种足球游戏。）人们不可能否认，游戏通常要以我们已经使用的语言来玩，聪明的游戏和愚蠢的游戏，虔诚的游戏和不虔诚的游戏都是如此。我们将必须考虑到这种可能性——我们的思考或许缺乏我们想用它来表达的意思。我们自己也没有办法，没有办法捕捉真理，当我们重复保罗的自相矛盾时，我们无法使现实与我们所说的相吻合。惟有上帝可以做到这一点。无论我们如何周密地运用上帝思考的辩证法，我们都无法运用上帝的思想。问题是答案，"否"也是"是"、劫难也是恩宠、死也是生——一句话，这种笼罩死亡阴影的谷底也是上帝的世界，因为这里存在着绝望，因此也就存在着生命，它在自己的神圣和服从中得到证明——这可能全是真的，但它们不是真的，因为是我们在思考它、谈论它。在逻辑上，它并不比克尔凯郭尔的假定、上帝、自由、永恒性以及历史目的的理想更真实。它的真实性有着同一个来源。让我们不要自我欺骗吧：如果我们认为自己的想法是真实的，我们是在求助于我们只能求助的裁决——我们以并不明智的影响作出的裁决来进行判断。

费希特式的傲慢引诱我们去把握不属于我们的东西。但是，人们必须再一次地，特别紧迫地提醒我们——我们已经如此地接近于火焰中的荆棘，以至于人们不能以自己的思考解决伦理学问题——甚至不能通过他对正确解决的思考来解决。没有一条使我们通向上帝的道路——甚至一条通过否定方式的道路也不存在——甚至既不通过辩证法，又不通过自相矛盾的道路也不存在。站在某条人类之路尽头的神——甚至是站在这条路尽头的神——将不是上帝。我们所想象的对问题的正确解决或许仅仅服务于证明我们在解决问题方面的无能为力。我们的解决也可能以费尔巴哈的方式得到解释。在我们能够把握的局面之内，我们认为，自己在危机的高峰处所依赖的希望和许诺或许甚至是一种海市蜃楼的渺茫。就我们的能力来说，当我们放弃自己的那真诚的一刻，或许就是我们接受永恒死亡惩罚的那一刻，我们可能更充分地感觉到比任何自负的绝望还要严酷的绝望，我们最终的话语是我们最终的现实，我们的终结。伦理学问题不可否认地把我们带入上帝的现实性中——也就是说，把我们带入上帝的判断之中。这是一次歌德在《塔索》的最后两节中所描述的危险的海上演习：水手最终紧紧地依偎在将使他遇险的岩石上。我们指望上帝的恩宠。但这不是我们的指望！一切事物都指望这种恩宠！但我们并不通过自己辩证法的神秘转折把恩宠带入存在。上帝是，而且仍旧是自由的：否则他就不是上帝。"因此他怜悯地对待他将要怜悯的人们，冷酷地对待他将要冷酷对待的人们。"从保罗辩证法的顶峰所见到的全是我们能够真正看到的东西——永恒宿命的风景——它不仅伸展到赎罪，而且也在相反的方向上伸展。从这种视角出发，我们不知道自己是被抛弃了还是被选择了——不知是否有一种现实在等待我们最终的话语——不知是否把握了这些话语，我们或者可能充满危险地活着，或者必须绝望地活着。

　　我已经想到让自己的主题更接近这一点，或者是迅速地让你阅读从《约翰》第十一章摘抄的拉撒路高升的故事，这一故事包括一些仍旧被讲的话。但我不必为你解谜。让我向你保证，如果我已经把你引入一个僵局，我至少意识到了这一点。你很难期待我现在就加上一个"幸福的结局"（肯定性的结论）。对我来说也没有什么好加的。我们对"我们应当做什么"这一问题探讨的圆圈在这一点上必须被打破。仍旧要补充的东西并不是这一圆圈的一部分。我并不是在含糊其辞，这是惟一的事实。在我接近与这个圆相交的另一个整圆的曲线之前，我主要想去规划。

　　到目前为止，我一直有意遗漏保罗和改革派辩证法的两个核心概念，因为尽管它们理论上属于我们圆圈的曲线，它们也是另一个圆圈的一部分：这些是"信仰"和"启示"的概念。对于"启示"的定义，我深入到这一概念被发现的信条中，"主啊，我相信，你会解除我的怀疑"；对于"启示"的定义，我使用路德的断言："我并不知道它，也不理解它，但是，我听到超越人们思考的东西在高处盘旋，在我耳边萦绕。"（厄兰根编，20，133）信仰和启示显然否认了有任何从人到上帝，再到上帝的恩宠和爱，以及生命的道路。这两个词都表明，上帝与人之间的惟一道路是从上帝通向人的道路。在这些词之间——这是保罗和改革派神学的内在核心——还有另外两个词：耶稣基督。这样两个词也是辩证的，但它们是对保罗自己而言的。以往的正论和反驳的泛滥已经盖过了它们；未来也没有任何变化的迹象。通过语言，我们绝不会达到问题的终结——甚至不能通过这些语言达到。我们只能强调，通过这些语言，保罗、路德，最后的也是最积极的加尔文——无论他们如何以自己的方式想象道德行为——都意味着指向另一个世界，指向切开我们伦理学问题之圆圈的另一个圆圈，指向上帝通向人的道路，它是一条通道，通过它所有的现实向我们走来。

如果我可以像一个傻瓜那样说话——当他们布道把"否"变为"是"时，把劫难变为恩宠时，把死变为生时，他们意指的是基督本人。当他们极力在布道中强调解决伦理学问题的确定性——一种与所谓"宗教确定性"绝对无关的确定性时，他们意指的是耶稣基督本人，因为那不是我们的确定性，而是上帝的确定性。问题的解决是确定的，因为拯救是确定的，人的拯救、肉体和生灵的救赎，迷失者和被囚禁的上帝创造物的救赎。拯救是确定的，因为新人从高处出现，带来新的天空和大地，带来上帝的王国。他不是以暴力的品格进入我们的世界，因而如果没有信仰，人们就看不到它。由此也没有任何语言和更进一步的辩证法存在的必要性。当他只能以信仰的方式和被信仰的方式看到时，他只是选择无限地接近。这就是保罗和他的追随者把人之语看成同人类的任何语言一样的虚弱，而上帝之语就是真理本身的理由。这就是他们把对罪恶的宽恕宣讲为对伦理学问题根本性回答的理由。

但是，人们注意到宽恕总是采取从上帝到人之途，而绝无其他道路。也注意到对这条路也没有其他方式，但这条路本身也是通向这条路的方式。我也是这样的路！我们的道路通向别的地方。耶稣基督并不是我们思考拱门上辉煌荣耀的拱顶石。耶稣基督不是我们可以或不能视为真实的超自然的奇迹。耶稣基督不是我们希望在转变之后，在我们心灵和良心的历史尽头达到的目的。耶稣基督不是我们可以与自己"联系"起来的，我们历史中的一个人物。耶稣基督最不可能是宗教和神秘体验的对象。只要他对我们来说如此的话，他就不是耶稣基督。他是已经成为人的上帝，是像婴儿一样嗷嗷待哺的万物的创造者。但是，他也可以通过另外的事实来理解，他是一个被钉在十字架上的人，是死了的、被埋葬了的人，他屈尊进入地狱，但又起死回生。这就是，无论如何都是保罗和其他人讲出的耶稣基督的话语，而且是惟他所有的话语的含义。这也是他们斗胆说出解决伦理学问题的理由，因为这是他们斗胆说出拯救的理由。如果我们并不知道他们所指的是什么，他们的神学将同任何其他理论一样无法使我们受益。即便我们懂得了他们的意思，我们也只是借助于这样一个事实：耶稣基督是他所是的东西，无论我们最初认为他是否如此。

现在让我们借用拉撒路的故事中的一句话来结束讨论："那些活着和相信我的人都将是不死的，无论他们是谁。"我恳求你们不要这样做宗教的歇息，因为我们中的每一个人都会被问及的一个问题是："这是你最相信的东西吗？"

二、上帝之语和牧师的职责①

一

我们中的那些以传授宗教的内在寓意为业的人们发现自己也陷于困惑之中。我们或许是有希望的，但却不能是幸福的。当我们还是学生时，我们就阴郁地怀疑命运是否如此；我们已经渐渐地衰老，可实际情况比我们怀疑的还要糟糕。无论我们是教区的牧师还是职业牧师，困惑总是相同的：我们中没有人能够避免它。让我吃惊的是，我们中间仍旧有人去天主教堂——为的是所谓神圣的感召力，有谁知道还有别的去处吗？然而，即便当我们坐在自己桌前时，当

---

①　这篇讲稿于 1922 年 10 月在 Elgers 城堡召开的"基督教世界之友"会议上宣读。

我们在去教堂服务之前或之后的那一个夜晚入睡时，或者当我们要去布道那天清晨起床时，那种感召力并没有在我们周围，使我们变得不安或者真实起来！

我们的困惑轻易地向我们袭来，而且仅仅是因为我们是牧师。这不能以任何其他的理由来说明。从心理学上讲——如果我可以预料哪个地区提出要求——便可以帮助描述它，但这种解释不会比它所能够解释的更好，尤其对于似乎写在人们灵魂上的死亡来临的问题。我们牧师像其他人一样确实体验到精神生活奇怪的韵律，体会到它肆意地循环往复，而这一韵律与我们一直拥有的困惑并没有什么本质联系。即便是与我们职业那千篇一律的面孔所带来的问题也没有任何关系，这些问题也不是由于这种循环所引起的。例如，我们的神学体系曾多次被修改过，有时有所改进；我们的实践神学也是如此；我们个人对职业态度上的每一个可能的变化早已被测试和考验过了。但是，这比起帮病人在床上翻个身，换一个姿势有更多的含义吗？我们在教堂和大学里还没有懂得，昨天让我们安静的东西，明天的确会使我们不得安宁吗？我们在任何程度上都不能希望方法和态度的修正能让自己摆脱困惑，尽管它们总是必要的。

这种尴尬并不是今天所特有的。牧师一直相信，他们自己时代的职业追求特别艰难。然而，事实上今天的牧师在这方面比十年前的牧师更为容易，或许在德国比在其他中立国家更为容易，因为我们正萌生于被各个事件弄松了的土壤中，这种土壤为我们的播种提供了独一无二的便利条件。

我们的尴尬既不在于我们的社会地位本身是成问题的事实，也不在于大多数人在情感上并不接受和尊重我们，而在于为一种像奥弗比克（Overbeck）经常讲的怀疑论的阴云所包围。作为《福音书》的读者，我们不应对这种局面表示惊讶，即便我们从其他角度肯定自己，也应当如此。而且事实上这种局面并非总是如此糟糕。即便当前的讨论威胁到是否人们真正需要我们时会让新德国感到震惊。我们总体上对于有学识的人，或没有受过教育的人对自己的态度并没有太多的抱怨。真正的和令人吃惊的问题并非我们是否被需要，而是我们自己的需要究竟是否能够被满足的问题。

由于我们与教会的关系，这种需要不能被感觉到；我们并不为自己领导的保守思想、官僚主义，或者对于我们事业的限制而恼怒。我们从天国之壤而来，在那里的牧师——从大学教授到朴素的乡村牧师都能够做他希望在自己的领域中所做的事情；那里不存在问题；那里的领导中间流行着最柔和、最适度的神学中间道路；我只能警告人们提防这种幻觉——在这些情况下，牧师肩上的担子被减至最轻的程度。相反，一旦新生力量反对古老教会的斗争失去它内在的和外在的目的(如果它曾经有任何目的的话)时，一旦由此发挥出来的热情变为目的，而为了这一目的热情可能更有利地得到发挥时，牧师的根本需要只能使他遭受更猛烈的攻击。

我们的困难在于我们职责的内容。无论这个人感觉到这一内容有多遥远，或者根本不需要提起那个问题；因为我们这里正在讨论我们共同的处境。我将用下面三句话总结这种处境的特点：作为牧师我们应当说出上帝之语。然而，我们是人，所以无法说出上帝之语。因此我们应当承认自己的职责和无能，通过这种承认把光荣给予上帝。这就是我们的困惑。相形之下，我们的其他职责便黯然失色了。

我试图依次阐明我所讲的这三句话。

二

我们应当说出上帝之语。

我们的目的是什么？甚至牧师都应当能够回答这一问题。为什么我们要承担这份工作。为什么我们要保持做这份工作？支持我们的人——或者至少是容忍我们的人——真正期待我们去做什么？如果他们开始感觉到自己的愿望被欺骗了，他们对我们不断加深的蔑视表明了什么呢？

当然，他们不能告诉我们自己当下想的是什么。从他们更为表面化的动机中我们对什么都不得而知。如果我们理解他们胜过他们理解自己，以及他们对我们的期望，我们必须寻求他们动机的动机。从这种观点中，我们有可能根据任何其他的理由，而不是根据其他人基本需求存在的理由把我们自己的存在解释为需求牧师吗？人们并不需要我们在他们日常生活的无关紧要的方面帮助他们。他们在没有我们劝告的情况下，以比我们通常相信他们具有的更为智慧的方式追求那些东西。但是，他们意识到自己的日常生活，以及日常生活构成因素的所有问题都是被一个庄严的什么、为什么、何时、何处所影响的，它像代表一个大括号之前的减弱标记，它以一个新问题改变了括号里面的所有问题，甚至对于那些已经被回答了的问题也是如此。他们对这个问题的问题不再有回答，但却足以天真地假定其他人可能会回答。所以他们如此地强迫我们干起自己反常的行当，把我们置于他们的布道坛上，职业的座椅上，以便我们可以告诉他们关于上帝的事情，把他们对于自己最终的问题的答案交给他们。为什么他们自己不像一直在寻求把握其他别的东西那样，寻求把握这一答案呢？当他们必定早已发现他们不能期待从我们这里得到同样的服务，例如就像他们自己从律师或牙医得到的那种服务之时，他们为什么还走向我们呢？是否必定有人告知这一真理，我们对他们问题的回答并不比他们自己回答得更好呢？人们可以详细地追问。他们的到来与其说证明了他们从我们这里得到答案的渴望，不如说证明了他们同全人类一样在自己回答问题方面的无能为力。

然而，这或许就是我们被问及的问题；我们应当理解人们在问这个问题时，头脑里想的是什么。显然他们并不需要我们帮助他们活，而是更需要我们帮助他们死；因为他们的一生都活在死亡的阴影之中。历史无须我们帮助而一意孤行地向前发展；但当末世论、终极论在地平线上出现时——历史中还有什么问题不能在终极论上敞开呢？——由此就呼唤着我们的出现，人们认为我们能够讲出启示之语和最终之语。在他们自己的能力和可能性的范围内，人们被宽容地调节，他们之所以走向我们——这似乎是奇怪的——为了智慧，其理由在于他们知道自己的生命之网悬挂在一根像蛛丝一般的线上。他们突然间醒悟意识到，自己正走在比刀刃还要狭隘的时间与永恒的分水岭上。这一神学的问题出现在永恒的边界上。哲学家懂得这一点，然而神学家似乎在许多时候并不懂。

显然，人们并不需要我们对于道德和文化的观察，或者甚至不需要我们对于宗教、崇拜以及关于其他可能存在的世界的专题论文。所有这些东西实际上都属于他们的生活，而且注定与他们生活中的一种需要密切联系，无论他们是否认识到这一点。但是，这些东西本身并不是需要。通过我们就关于这些麻烦问题的、多少有煽动力的讲道和令人满意的教诲，我们或许能够给予这个人或那个人，抑或甚至数百人提供快乐或帮助。我认为我们没有理由不这样做。但是，不要让我们以为通过这样做，我们便可以面对人们事实上带给我们的问题；或者我们以作出敏捷的回答而免除了自己作为《福音书》牧师的责任；或者是其他在这一层面上应当履行的有益的牧师责任(包括宗教牧师在内)。让我们不要以自己有义务归还人们以某种程度的爱为借口这样做；因为人们首先必须问这一问题：什么是我们归还给他们的爱？当我们意识到自己几乎这样做了的时候，我们或许做到最低的仁慈，尽管人们因为我们帮助他们活着而对我们千恩万谢。当他们向我们来求助时，他们实际上并不想知道更多关于活着的事情，他们想知道更多关于在生活更远的边缘之处的事情——上帝。我们作为乡村或者城市的圣人删去了荒谬的人物。这样我们便在社会中过剩起来。我们并不理解牧师的职业，除非我们把它理解成一种困惑的索引、症状，或更准确地说一种预兆，这种困惑的伸展超越了人们努力的整个范围，无论现在还是未来都是如此。这是一个仅仅由于一个人作为人而存在便可以感觉到的困惑，与他作为道德的还是非道德的、精神的还是世俗的、神的还是非神的存在并无关系。无论他对自己的处境是否有意识，人都不能逃离人性，而且人性意味着限定性和有限性、生物性，以及人与上帝的分离。如果他不能意识到这一点，如果他不能向我们说明这一点，如果想帮助他的同伴不能理解这一点，他的痛苦也就更为深重。

　　人作为人在请求上帝。他请求的不是一个真理，而是真理本身；不是某种善的东西，而是善本身；不是许多答案，而是这种答案——与自己的问题相吻合的答案。人本身是一个真正的问题，他必须在自己身上找到答案；他必须是答案。他并不请求问题的解决，而是请求拯救；不是请求人的某种东西，而是请求上帝，请求上帝作为把他从人性中拯救出来的救世主。人们可能千百遍地对他说，为了达到无限，他只能必须保持沿着有限的小径走——这是他的确要做的事情：他保持着行走——在这些独有的小径上前进所完成的业绩之辉煌、之恐怖实际上都对他敞开着，这种辉煌和恐怖足以证实寻求这种不可能性的动机，以及难以忍受的紧迫性。但是，尽管他千百次地接受所有指导和劝告，他仍旧没有找到这样或那样的理由在这条有限的小径上获得满足。他所发现的东西与他所寻求的东西的关联是 $1:\infty$；这种事态对他来说是不能容忍的，因为他不能相信 $1=\infty$。无论他的胆子有多大，当由他作主支配的整个答案的海洋似乎在他手中不停地蒸发，变为一个问题——他自己的问题，他生活中问题的一颗水珠时，为什么他还应当相信呢？在他的生活关系中，这个答案指向他生活所包含的主题，他生活的魔术中所隐藏的意义，由那种总起来说构成他生活努力失败的开头所强调的这种目的，简言之这种现实，超出了体验之海洋，而且一直如此。

这种答案、这种主题、这种意义、这种目的、这种现实绝非是此在的。我们能够给出的答案也不是问题本身；通过这一答案，此在和彼在并不合二为一。然而，当人们在请求上帝时，他们在请求与他们自己的问题相吻合的答案，请求一种也是有限的无限，一个是彼在也是**此在**的神，请求也是**人**的上帝。对于满足他们问题的答案——赞美或谴责文明的、文化的或宗教式的答案无论其含义有多么好，都只是把人们与他们已经生活的世界联系起来，而不是别的吗？我们将把这个答案保留到永远吗？我们将永远不会知道出于什么理由，什么令人吃惊的理由使他们忍受我们，而且认为自己需要我们吗？如果我们暗地里相信这一答案，为什么不向人们公开承认自己不能说出上帝之语呢？或者如果我们真正地为这样说而后悔，或者为刚好以这种方式这样说而后悔，我们至少不可能把他们关于上帝的问题变为我们自己的问题吧？为什么不把它当成我们布道的主题呢？

就这一点来说，在大多数时候，我一直记住教堂中的场景。然而，大学里的神学课堂上也奉行同样的基本原则——这完全脱离了这一事实——作为未来牧师的摇篮，这样一个课堂是一个教堂的附属物。神学是所有事情并不顺利，甚至大学的文学中也是如此的一个征兆，一个标记。存在一种学术的需要，在最终的分析中，作为被推论出来的东西，是与我们已经描述的一般人类需要相同的东西。众所公认，真正的科学本身是不确定的——这种不确定不只是表现在这一点或者那一点上，而是它基本的和最终前提是不确定的。每一门科学都清楚地懂得，在它的括号前面有一个减弱的符号，用这种静音符号通常泄露了秘密——它是那个恰好把整个科学都悬挂起来的关键点。它是问题的标记——必须被加到别的结构完美的逻辑之上。如果这个问题标记的确是每一个科学的最终根据，显然所谓学院体系是一个在无底的深渊中旋转的落叶的旋涡。问题的标记实际上是每一门科学的最终根据。

　　所以大学一直有一种不良的用心，或者一种担心，以及在它围墙之内的宽容神学；尽管当人们谨慎地问一个不能以适当的方式提及的问题时，想到神学家们有保留的说明，人们多少会有些恼怒。然而，如果我没有犯错误，有人暗地里高兴是如此非科学的，以便高声和与众不同地谈论不能被证明的所有其他事实均仰仗它的根本事实——以便强调整个的学院体系或许有一种意义。无论形形色色的非神学教条主义者的个人观点如何，都有一种普遍的期待，宗教导师将要回答在其他人秘密思考的情况下，什么东西使一个问题的标志得以形成。当被其他人只是认作一种不可能性或一种限定性概念的东西，对他来说代表一种可能性时，人们相信他正在履行自己的职责(让他意识到完成这一工作是非常美妙的!)人们期望的并不是他的私语和对上帝的咕哝，而是他的讲话：不是期望他的暗示，而是期望理解他和证实他；不是期望把他置于背景下的某一处地方，而是期望抛弃普遍的科学方法，把他置于最显著的地位。

　　显然，神学并不把自己在大学中的位置归功于任何武断的原因。它存在于那里是为了满足一种需要，因而这样做被证明是正确的。或许由于相似的理由，大学也有其他的部门，但神学与它们永远是不同的，因为对它的需要显然绝不能被满足，这表明它与教堂的相似性。自相矛盾的而又不能否定的真理是，作为一种像其他科学一样的科学，神学没有权利获得自己的地位；因为它由此成为对属于其他部门的不同学科的完全不必要的复制。只有当神学院尝试去说，或者至少指出这样说的必要性，只要情况如此，其他学科不敢说，或者不敢大声说的东西时，只有神学不断地提醒人们，混乱尽管是美妙的，但却不能由此成为一种秩序时，只有当神学成为问题的标志，而且面对科学可能性最遥远的边界——或者更进一步说，在与跨越最遥远边界的哲学职能的冲突中成为一种呼唤时，神学才有理由存在下去。

　　无论它是什么，一种宗教科学的部门都没有理由存在；因为尽管关于宗教现象的知识对历史学家、心理学家以及哲学家来说的确是不可或缺的，但同样正确的是，这些学者都能在没有神学家帮助的情况下自己获得和应用这种知识。那种所谓"宗教洞察力"只是那些罕见的同时也是一名神学家的历史学家或心理学家的财产吗？不信教的科学家就不能以同样的爱和智慧研究宗教文献吗？或许情况并不如此。

如果我们这样强调神学是宗教科学，我们便剥夺了它在大学里的位置。宗教或许同其他课程一样被教授——但一旦如此它也必然同其他课程一样被讨论。的确，人们有必要，有可能了解关于宗教的某些东西，但是，当我把它当作某种可能学会的东西来研究时，我也因此承认同样有必要超乎或者超越宗教，正像我超乎和超越任何科学一样——例如超乎和超越对甲虫的研究。关于宗教的新热点和极为有趣的问题可能让我繁忙，但是它们像所有其他问题一样，指向的是一种最终的、无法回答的问题。它们并不是那种也是最终答案的问题。它们也不是那种由于它的存在，曾为整个大学之母的神学仍旧能在各个部门中鹤立鸡群，尽管它的头或许微微垂下的问题。在作为一门科学的操作神学方面，无论我可能在他人眼里多么熟练，我都没有因此而必然地竖起一根手指满足他人对我更进一步的期待。

让我对我们以历史笔记形式来讨论的这部分内容作出结论。那些认为我提出的各种思想与根本事实有密切关系的人，也因此承认自己是通过克尔凯郭尔到路德和加尔文，并由此到保罗和耶米利来追溯的古老路线的后继者。当然也有其他人同样维护这一古老的学说。因此，或许为了清楚起见，我应当补充说，我们的路线并不是从马顿逊追溯到爱拉斯谟，从《哥林多书》第十五章指引人们反对的那些人到预言家哈纳尼阿的路线，哈纳尼阿把先知耶米利脖子上的枷锁取下来，并且打碎了它。

要说的都说了，我可以详细地指明我向你们推荐的这条古老的路线，并不包括施莱尔马赫在内。出于对他的著作中所显示出来的天才的适当尊重，我不认为施莱尔马赫是神学领域的一位好老师，因为据我所知，他在人作为人不仅需要，而且也超越所有拯救自己的希望这一事实上，是一个可怕的缺乏洞察力的人；所谓宗教完整，最起码也是基督教的完整都拥有这种需要；人们只是不能大声地以人之语说出上帝之语。有那么一些人，对他们来说，施莱尔马赫特有的不凡之处在于他发现了一个宗教概念，他用这种概念克服了路德的所谓二元论，用一个极度渴望的桥梁——我们可以从上面虔诚地走过的桥梁把大地和天空联系起来。如果那些坚持这种观点的人还没有这样思考过——按照我所提供的观点思考过，他们将最终转过身来。我只提出这样的问题，他们既不求助于施莱尔马赫，也不求助于改革派，既不求助于施莱尔马赫，也不求助于《新约》，既不求助于施莱尔马赫，也不求助于《旧约》先知，但是从施莱尔马赫的背后，他们寻找到另一条古老的路线。在这条路线上，下一个先驱者可能是梅兰希顿。克尔凯郭尔、路德、加尔文、保罗和耶米利这些不寻常的名字强调了施莱尔马赫从不具有的对这一真理——人是被创造出来为上帝服务的，而不是上帝被创造出来为人服务之真理的一种清晰的、直接的理解力。与国王、王子、人民、牧师和犹大先知相比，耶米利生活的否定和孤独——保罗对宗教的热忱和不松懈的反抗，像在犹太教中体现出来的那样——路德并非以不虔诚，而是以中世纪式的虔诚与宗教的决裂——克尔凯郭尔对基督教的攻击，所有这些都体现出以确定方式说出上帝之语的特性，而这却是施莱尔马赫从未达到的。

人是一个谜，不是别的什么东西，他那总是如此真切地被看到和感觉到的宇宙是一个问题。上帝与人相对而立，犹如不可能与可能的相对，死与生的相对，永恒与时间的相对。这个谜的谜底、这个问题的答案、我们需要的满足乃是一件绝对新鲜的事，不可能因此而成为可能本身、死成为生、永恒成为时间、上帝成为人。并没有什么途径导致这种事情发生；而人也没有什么能力理解它；因为这种途径和能力本身也是崭新的，是由新人来享有的启示和信仰，认识和被认识。耶米利和其他人——我可以这样指出吗？——至少是做了一种严肃的尝试说出上帝之语。他们是否成功另当别论。他们至少是开了一个必要的先河。至少他们理解人只是根据自己作为人的存在发现自己的需要。他们把自己说出上帝之语的尝试与这种需要和这种问题联系起来，与不是别的什么东西联系起来。他们揭开了这种需要和这种问题的每一层面纱。他们处在死的热切之中。

这就是我们主张继承这一历史路线的理由。我们听到甚至是来自历史的命令：我们应当说出上帝之语！即便我们能够服从它，这也是一个足以让我们困惑的命令。

三

我接着谈自己的第二句话：然而，我们是人，所以无法说出上帝之语。

我们可能回忆起我们权威的第一句话："啊，主啊！看呢，我不能讲话。"在23年的布道之后，他仍旧允许这些话语存在——确实不是作为他成长的证明，而是作为他所讲过的一切的一种估计：我事实上不能说出它。耶米利是一个被上帝本人召唤和尊奉的人。

我们将不会停下来问是否有可能把教会的任命本身看成是上帝的召唤。路德把这两种东西同一个足够清晰的论证等同起来。但是，即便我们假定由于我们的这种任命，我们也获得了精神上的素养，即我们由此被神来召唤、来捐助的话，我们仍旧是人，作为人的存在，不能讲出上帝之语。然而我们在社会中的同伴保持着这样一种令人惊奇的观点，他们能够推动我们去说出那种话语——正如我们充分了解的那样，不惜任何代价必须被听到的、而他们自己又说不出来的、但他们非常想让我们说出来的、而我们自己也愿意这样做的，可我们说得并不见得比他们更好的话语。他们委派我们做牧师，完成大学指派给我们的同样的任务。

然而，我们也同他一样是人。我们不能说出上帝之语。说出上帝之语严格地说意味着在启示和信仰的领域说话。说出上帝之语意味着以上帝话语说话，而这种话语只能从他嘴里说出来，是上帝成为人的话语。我们可能说出这些话语，但这并不是在说出上帝之语，用这些话语作为对真理的一种表达。我们的实质性任务是强调上帝成为人，但要用类似于上帝之语来这样说，就像上帝自己在说一样。这将是对受惊吓的良心所带给我们的问题的回答。这将是对人们关于人性救赎问题的回答。这正是应当在我们的教堂里和我们的讲演厅里用喇叭发出的声音，这种声音从我们的教堂和讲演厅传到了街上，那里我们时代的人们正在等待我们，而不是经文抄写者教诲他们。我们占据自己的布道坛和职业交椅的理由是对他们强调了这一点。一旦我们不这样说，无论我们看似多么有道理，我们都是在欺骗他们。具有真正超越性的惟一答案，因而也能解决内在之谜的答案是上帝之语——注意，上帝之语。真正的答案几乎并不在于对问题的否定，或者仅仅是突出和强调它，抑或是无所畏惧地断言问题本身就是答案。这样的断言或许真正远离了争论，但我们要提到的是，它使用了一种使现在更为有限、更为模糊的方式。问题必定是答案本身，必定是诺言的实现，是饥饿的满足，是盲人重见光明，聋哑人恢复听力。这就是我们应当给出的答案，而这刚好也是我们无法给出的答案。

在寻找这一答案的方向上，我看到我们可能走的三条路，以一种洞察力我们发现自己无法到达这三条路的终点。这三条路是教条主义之路、自我批评之路和辩证法之路。我们可能注意到，它们彼此是无法分开的，只在理论上可以区分开来。没有一个真正的宗教导师曾经从它们中仅仅选择一条路来生存，例如我们将看到路德行走在这三条路上。

第一条路是教条主义之路。一个人或多或少地直接从《圣经》和教义中学会选择这条路，走这条路的人会遇到熟悉的基督教学的、耶稣救世学的和末世论的观点，这些观点出自上帝成为人的命题。在这种程度上他的需要被满足，他的问题得到回答。路德在布道中强调说，我赞成我们走这条路胜于往回走或者依赖于历史，甚至是《圣经》的历史；胜于以一种纯粹的思考和崇拜形式获得满足，胜于忘记本质的和非本质的东西；胜于忘记我们作为牧师的职责是说出上帝之语。

正统派理论无疑有许多可以流传下去的东西，但它无论如何都对什么是过剩的，什么是必不可少的有一种强烈的直觉。它在这方面超过了许多反对派。这一的确并非构成人们纯粹习惯和精神惯性的方面是正统派理论为什么仍旧受崇拜、在教会政策甚至国家政治中如此有影响力的主要理由。在这方面它是相当出色的。

我们可能注意到，有这样一些时候，最虔诚的异教徒也欲望偏离自己心理习惯而进入一种肯定的状态，一种几乎是与自己意志相抵触的状态，那时他并不想去谈论宗教，而是谈论上帝；而在这些场合，他只能使用教条主义的表达。

当牧师被给予最终的见识——牧师的主题不是成为上帝的人，而是成为人的上帝时——甚至当这种见识只是偶尔在他脑海里闪现时，他获得了一种客观性的体验。他不再把客观性看成用于分析《圣经》和教义的纯粹的心理工具。他发现从前自己鄙视和仇视为"超自然性的"一个词缓慢而确定地成为合理的和有目的的。他理解这个词，因而从里面，从背面讲到它。他认为被写的东西必须被写出。他在那个世界的各个角落得到确信和运动的自由，这一世界如此之遥远和生疏，以至于他不允许自己梦想在那里永远会有在家里的感觉。最终他或许能够在使徒事业中，以这种事业的坚忍不拔找到比任何被置于这一位置上的短命的现代主义更多的真理、更进一步的深刻、甚至是更多的理智。

但是，显然即便是一个人最强有力、最生动地被想象为超自然主义时，他也不能说出上帝之语。他只能承认自己想去这样做。正统派学说的弱点不是《圣经》和教义中的超自然的成分，这是它的强项。更准确的事实是，正统派学说，连同我们所有人一道——只要我们自己的方式是教条主义的，有一条对于这种成分——例如甚至是作为成分本身的上帝一类的"词语"的客观描述之路。我们有自己的神话，并且实际上接受了它们：一种正在起作用的信仰！我们所有人都在路德那里相遇——例如在他关于三位一体理论的教义中——在那里我们只剩下束手就擒，放弃思考，摘下帽子，点头称是了。尽管我们感到，由此并不构成杀戮妓女的理由，在惊恐中我们也记起是我们，而不是路德在公共领域，甚至更为通常地在私人领域如何经常这样做。为什么正统派学说不这样做？因为这种人们关于上帝问题的答案被简单地废除了。人不再是一个问题，代之这个问题的是，他成为一个答案。但是，只要他仍旧是一个人，他就不能摆脱问题。他作为一个人本身就是问题。任何答案都必须肯定他的本性，这本身就构成一个问题。在一个人按照他所相信的上帝的要求并没有说出上帝之语之前，就要把握"上帝"这个词或任何别的东西。事实是，一个人无法相信只在他之前被奉行的东西。他无法相信不在他之内，和在他之前的任何东西。他不能相信对他没有自我揭示的东西——它尚未构成穿透他的力量。上帝本身并不是上帝。他可能是某种别的什么东西。只有自我揭示的上帝才是上帝。

成为人的上帝才是上帝。但是教条主义者并不这样说出这种上帝之语。

第二条路是自我批评之路。这里无论如何我们都有一种非常清楚的，清楚得令人不安的关于上帝成为人的说明。在这条路上，任何欲望与上帝发生关系的人都被命令作为人来死亡，放弃自己全部的独特性，他的自我、自我的身份，被命令为安静地、不确定地、直截了当地达到这样的结局——最后变得像圣母玛利亚一样，在天使走近自己时那样的善解人意：注视着主的女仆——请按照你的语言命令我吧！上帝并非这样或那样：他不是对象，不是某种东西，不是对立物，不是次要的。他是一个纯粹的存在——没有任何性质，充斥于所有物中——只能受到人的特定的个体性所妨碍的所有物中。让人的个体性最终被解放出来，灵魂将确信上帝。

这是一条神秘主义之路，一条必须被慎重考虑之路！谁能在中世纪的最神圣精神激励路德前往的路上有片刻的回头呢？我们必须慎重考虑这种神秘的意识——上帝从不在人的成长方面帮助人，而只是在人跌落时才提供基本的帮助。这种神秘主义者意识到，人的确欲望一个本身不是自己的神。我把这条路称为自我批评之路——尽管它也可以被理解成理想主义之路——因为通过这条路一个人把自己置于判断之下，并且否定了自身，因为它如此清楚地表明，必须被克服的东西是作为人的人。我们所有人在这一或那一时期都被发现在这条路上，我们将不能完全地放弃这条路。即便是路德能够做到这一点。人们有必要总是告诫一个人——由于自己的文化和对文化的向往而膨胀起来的人，在自己的道德和宗教素养方面像泰坦一样达到天堂的人说他必须等待，必须一步一步地变小，他必须学会变小，最后变为无，他必须死。在这样的人之灾难的观点中存在着某种最终的真理。无论人们从整体上对神秘主义提出什么样的异议，人们都可能不会忽视这种没有伤害的学说。

在教条主义最弱的地方神秘主义最强。这里发生了某种事；我们在这里并没有由于信仰的命令保持站姿，我们在这里受到严重的攻击；上帝在这里成为如此有能量的人，以致人们可以这样说：没有任何人的东西留了下来。但是，这甚至还要比异教徒对理性和人的意志的崇拜要好些，好得多。

但是，即使这样我们也不能说出上帝之语。这种神秘论，就我们都是神秘论者来说，一直没有肯定地断言，什么东西毁灭和进入人体，人将陷落的深渊是什么，他将让自己屈服的黑暗是什么，他站在"否定"之前，这种否定就是上帝；然而这却是我们无法证明的。我们断定自己能够肯定的惟一部分，我们能够证明的惟一部分是，人是否定性的，被否定了的。但是，在这个地球上的人绝不能比他出自的那种否定性更具有否定性。因而，除了以某种方式把问题的标记夸大到惊人的程度，竖立到超越出生活的边界之外，这种自我批评之路能够做什么呢？一个令人不安的概念！

的确，人们理解到这一点总是好的——他们转向我们求助的问题比起在生活的任意困惑中，他们已经想象到的问题要激进得多。人们看到这一点确实也总是好的，即在造物主和创造物之间巨大距离内人们无法控制的光芒之下，看到他们的文化或者他们对文化的想法，并且在他们需要请求上帝时，清楚地看出自己实际上在要求什么。但是，让我们记住我们所涉及的自我否定（即便甚至是自杀！）并不像现实性一样如此巨大和意义深远，因为所有其他人否定的自我否定只能指出，这种自我否定立即渗透于上帝的肯定性之中。人的批评越锐利，人的问题作为问题被强调也越锐利。但这仅仅是表明——尽管它是正确的表明——如果人被否定了，上帝之语如何可能被说出。然而，这并非是说出上帝之语。完全不是。甚至路德和克尔凯郭尔对基督教的攻击也完全不是说出上帝之语。十字架被竖立起来了，但是复活还没有被宣讲；因此它实际上还不能是基督的十字架。它是某个他者的十字架。基督的十字架并不需要由我们竖立起来！

这个问题一直没有答案。上帝还没有成为人。人以一种报复成为人，但在这一方面没有得到拯救。主体性把自身提升到步入天堂的更高位置，像一个荣耀的，但又是破碎的圆柱。只有当上帝本人成为人，以自身的饱满进入我们的空虚，以他的是进入我们的否时，上帝之语才有可能被说出（因为正统派学说只了解过多的客观性）。但是神秘论和我们都无法说出这样的上帝之语。

第三条道路是辩证法之路。它是保罗和改革派之路，从本质上说，它也是目前的最佳道路。教条主义和自我批评的伟大真理是以它作为前提的，但它也是它们的碎片，它们纯粹关联的本性。这条路从开始时便严肃积极地一方面承担起发展上帝观点的任务，另一方面也承担起对人和所有人类事物的批评；但是它们现在并不被看成是独立的，而是既不断地关系到它们共同的前提，也一直关系到真切的真理，这些真理的确不可能被命名，但是它们存在于自身以及所给出的意义和解释之间。这里有一种对事实的不可动摇的见地，真切的真理——任何真正的关于上帝的表达的确定内容是上帝(但是为真正的上帝!)成为人(但是为真正的人!)。

　　然而，这种必然性目前将如何使真理的两面依赖于这一被建立起来的活生生的中心呢？真正的辩证论者懂得，这一中心不能被理解或注视，即便他能够帮助，他也不会帮助，他允许自己被引导着给出关于中心的直接信息。人们了解到的全部这样的信息，无论是正面的还是反面的，都不是真正的信息，而总是或是教条的，或是自我批评的。人们只能走在这块狭窄的岩石边上：如果他试图稳稳地站立着，他将或者倒向右面，或者倒向左面，但他必须要倒下。人所能作出的惟一选择是不停地走——这对于那些无法摆脱眩晕的人们来说是一种令人毛骨悚然的表演，从一面看到另一面：从肯定一面看到否定一面，从否定一面看到肯定一面。

　　我们的任务是解释"是"与"否"，在或是有一个固定的"是"，或是有一个固定的"否"的情况下，刻不容缓地以"是"来解释"否"；谈论上帝创造中的光荣，例如直接强调上帝在创造中完全不为我们所知的方面(如《罗马书》第八章)；谈论死亡和今生今世的短暂性仅仅是为了记住弥留时满足我们整个来生的庄严；谈论在上帝的意象中，人的创造仅仅是只此一次地给予警告说，正像我们所认识的人一样，人是堕落的人，我们知道，人的悲哀要胜于他的光荣；另一方面，谈论罪恶只是为了指出，如果罪恶不必让我们宽恕的话，我们便不会知道它。按照路德的看法，人对上帝的证明理由只能被解释为行为正当的犯罪。然而，当一个人意识到，他是一个不敬神的人，而且没有更多内涵时，他猛然间会认清这一事实，自己就是这样一个有罪的人。当一个人真正意识到所有人类工作的不完美时，他能对这种意识作出的惟一可能的反应是热切地去工作——但当我们完成了自己所有的职责所要求完成的工作时，我们将不得不说自己是没有得到任何好处的仆人。目前的生活价值仅仅在于与永恒未来的关联中，与日后希望的关联之中——但是，如果我们认为主的未来并不在今天的大门口时，我们便是纯粹的空想家。一个基督教徒是万物的主人，不屈就于任何人——一个基督教徒是万物的奴隶，屈就于所有人。我不必再说下去了。有耳聆听的他将理解我的意思。我的意思是说这个问题是答案本身，因为答案本身就是问题。一旦我们已经听清了它，我们便会在答案中获得快乐，为的是与此同时提出我们新的、更有智慧的问题，因为我们知道如果我们不能不断地提出问题，我们便不应当有答案。

如果他是一个"平面"，一个旁观者的确将被困惑纠缠，对所有这一切都不能理解。现在他将为答案的超自然主义和无神论而哭泣；现在他将从答案中看到古老的马西昂和今天虔诚派的弗兰克，准确地说他与从坟墓中升腾出来的马西昂并不相同；现在他将把答案称为谢林的身份哲学；现在他将为这个世界的否定而颤抖，这一世界剥夺了他的视觉和听觉；现在他将变得恼火起来，因为这个答案对世界的肯定难以置信地与他自己的想法不同；现在他将反对肯定的态度，反对否定的态度，反对两者之间"难以协调的矛盾"。一个是"空间"的辩证法论者将如何满足他的批评家呢？事实上，他不必说，"我的朋友，你必须理解如果你问关于上帝的问题，如果我的确想告诉你关于他的事情，辩证法便是你期望从我这得到的一切。我已经做了自己所能做的事情，让你看到无论是我的肯定还是我的否定，都不能自以为是上帝的真理"。在每一个"是"与"否"之间有一个立于中间地带的真理，无论"是"也好，"否"也罢，都没有比证实这一真理的存在包含更多的内容。因此，我从不在没有否定的情况下肯定，从不在没有肯定的情况下否定，因为肯定和否定都不能是最终的。如果我对你寻求的最终答案的证实不能让你满意，我表示抱歉。我对它的证实或许还不够清楚——我没有以"否"来限定"是"，以"是"来限定"否"，我没有足以尖刻到抛开所有误解——足以尖刻到让你看到，除了"是"与"否"，"否"与"是"所依赖的东西之外，没有什么东西被保留下来。然而情况或许也是这样：你对我答案的拒绝出于你没有真正地提出自己的问题，出于你没有问及上帝——因为不然的话，我们就能彼此理解了。所以辩证论者可能作出回答，而且他显然也是正确的。

但是，或许他是不正确的，因为甚至辩证法的方法都有内在的缺陷。当辩证论者试图相信他依赖于自己的提问者去问真正的关于上帝的问题时，这一弱点便显露出来。如果他真的说出上帝之语，如果他给出同时也是问题的答案，他便不会让自己的提问者摇头，或者认为自己尚未问到点子上。他自己更可能对这一事实摇头——显然他自己尚未找到正确的答案，这一答案也将是其他人的问题。他的表达基于一种可能性的预想，基于对在那个中心存在的活生生的原初真理的预想。然而，他的表达本身并没提出这样的预想。它不能，也不可能提出这样的预想。它是一种肯定，也是一种否定，而这两者的确都涉及这种原初的预想，但都以它是自己所是的那种断言形式。肯定的断言发出清晰的声音，否定的断言也是如此，但在最终的分析中，肯定和否定两方面对所主张的相同事物的进一步断言都是极度模糊的。

人类的表达如何才能具有一种不可抗拒的、令人注目的含义呢？它如何能够被证明呢？这是在任何辩证法思考中，以特有的生动性提出的问题，因为这里所完成的一切都能够被用来促进其中的意义和得到证明。但在一些场合，当辩证的表达似乎在这方面取得成功时——对于一些柏拉图式的提问者，保罗式的提问者，改革派的提问者来说，似乎已经取得成功了——这并不是由于辩证论者做了什么，也不是因为他所作出的断言，因为这些事实上都是成问题的，比他那大多数愤怒的批评家所怀疑的还要成问题。是因为在中心地带的活生生的真理，以及上帝的现实性本身断定和提出了他的断言所依赖的问题，给出他所寻求的答案。同时也是因为这既是正确的问题，又是正确的答案，尽管有他那含糊不清的和清晰的断言。

但是，这种可能性，这种当人们说出上帝之语时，上帝自己出来说话的可能性并不构成这种辩证法之路的一部分；相反它出现于辩证法穷途末路之处。显然一个人是在没有神灵的强迫下去聆听辩证论者的断言的。在这方面，比起教条主义者和自我批评家，辩证论者强不了多少。教条主义者和自我批评家的真正弱点，他们在说出上帝之语方面的真正的无能为力，他们在说出别的什么东西方面总要依赖的那种必然性，在辩证论者那里，甚至好像被提升为一种更高的权力。因为这种非常的原因——他把一切都与活生生的真理本身联系起来，而在他自己的论述中对于这种活生生的真理不可避免地缺乏只是必然成为一种更为痛苦的例证。即便他的论述并不伴随着那种给予所有事物以自身真理性和意义的东西，即便上帝本身不会通过他来说出一句真正的话语——上帝自己的话语，那么也由于这种事实，辩证论者本身也将被证明是错误的，而且只能作出让步说自己无法说出上帝之语。上帝可以为自己说话，但这与其他人——教条主义者，自我批评论者，或许甚至是更为质朴的先知们所说的话无关。人们没有理由说明为什么辩证神学家应当具有特殊的能力把人们引入只能由内开启的大门。如果人们想象辩证神学具有一种特别许可证——至少在为上帝的行动路线做准备方面，那么就让他记住，辩证神学和它的自相矛盾对于这一目的所能作的并不超出一个简单明了的词：信仰和人性。在与上帝王国的联系中，任何教学法都可能是好的，也都可能是糟糕的；一个板凳可能高到足以用暴力抵达天国，而一架最长的梯子或许短得无法做到这一点。

人们能够理解的所有这一切，人们所能进行的对所有这些可能路线的探讨（我只讲了那些值得认真思考的路线），总之使一个人能够成为牧师的东西——所有牧师都已含糊或清楚地理解或者探究过的东西——难道没有被淹没在困惑中吗？

四

我的第三句话强调，我们因此应当承认我们应当说出上帝之语，然而却不能说出上帝之语，因此，通过这种承认把光荣给予上帝。

关于这句话并没有什么更多要说的。它可能只用于最后强调我所讲过的东西的意义。上帝之语是牧师必须马上完成的，而又不可能完成的任务。这就是我的最终结论，除此之外，我没有什么要说的了。

面对这种自相矛盾，将要做什么呢？

我们应当回到并居住在“平面”上吗？在那里我们似乎是牧师，但实际上却是某种完全不同的东西，如果他们在意，某些其他人也可能是的东西——他们对这些东西并没有本质需要吗？即便我们有能力完成这种壮举，我也担心这种局面的逻辑很快把我们带回到眼下的处境中。

或者为了改变的目的，我们应当把说出上帝之语的服务替换为沉默的服务吗？似乎这更容易些，似乎我们更有能力在上帝面前（在真正的上帝面前）沉默而不是说出他的话！但纯粹的沉默意味着什么呢？

或者，我们应当对牧师说再见，放弃我们的职位，成为所有其他人那样的人，或者是类似的某种人吗？但其他人并不幸福，而我们也将不再是我们目前的状况。我们职责的困惑只是所有人类职责困惑的一种象征。如果我们不做牧师了，其他人将不得不成为牧师——而且在相同的条件下。制鞋匠必须守住自己的饭碗，母亲必须守住自己的孩子——我们的情况实际上也是如此——托儿所的辩证法同我们研究室的辩证法一样的痛苦。放弃牧师职业将同索取一个人的性命一样敏感；它不能带来任何东西，绝对不能。但保持这一职业也同样不能带来任何东西。我们应当意识到我们职责的必要性和不可能性。而这又是什么意思呢？

这意味着我们应当把自己的视野固定下来，毫无改变地落在人们期望我们做的事情上，甚至当我们被留在自己目前不确定的职位之时也是如此。这一职位所能带来的东西，或者无论人们是否满意我们都不是问题。在人类本性和人类文明的日常经济学中，我们的职责或许被划分为关系到这种经济学本身在这个世界上如何被分类，以及上帝的创造性问题。但是，从人类的观点出发，这个问题必然永远保持是一个问题。所以我们的职责也必须被列为无法分类的。每一门职业都有一种逻辑，一种职业本身固有的关于现实的绝对命令，我们的职业也具有这种特殊的内容。我们应当记住自己眼下的这种命令，如同每一个铁路员工必须牢记自己眼下的职责那样。我们既不能欲望太多，也不能太少。

当我们展望自己的职责时，同样必须牢记的是，只有上帝本人才能说出上帝之语。牧师的任务是说出上帝之语。这便道出了牧师行当的某种失败。它是每一种牧师行当和每一个牧师的挫折。但即便如此最好也要面对事实，而不要左右环顾。的确有许多途径——光彩的和不光彩的途径可以掩饰和揭开现实的局面；但我们必须澄清的是，即便是有路德和加尔文在我们身边，我们也同摩西不能找到一条进入被允诺的领地一样，没有希望找到一条通向我们目的的道路。我们的确必须走某条路，的确要花工夫进行选择，而且并不选择任何畅通无阻的路。同样正确的是，我们必须记住这样一点，我们的目的是上帝应当自己讲话；因此我们不必惊讶的是，不论我们把自己的工作完成得多么好——不但如此，出于某种理由我们已经做得很好，在我们道路的尽头，上帝之语将仍旧没有被说出来。

让我们以三种观察作出总结。

1. 我简直不敢，但我还是斗胆希望现在没有人走近我说，那么，好吧，对于这件事我们现在将要做什么？如果这就是我们的处境，你认为在教堂和大学里应当做什么？我并没有对你提出建议，或者改革牧师职责，或者改革神学教育。这并不是主要问题。如果局面像我所描述的那样，对我来说似乎说出我们应当做什么是不合适的。问题仅仅在于是否我们意识到局面将会如此。如果我们意识到了，或许教堂和大学里某些实践可能会改变现状，或许也并不如此。无论如何只有在我们对外部局面认可的背景下，讨论改革问题才是可能的或者是有效的。

2. 我们的困惑是自己的许诺。当我作出许诺时，它像任何其他的句子一样是一个辩证的句子，而且我们现在已经知道辩证法是什么。你可能提出，我是为了一种许诺感谢你——一种我只是作为尴尬来体验的许诺。我将不回答你。但情况也可能是，不只是我认为我们的尴尬在于我们的许诺。超越“是”与“否”的活生生的真理，超越我的辩证法转折的上帝的现实性。或许注定了这种许诺将注入我们尴尬中的力量和爱。或许这种话语，我们自己从未说出的上帝之语已经加诸我们的弱点和徒劳上面，以至于我们之语以它那非常虚弱和徒劳的方式，变得至少能够成为上帝之语的人类的框架和土制的容器。我认为情况可能会是这样；如果情况如此，我们将有理由甚至不涉及我们的需要，宣布和公开我们请求中的希望和所暗蕴的光荣。

3. 我已经几次接触到我所陈述的真正主题，尽管我从未明确地命名它。我的全部思路都围绕着一点——在《新约》中被称呼的耶稣基督。能说“耶稣基督”的人，无论是谁都无须强调‘它可能是’；而能够说“他是”。但我们中有谁自己有能力说“耶稣基督”呢？或许我们可以在这样的证据中找到满足——他的第一个证据提到耶稣基督。在这种情况下，我们的职责将是相信他们对于许诺的证据，所以也相信他们的证据是证据，相信经文的牧师，但在这样强调时，我的许诺一直是《旧约》的，体现出改革后的教会传统。作为一个洗心革面了的牧师——我想不只是我一人如此——我必须使自己明确从路德派的确立到路德派拯救确信之间的距离。神学能够，神学应当超过基督教的绪论吗？或许这绪论中讲到了一切。

选译自［瑞士］卡尔·巴特：《上帝之语和人之语》，
英文版，纽约，哈珀与罗出版公司，1957。 肖巍译。

［美］尼布尔（Reinhold Niebuhr，1892—1971）

《道德的人与不道德的社会》（1932）（节选）

《基督教伦理解释》（1935）（节选）

《人的本性与命运》（1941—1942）（节选）

《道德的人与不道德的社会》（1932）（节选）

一、导 论

　　本书详尽阐述的主题是：必须在个人的社会道德行为与社会群体（包括国家的、种族的、经济的社会群体）的社会道德行为之间作出严格的区别，并根据这一区别说明那些总是让纯粹个人道德观念感到困惑难堪的政治策略的必要性和存在的理由。《道德的人与不道德的社会》这一书名非常恰当地暗示了这一区别，不过，这只是简明扼要地概括了后面所要论述的主题。作为个体的人可以成为道德的人，这是因为在涉及行为的关键问题上他们能够考虑与自己的利益不同的利益，有时甚至能够做到把他人的利益放到自己的利益之上。作为个体的人生来就具有同情心，并且关怀他们的同类，通过精心设计的社会教育方法可以扩展他们的这种同情关怀。他们天生的理性能力使他们具有正义感，通过教育的熏陶能够使他们的这种正义感增强；同时，他们的这种理性能力还会使他们人性中的利己成分净化到他们能够以一种客观公正的态度去评价涉及他们自己利益的社会状况。但是，所有这些成就对人类社会和社会群体来说都是很困难的，几乎是不可能的。在每一种人类群体中，群体缺乏理性去引导与抑制他们的冲动，缺乏自我超越的能力，不能理解他人的需要，因而比个人更难克服自我中心主义（尽管个人组成了群体，个人的存在要在个人之间的相互关系中表现出来）。

群体的道德低于个体的道德，一方面是因为要建立起一种足以克服本能冲动又能凝聚社会的理性的社会力量非常困难；另一方面是因为群体的利己主义同个体的利己冲动纠缠在一起，只表现为一种群体自利的形式。当群体与个体的私利在共同的冲动中结合在一起而不是谨慎地分别表达其各自的利益时，这种群体自利的形式就会非常明显地表现出来，并且会造成严重的后果。

这本书之所以会引起人们激烈的争论，是因为这本书中的论点是针对宗教领域内与世俗领域内的道德主义者的。这些道德主义者认为，个人以自我为中心的倾向能够逐渐被理性的发展与宗教良知的增长所克服，并且进一步认为这一过程的持续必然会在所有的人类社会与群体之间建立起社会的和谐。道德主义者、社会学家和教育学家基于这种认识所作出的对社会的分析和预测，在相当大的程度上导致了我们这个时代道德与政治的混淆。他们没有认识到人的群体行为属于自然秩序的范畴，不完全接受理性与良知的控制，因而使他们在争取正义的斗争中完全忽视政治的必要性。他们也没有认识到当群体以其暴力剥削弱者时——不管这种群体的暴力采取的是帝国主义的形式还是阶级压迫的形式，都不会自己消失，除非同样也用力量去摧毁这种暴力。即使理性与良知能够潜移默化地渗入到政治斗争中产生积极的作用，它们也只能缓和政治斗争而不能消除政治斗争。

现代教育家与道德主义者根深蒂固的错误，在于认为我们社会中存在着的诸多困难是由于社会科学未能同创造技术文明的自然科学一道长足进步。这种看法暗示了这样一种坚定的信念：在不久的将来，只要道德教育与社会教育的方法有所改进，人类的智力普遍提高，我们面临的社会问题就会得到解决。杜威（John Dewey）教授宣称：

> 我们人类的智慧与勇气正经受着考验，把科学技术的发明、创造与使用推向光辉顶点的人在更为重要的人类问题面前却步不前是不可思议的。阻碍我们去对经济进行指导与规划的是一些陈腐的传统、过时的口号和时髦的话头，这些东西取代了我

们思想的责任，正如我们贪婪顽固的私欲取代了我们思想的责任一样。当我们不再夸夸其谈地重复过时的老调时，我们惟一的选择就是凭借着理智的思考去开出一个新的真正的起点……只要我们为了每个人都能过上富裕而有保障的生活，开始运用我们所拥有的知识与技术去控制社会过程的结果，我们就不会去抱怨我们的社会知识已经过时落伍……这样，正如我们能够在自然的经验领域中积极地运用技术、工具和数字去建立自然科学一样，我们也将踏上一条引导我们去建立社会科学的可靠之路。[1]

尽管杜威教授非常热中于了解当代存在着的社会问题，但他的这一陈述却是含混不清的。阻碍社会的真正原因是"我们贪婪的私欲"，这一原因杜威教授在他的陈述中只是附带地提到，并不是他整个推论的主线。他的这一陈述并没有表明他深刻地理解了社会的保守主义是根植于它所属的阶级的经济利益。流行的看法是把社会的保守主义归结为人们的无知，这一看法只是说出了部分真理，同时也暴露出了教育家们习以为常的偏见。有人认为我们"不再夸夸其谈地重复过时的老调"时我们就会在理智的思想上开出一个新起点，这种见解本身就是一种过时的老调。这种老调充分暴露出了在考虑解决社会问题的方法上思维不清的分析家们思想的混乱。在我们着手按照自然科学家行之有效的方法解决社会问题时，我们在社会问题上表现出来的缺乏清晰理智的思想使我们完全忽视了自然科学与社会科学的重大区别。当自然科学克服了由无知所产生的因循守旧时，自然科学就获得了自由；但是，社会科学所遇到的因循守旧是产生于社会统治阶级的经济利益，而这些社会统治阶级一直都在竭力维护他们在社会中的特权。社会科学和自然科学在这一特点上的区别不容忽视。在社会领域中，完全客观地运用理性是不可能的。正是这些急于想提供给我们这一代人社会拯救方案的社会科学家，这些对懒散无知的人未能完全接受他们的智慧而感到失望的社会科学家，几乎在他们的所有言论中都表露出了中产阶级的偏见。因为在社会领域中，理性在很大程度上要受到利益的支配；社会中的不公正不能像教育家和社会科学家通常所相信的那样，单靠道德与理性的劝告就能够得到解决。社会的冲突是不可避免的，在这种冲突中只有用强力才能对抗强力。大多数教育家对这一事实视而不见，大多数社会科学家只是非常勉强地承认这一事实。

如果社会冲突是追求社会公正的过程中必不可少的一个要素，大多数杜威教授的门徒所信奉的观念就不像他们所认为的那样行之有效——这一观念认为我们对社会的拯救取决于社会生活中"实验过程"[2]的发展，这与自然科学中实验主义的发展很相似。在社会斗争中相互冲突的各个社团都要求有士气，而士气又产生于正确的教义、信条和潜存在人们内心深处的非常简单的感情因素。所有这些至少同实验的科学精神一样在拯救社会的过程中是必不可少的。如果从事工业生产的阶级完全把自己的命运交给现代教育家的"实验方法"，这一阶级就不可能摆脱统治阶级的支配而获得自由。如果这一阶级能有足够的力量去同强权抗争，他们与其相信客观公允的科学会给他们带来权利，还不如坚信正义和他们的事业必定会获得胜利。他们在确定其社会目标以及选择达到这一目标的最佳方法时是非常科学的，但是，要实现这一目标则需要动力与勇气，这不是科学冷酷的客观性所能奏效的。现代教育家像从前所有的理性主义者一样，非常迷恋理性在生活中所起的作用。历史中的世界，特别是人的群体行为中的世界，绝不是理性所能治理的世界。理性只能作为一种工具，它本身就要受到非理性力量的驱使。

社会学家不是都像教育学家那样去理解现代生活中的社会问题，他们通常是从不同"行为方式"冲突的结果来理解社会的冲突；他们认为只要冲突的双方都同意让社会科学家为其提供一种更完善的双方都需要的公正的新行为方式，社会的冲突就能够被消除。他们完全忽视了自我利益是社会冲突的原因，在这一点上他们同教育学家没有区别。基姆博·扬格（Kimball Young）说道：

很显然，只要找到一种能够成功稳妥地像解决个人冲突一样解决群体冲突的方式，就能保证使行为得到矫正以适应更加切实可行的外部环境的目标。要成功地实现这一要求就必须把想入非非、高超玄妙的态度理性地转变为尊重科学事实的态度，如果这一转变不是通过宣传而是通过自由讨论则效果更好。这一转变无论在精神上还是社会上都是一艰难曲折的过程，但是，只有这一条路才能达到目标。[3]

在这里，能够有效地处理个人关系的技术性方法，能够有效地解决不同文化中产生的某些社会冲突的技术性方法，被看作是包医百病的灵丹妙药。怎样用这一灵丹妙药去解决英国与印度之间的问题呢？通过圆桌会议能够解决这一问题吗？如果"不合作运动"没有作为一种冲突的形式迫使问题得到解决，英国在会议上能作出大量的让步吗？

社会科学家最喜欢的忠告就是调和。如果对立的双方处于冲突之中，就让他们在一起通过协商调和他们的要求，从而达到一种暂时的妥协。霍勒尔·哈特(Hornell Hart)教授就是最喜欢发出这种调和忠告的一位社会科学家。[4]不可否认，许多冲突确实能够通过这种方式得到解决。但是，一个被剥夺了权利的群体，例如黑人，能够通过这种方式在社会中获得充分的公正吗？在白人群体中，只有极少数的人能够用客观公允的眼光来看待种族间的关系问题，这种最低限度的要求对占统治地位的整个白人群体来说不是太高了吗？或者说，当工厂主们占有充分的权力使他们在同工人的争执中能够取胜时——尽管这些工厂主们提出的理由往往是站不住脚的，工人们怎样追随哈特教授的忠告去同工厂主们打交道呢？似乎只有少数社会学家意识到，只要社会中权力的分配不均依然存在，要调和由权力的分配不均造成的社会冲突以达到公正的结果就不可能。有时，社会学家们完全忽视工业文明所产生的客观事实，正如弗洛伊德·阿尔波特(Floyd Allport)所主张的那样，他们认为工人们的骚动不安不是由经济上的不公正引起的，而是由工人们心中的自卑感引起的，只要工人们听取仁慈的社会心理学家的教诲，"除他们自己外，并没有人认为他们地位卑下"，工人们就会克服他们的自卑感，平息他们心中的骚动不安。这些无所不知的社会科学家也教导工厂主，"为了工人们的利益，获取利润也不要太过分"。这样，工业中"个人控制的社会化"将消除对"社会控制"的需要。大多数社会科学家都是彻头彻尾的理性主义者，他们以为只要社会科学家告诉占有权力的人他们的行为和态度是反社会的，占有权力的人就会立即收敛他们在社会中的勒索和强求。克拉伦斯·马希·凯斯（Clarence Marsh Case）教授对社会问题进行了精辟的分析，他相信通过某种"价值的改造"（reorganisation of values）就能够解决社会问题。这种"价值的改造"能够使工业界领袖们在具体的事务中明白：

> 在一个自称是把民主作为信仰内容的社会中，以专制方式控制的工业是不合时宜的，这种情况再也不能持续下去了。[5]

确实，专制再也不能持续下去了，但是，仅仅是因为专制者们发现专制是不合时宜的并不会使专制自行消亡。社会科学家中一位才华横溢的经济学家阿瑟·萨尔特爵士（Sir Arthur Salter）像人们通常所希望的那样，认为理智能力与道德水平的提高能够避免将来的政府重犯过去的错误。他通过这种方式对我们文明的失调与混乱进行了深刻的分析。他的分析最后表明：是经济利益的压力导致了政府的失败，而不是"人类智慧能力上的有限性"导致了政府的失败。用他自己的话来说：

> 政府失败的根本原因是因为政府深深陷入一项任务中，即政府必须给予竞争的工业自行其是的特权，特别是获得优先考虑的特权。[6]

尽管阿瑟爵士这样来分析政府失败的原因，但他仍然期望政府对社会问题更重视些，使政府能够拯救我们的文明。他认为能够帮助政府变得对社会更加重视的方法就是"诱导大型的私人机构为公众服务，这样就使国家、商会、银行、工业组织与劳工组织表现出了有组织的行动"。他把复兴的整个希望都寄托于占有权力的人们能够将经济利益发展到一个公正无私的水平的可能性上。但是，整个人类的历史都证明了权力占有者们不可能达到这一点。当我们发现连专门研究人类群体行为的人都具有这种对人类群体道德能力的天真信仰，这不免令人失望。甚至当这些社会学家准备承认只要"劳动报酬的分配不公存在冲突就不可避免"时——如霍华德·奥达姆（How-ard Odum）教授——他们仍然把希望寄托在将来。他们只把社会冲突

看作是一种"还未建立起更加广泛的教育原则与合作原则时"[7]暂时
用来解决问题的权宜之计。这样，带有非强制特征与自愿接受特征
的公正，以及以这种公正为特征的无政府主义，似乎明确地或含蓄
地就成了相当一部分社会科学家所追求的社会目标。

现代的宗教理想主义者经常追随社会科学家的观点，赞同以一
种妥协与调和的方式来达到社会公正。许多教会领袖都喜欢强调他
们的任务不是去支持劳资双方中的任何一方，而是去告诫劳资双方
都应该以一种公正调和的精神彼此相待。贾斯廷·诺·尼克逊（Jus-
tin Wroe Nixon）宣称：

> 在欧文·扬格（Owen Young）具有远见的资本主义与拉姆
> 齐·麦克唐纳精明的社会主义之间没有一条不可逾越的鸿沟。
> 人类的进步取决于使扬格和麦克唐纳的追随者们都汇入这一可
> 以调和的领域中来。[8]

不过，非常遗憾，自从这段文字发表以来，麦克唐纳的社会主
义并没有表现出特别的精明，而扬格的"新资本主义"与老的非温和
型的资本主义在经济萧条上也很少有本质的区别。

所有这些道德主义者，不管是宗教的道德主义者还是理性的道
德主义者，他们最大的缺陷就是他们认识不到在所有群体的相互关
系中，所有人类群体的行为和所有建立在个体私利与群体私利上的
权力都具有残忍的特性。他们不承认群体的私利对所有道德目标和
广泛的社会目标的顽强反抗，必然会使他们陷入一种非现实的、含
混的政治思想中。他们或者认为社会冲突是一种不能达到道德目的
的方法，或者认为社会冲突是一种将来会被更完善的教育或更纯正
的宗教所取代的暂时的权宜之计。他们不明白人类想象力的限度，
不明白理性非常容易服从于偏见与欲望，不明白人类群体中非理性
的利己倾向会永远顽固地保存下去，总之，他们不明白这些因素会
使社会冲突在人类的整个历史过程中都不可避免；也许一直要到历
史过程结束，社会冲突才会消失。

对人类德性与道德能力浪漫式地过高估计，在当代我们中产阶
级的文化中甚为流行，但这种状况并不总是产生于脱离社会现状的

非现实的玄想。人们经常相当现实地评估当代的社会状况，但他们都寄希望于一种新的教育方法或宗教复兴会在将来消除社会冲突。不过，在用中产阶级的文化分析当代的社会状况时，这种文化在很大程度上仍然是相当不现实的。这种文化认为在当代的阶级与阶级之间、国家与国家之间非常明显地增长着团结与友爱。这使人们感觉到无论是国际联盟的建立、凯洛格公约（Kellogg Pact）的努力，还是工业联合的计划，都是人类在道德方面与社会方面所取得的成就。一位社会心理学家乔治·斯特雷登（George Stratton）教授宣称：

> 历史上存在着的一直都是持续的、不断扩大的进步。但是，我们的时代似乎以另外一种方式在国际关系中允诺了旧时代的结束和新时代的诞生……鉴于世界大战的严重教训，许多国家都作出了政治承诺，即明显地承认国际制裁和进一步的更有效的管辖行为。[9]

这种在国际关系中把国际联盟作为新时代的象征来颂扬的倾向在基督教教会中也是非常普遍的，并且常常是非常专断的。在这些基督教教会中，自由的基督教使自己产生了一种幻觉，即认为在"基督律法"的指导下，所有的社会关系都会朝着进步的方向发展。威廉·亚当斯·布朗（William Adams Brown）在下面的一段话中集中表达了整个自由基督教的观点。他说：

> 不管站在哪个角度按照什么方式来看，追求团结友爱的社会的运动将会持续下去。国际联盟的理想将会赢得迄今为止坚定地追求理想主义的人们的承认。这一理想表达了所有文明人的思想，在这一理想的指导下人们将团结一致共同反对战争狂人，并共同医治社会的弊病。在种族之间的关系中，在劳资之间的冲突中，在我们对待社会中弱者与强者的态度中，我们会逐渐产生出一种社会的良知，几十年前我们理所当然地认为是正当的事现在会使我们感到是一种无法容忍的耻辱。[10]

另一位神学家兼牧师尼克逊也认为：

对管理事务的领导者们来说，相信社会管理方法进步的另一个理由是因为这些领导者们已经有了在各种慈善事业与教育事业中作为理事的经验。[11]

这种看法以一种清晰的方式表现出了自由基督教在道德上的混乱。这些道德的导师们完全无视群体道德与个体道德之间最明显的区别，他们把只能适用于大家所公认的社会制度内的仁爱问题同只能适用于现代工业社会中握有不同权力的经济群体之间的公正问题完全混同起来。把医治社会弊病与反对战争看作是同一范畴的主张，也表现出了同样的混乱。我们当代的文化未能在人类的相互关系中意识到群体利己倾向的力量、程度和顽固。在群体中的个体之间纯粹通过道德的规劝与理性的协调建立起一种公正的关系虽然是很困难的，但仍然是可能的；而要在群体的相互关系中达到这一目标则完全不可能。因此，长期以来，在群体关系中起决定性作用的是政治关系，而不是伦理关系。也就是说，群体关系的性质取决于每个群体所占权力的多寡，而很少取决于对每个群体的需要与要求进行理性与道德的考虑。在政治关系中，很难明确地把强制的因素与纯粹道德和理性的因素区别开来加以定义，也不可能精确地估计理性的因素与强力的威胁在解决社会冲突中各占多大的比例。例如，不可能知道特权阶级接受高额继承税在多大程度上是因为他们相信高额继承税是一项好的社会政策，还只是因为国家以其强力来支持这一税收政策。因此，政治冲突在其还未白热化时，受到的是强力的威胁，而非强力的实际运用。这很容易使一些粗心或肤浅的观察者过高地估计道德与理性的因素，并一直忽视在冲突中暗地发生作用的强制与力量的因素。

不管社会理性与道德良知在人类历史中能够增进到什么程度，也不管社会冲突的残酷性能因此减轻到什么程度，社会理性与道德良知不可能消除社会冲突。只有当人类群体，不管是种族的、国家的或经济的群体，达到了一个仁慈理性与道德良知的新阶段，根除社会冲突才有可能。也就是说，只有当这种仁慈的理性使人类群体像关注自己的利益一样热切地关注其他群体的利益时，只有当这种道德良知使人类群体像维护自己的权利一样强烈地维护其他群体的权利时，根除社会冲突才有可能。既然我们已经知道了人类本性与人类想象和理性的有限性，我们就会知道只有个体才能勉强达到这种仁慈理性与道德良知的水平，而这已超出了人类社会的能力范围。那些强调人性具有可塑性的教育家，那些渴望出现"社会化"人的社会学家和心理学家，那些全力以赴增进道德责任感的宗教理想主义者，在社会中使个体增强人性方面，在既定的社会制度内消除个体的利己倾向方面，都能起到非常有益的作用。但在涉及必须进行激进的社会变革这一问题时，他们的意见不约而同地都表现出了混乱，因为他们没有意识到人类本性的有限性，而这一人类本性的有限性将最终挫败他们的所有努力。

后面各章的任务将是致力于分析道德资源和人类本性的有限性，探索这一人类本性的有限性在人类的群体生活中所带来的后果，最后根据确切的事实来权衡所宜采取的政治策略。这一任务的最终目的是要找到一种政治方法，这种政治方法能够最大限度地在社会的领域内达到伦理的社会目标。衡量这种政治方法有两个最基本的标准：(1)这种方法是否能够正确地对待道德的资源、人性的可能性以及开发利用人身上的各种潜在的道德能力；(2)这种方法是否能够考虑到人类本性的有限性，特别是表现在人的群体行为上的人类本性的有限性。在中产阶级的世界中，在政治上表现出来的道德的幻想非常根深蒂固，使得任何对第二层次问题的强调都可能会被一般的读者看作是过分的玩世不恭。对社会的看法与分析同产生这些看法与分析的时代特征紧密相连。在美国，我们当代的文化仍然深深地陷入理性时代的幻想与感情用事中。在时代的先知先觉者看来是对社会进行的分析，而在仍然信奉19世纪信条的人看来则是纯粹的冷嘲热讽与愤世嫉俗。

二、维护政治中的道德价值

任何政治哲学，只要认为自然冲动——即贪婪、权力意志和其他形式的自我维护——绝不可能完全由理性加以控制或使之升华的话，就必然会支持这样的政策：它企图以自然力量防止自然冲动的方法来控制人类历史的自然状态。如果强制、自我维护和冲突被认为是拯救社会可允许的必要手段，那么，如何得以避免不断的冲突和持续的暴政呢？什么东西可预防今日之拯救手段成为明天的奴役锁链呢？一种过分强硬的政治现实主义似乎会使社会陷入一种持久的战争状态。如果说没有强制就不可能有社会的团结，不造成社会的不公正就不可能有强制，并且若不进一步运用强制就不可能消灭不公正的话，那么，我们不是陷于无限的社会冲突循环中了吗？如果对相互冲突的自我利益不加以维护，就不可能控制自我利益，那又怎么使对立的要求避免成为无节制的呢？并且，如果必须用权力来摧毁权力，那么，如何能使这种新的权力合乎伦理呢？如果政治现实主义完全不相信社会中理性和道德因素的力量，那么，一种权力的不稳定的平衡似乎就成为社会能够渴求的最高目标。如果冲突着的社会力量的这种不稳定的平衡会产生暂时的社会和平与休战状态，那么，完全可以肯定，权力分配的某些意外混乱情况最终将会破坏平衡。即使这种混乱不会发生，那么从长远来看，由于权力平衡所产生并加强的社会敌视作用，平衡终究会遭到破坏。

最近 30 年的世界史似乎是这种现实主义后果的纯粹的悲剧性象征，因为它徒劳无功地努力用冲突去解决冲突。战前的和平乃是用权力平衡所保持的休战状态。这种和平因自动爆发的彼此间的恐惧和它本身所造成的敌意而遭到破坏。新的和平恰是一种强制造成的和平，只不过社会和政治力量的平衡更不及战前的那种平衡而已。以反对军国主义原则自居的国家增强了他们的军事力量，并用权力来维持暂时的和平。由于权力本身所造成的愤慨情绪，这种和平肯定要遭到破坏。

过分强硬的政治现实主义的这一不幸后果似乎证明，道德家以忠告所进行的干预是有道理的。道德家们用发展理性和良心来寻求和平，他们断言，持久的和平只能来自对利益与利益、权力与权力的合理的自愿的调整；并相信，这种调整只有通过合理控制自我利益和合理理解他人利益才有可能。道德家所指的事实是：冲突产生仇恨，仇恨又妨碍对利益的相互调整；而强制既可容易地用来消除不公正，也可同样容易地用来使不公正永恒化。所以，他们相信，除了发展社会理智和增加道德良知之外，没有任何东西可供社会一劳永逸地解决它本身的问题。然而，道德家可能像政治现实主义者一样，是危险的向导。他们通常都没有认识到，现代的任何社会的和平状态中都有不公正和强制因素存在。由于统治集团能够利用经济权力、宣传、政府之惯用做法和其他形式的非暴力权力达到自己的目的，所以这些形式中的强制因素是隐蔽的。由于认识不到上述形式的强制的真实性质，道德家就把一些被认为是不正当的道德责任强加于那些进步群体头上，因为他们用暴力方法去打破由强制的精巧形式所维持的和平。由于道德家并未充分认识到和平所隐藏的不公正，所以不可能理解那种要打破和平的欲望。要认识到这种不公正也不容易，因为它们存在于不平等中，而历史又使这种不平等神圣化了，而且传统又为之辩护。即使最有理性的道德家，如果未真正经受过这种不平等之苦，他们也会低估这种不平等的社会作用。过分地不加批判地赞扬合作和相互依存，就会接受传统的不公正，并导致偏爱有着巧妙形式的强制而不是具有明显形式的强制。

一种适当的政治道德必须公正对待道德家和政治现实主义者双方的见识，它将认识到人类社会绝不可能避免社会冲突，即使它扩大了社会合作的范围。一种适当的政治道德将试图拯救社会，使它免于陷入无益冲突的无限循环之中。但是，这不是想努力消除人类集体生活中的强制，而是想使强制减少到最低限度，并劝导人们使用一些与人类社会中的道德和理性因素最为相容的强制形式，并对使用强制的各种意图和目的作出区别。

一个合理的社会可能更为强调使用强制的各种目的和意图，而不是强调消除强制和冲突。如果强制明显的是服务于一种理性上可接受的社会目的，那么就将证明使用强制是合理的。如果强制服务于暂时的情绪，强制的使用就应受到谴责。在这几页中，我们一再不得不作出的结论就是平等，或者更明确地说，平等公正乃是社会最合理的终极目标。如果这一结论是正确的，那么为建立更广泛的平等的社会而产生的冲突就有一种道德上的正当理由，旨在使特权永恒化的人，必然竭力否定这些道德上的正当理由。所以，为国家、种族或阶级获得解放的战争与运用权力使帝国的法规和阶级统治永恒化这两种社会现象，就属于不同性质的道德范畴。被压迫者，无论他们是大英帝国的印度人，还是我们自己国内的黑人，或者是任何国家的产业工人，比起那些不得不采用强力维持其法规的人来，更有道德方面的权利向压迫者发出挑战。暴力冲突可能不是达到自由或平等的最好手段,但是这是一个必须暂缓讨论的问题。重要的是,首先要坚持平等与和平相比是一个更高的社会目标。虽然完全的平等也许不可能实现,但它是公正和平的理想的象征。从这种理想的观点看,当代的任何和平只不过是现存权力分配不公的现象内的暂时休战状态。人们主张消除权力的不平等,而它已凝结在当代任何一种和平局势中。如果过去的社会冲突无所补益,那么这并非完全由于在社会冲突中使用了暴力方法所致。暴力甚至在其目的是为了公正的时候,也可能导致不公正永恒化。但是,国际战争的暴力通常并不旨在消除一种不公正的经济制度,指出这一点是极其重要的。国际战争的暴力是用来处理同样包含着社会不公正的国家的现实的或幻想的苦难。一种旨在消除这些不公正的社会冲突和与公正问题无关而进行的社会冲突,属于性质上不同的范畴。在这一方面,马克思主义哲学较之和平主义更正确。如果和平主义者可以认为无产阶级谴责国际冲突和主张阶级斗争是不正当的,那么,无产阶级则坚决认为,消除强制乃是无益的理想,而合理使用强制则是拯救社会可能成功的途径。这种主张显然有其充分的理由。接受用目的来为达到目的的手段辩护的原则当然是危险的,但还有一种危险来自一种心安理得的情绪;任何参与社会冲突并具有这种情绪的群体都会用为自由平等而战的宣言来为自己辩护,而社会并没有绝对公正的法庭能够对这种要求加以判决。然而,人们渴望有一种公正的态度,希望用它来对这些要求和主张进行分析和评价。这乃是理性的事业,虽然它总包含着偏见,并且往往依从片面的观点。尽管还缺乏会引起争论的复杂的实例,但是,要发现最明显的社会剥夺权利的案例并不是不可能的。无论在什么时候,一个社会群体的权利因明显地受骗而丧失,那么提供一种特别的道德认可标准来维护它的权利就是理所当然的。的确,已达到大公无私高度的人类社会的任何一部分人常常都会本能地做这件事。反对土耳其的亚美尼亚人、反对英国的印度人、反对美国的菲律宾人、反对西班牙的古巴人、反对日本的朝鲜人,这些被压迫民族总是从中立社会共同体援引同情和道德认可的特殊标准。不幸的是,每一个国家的工人阶级却不能享受相同的同情标准,因为并不存在一个对待工人阶级有关要求的——就像对待被压迫民族有关要求一样——公平的中立社会共同体。在后一种情况下，国内总存在某些群体，它们并未直接卷入斗争，他们能够做到公正并且乐于这样做。所以，欧洲人同情我国被剥夺权利的黑人，而美国人对解放印度的斗争特别关心。

尽管偏爱和偏见实际上使每一个社会问题变得模糊不清，但是社会理智发展的总趋势是不支持社会特权的要求，并最终会剥夺这种要求。从这个意义上说，理性本身趋向于建立权力更大的平衡。一切社会权力在一定程度上都来自对物质工具即经济的或军事的手段的实际占有，但是，在很大程度上，它又取决于本身获得非理性的盲目服从、尊敬和敬畏的能力。就理性倾向于破除社会权力的这种根源而言，它有助于削弱强者的力量，增添弱者之力量。这与马克思所分析的"剥夺者被剥夺"意义有所不同。理性是剥去了剥夺者某些道德观念的外衣，揭露出它们的实质；并且，理性也揭露了剥夺者的同伙们某些社会和道德褒奖标准的实质。剥夺者无论是对自己良心的确认或者是对公平社会的赞成都是不可靠的。他们就像戴锁链的参孙①那样遭剥夺，既丧失了对自己良心的确认，又丧失了对公平社会的赞成，从而，他们已失去了相当程度的权力。但是，社会理性的力量还没有强大到足以保证这一发展将会导致权力的完全平等。然而，它却在为达到那个目的而起作用。理性的人们日益倾向于谴责国际战争的无益行为，并为被压迫民族和被压迫阶级的斗争而辩护——这一事实本身就证明，理性为何不可避免地要在社会政治之最终目的之间作出区分，并且它为什么认为平等的社会公正之目的乃是最合理的目的。

我们先前就已坚决主张，如果社会政策的目的被认为是合乎道德的与合乎理性的，那么对实现这一目的手段的选择就产生了某些实用主义的争论问题。这些争论问题与其说是伦理的，倒不如说是政治的。但这并不意味着这些问题缺乏道德意义，或者甚至当危险的政治工具用来为已被证明是合乎道德的目的服务时，道德理性不必防止对它们的滥用。显而易见，冲突和强制就是这样一些危险的工具。它们会产生如此之多的罪恶，以致必须摆脱这些罪恶才能拯

_____

① 参孙：《旧约》传说中力大无比的勇士。

救社会。所以，一个理智的社会将不会支持不加区别地乱用冲突和强制方法。如果理性就在于使强制成为实现一种道德理想的工具，那么，它不仅必须使之为最崇高的事业服务，而且它必须选择那些与社会的理性和道德力量最相容和最少危险的强制方式。道德理性必须学会如何使强制成为其盟友，而不冒"比鲁士胜利"的风险。①在那次胜利中，盟友们却利用胜利来谋私并使胜利遭到抹杀。

　　能够对强制的使用进行最明显的合理控制的方法就是使之受到公正法庭的监督，这种法庭并无使用强制力量来达到自私目的之企图。因此，社会要求有运用强制力量的权力，但却否认个人应有相同的权力。国家的政治权力乃是一种普遍得到认可的政府的功能。假定政府对公民之间出现的任何争端应该是不偏不倚的，则政府将能够合乎道德目的地运用它的权力。当政府运用同样权力反对国际纷争中的其他国家时，它就不会从公正观点去保证权力的合乎道德的运用。因此，当同样的强制权力运用于国内纷争时，可以表现出社会的公正；当运用于国际纷争时，则表现为是对更广大的人类群体利益的威胁。所以，要作出努力将有充分权力的各国组成一个社会共同体，使个别国家之权力处于国际监督之下。在公正地运用社会和政治强制与不公正地运用社会和政治强制之间作这种区别是一种正当的区别，但它有明确的界限。由于不可能达到理论所想象的那种公正，所以界限也是设定的。政府绝不可能完全处于整个社会共同体的控制之下，所以总有某些阶级——无论是经济霸主还是政治官僚——可能运用政府机构来为自己谋取特殊利益。这对国家和国家的共同体两者来说都是真实的。一个是有权力的阶级支配正义的实施，另一个是由有权力的国家来支配正义的实施。即使每一个社会共同体本身之内所存在的自发避免社会冲突的倾向和与社会不满根源相关的现象都不出现的话，那也总存在这样的可能性：国家不公正地运用政治权力去反对破坏其安宁的个人和群体，而不管他们的愤怒情绪多么正当。只要两个争论者的纷争不危害群体的生活和威望，那么，这个群体就可能公正地对待他们。但是无论在何处，

——————————

　　①　比鲁士：古希腊伊皮鲁斯国王，其军队公元前280—前279年打败了罗马军队，但牺牲极大。"比鲁士胜利"意味付出极大牺牲得到的胜利。

当这种纷争影响到群体的秩序和威望时，它的公正态度就会消失。在萨柯—范齐泰案件中，沉着、礼貌和有高度文化教养的新英格兰群体所表现出的偏见和情绪就是一个生动的例子。由于这样一些理由，要对在公正法庭监督下对暴力和强制的运用与那些使之成为牟取私利的直接工具的个人和群体的运用作明确的道德区分，判断谁是合乎道德的运用，则是不可能的。

道德家通常将强制问题主要区别为暴力强制和非暴力强制两类。前面已经考察，不能将这种区分绝对化。不过，重要的是要更仔细地分析涉及社会过程中强制方法选择的有关论争。通常人们认为暴力强制和冲突的显著特征是它或者企图破坏生活，或者企图破坏财产。如果没有把后果与意图混为一谈，那么这种区别是正确的。非暴力冲突和强制也可以导致破坏生活或财产，它们通常也确实起这种作用。区别在于这种破坏并不是有意的，而是非暴力强制的不可避免的后果。虽然暴力与非暴力之间区别相当重要，但主要区别并不在于它们造成的破坏程度，而在于暴力有攻击特征，而非暴力只有消极特征。非暴力在本质上就是不合作，它表现为拒绝参与社会常规过程。这可能意味着拒绝向政府纳税（公民的不服从），或者拒绝与应受强制（抵制）的社会群体进行交易，或者拒绝从事惯常的服务工作（罢工）。当它表现为一种既积极又消极的反抗形式时，其后果可能是非常积极的。非暴力强制肯定会限制它的惩戒对象的自由，并阻止他们去做他们想做的事。而且，它会破坏财产价值，并可能破坏生活，虽然一般它并不像暴力那样破坏生活。然而，一种抵制可能会使整个社会共同体丧失其生计；并且抵制若维持一段时间的话，它肯定会破坏生活。罢工会造成生产过程的停滞，从而破坏内在于其过程中的价值财富；它也将危害到整个社会共同体的生活，因为后者总要依靠某些生命攸关的服务工作，而这种服务工作因罢工而受到干扰。没有人会主张，非暴力强制会比暴力强制能更成功地避免出于无知的犯罪。在群体冲突中，无知造成的犯罪，并不是由于冲突中运用了任何特别的强制形式，而是由冲突着的群体本身的性质决定的。任何一个社会共同体在受到惩罚时，依存于该社会共同体的所有成员都将受到影响，尽管他们并不能对该社会共同体的政策负责。例如，虽然兰开夏郡的棉纺工人很难被认为是英帝国主义的缔造者，但却由于甘地拒绝购买英国的棉织品而陷于贫困；如果国际联盟应对日本或其他任何国家运用经济制裁，那么，受这种惩罚带来的苦难最多的注定是与日本帝国主义毫不相干的工人群众。

换言之，不合作所产生的社会后果与暴力所产生的社会后果并非完全不同。虽然两者的区别极其重要，但是在研究这种区别之前有必要强调它们的类似点并坚决主张非暴力也是在从事强制和破坏。使用不合作方式的社会过程越错综复杂、互相依赖，就越肯定存在上述情况。坚持这种观点之所以重要，乃是因为不抵抗常常容易和非暴力抵抗混淆。作为现代非暴力运动的最伟大的倡导者，甘地先生本人也促成了上述混淆。他常说他所运用的方法是使用"道义力量"或"真理力量"的方法。他认为自己的方法是精神性的，与暴力的物质特征有区别。早在他对南非非暴力方法的阐述中，他就宣称："消极抵抗是用词不当……用'心灵力量'一词可以更完满地表达这个概念；而用'肉体力量'来表达积极抵抗更为恰当。"[12]消极抵抗形式并不具有精神性，其原因很简单，因为它是消极的。只要这种消极抵抗形式进入社会和物质关系的领域并用物质手段来限制他人的欲望和行动，那么它就是一种物质性的强制形式。甘地先生心目中的这种混淆是耐人寻味的，看来这种混淆之所以产生，乃是由于他本人不愿意或无能力去承认他的政治责任感对其不抵抗的新颖的伦理和宗教思想纯洁性所具有的影响。开始他认为能够用纯粹的伦理的、理性的、情感的力量(狭义上的"真理力量"和"心灵力量")来反抗社会的不公正，最后他终于认识到必须像每个政治领导人所做的那样，对自己人民的自由的敌人施以某种形式的物质性强制。他宣称："鄙见以为，用请愿、委派代表谈判诸如此类进行鼓动的普通方法不再有助于促使政府悔悟，正像印度政府之所为所证明的那样，它对其担负的复兴国家的事业已漠不关心到令人绝望的程度。"[13]如果可能对历史上任何帝国政府进行控告和加以评论，甘地的这一论述同样是正确的。尽管甘地运用了各种消极的物质抵抗形式，诸如公民的不服从、抵制和罢工等，他仍然坚持认为，这些形式的既定含义确实是属于纯粹的不抵抗。"耶稣基督、丹尼尔和苏格拉底是消极抵抗和道义力量的最纯粹形式的代表。"甘地宣称，他的这段话是用来解释什么是最无可争辩的非暴力抵抗的意义的，而不是用它来解释不抵抗的意义。所有上述的一切说明，企图将圣者之洞见与管理国家本领的必要性调和起来的人，他心目中存在着一种可以原谅的混淆，也是一种难得的成就。然而，混淆仍不过是混淆而已。

　　如果公正地对待甘地先生，那么就必须说，当他混淆了不抵抗和非暴力抵抗的道德含义时，他自己绝没有从事于纯粹的不抵抗活动。由于他在政治上过分地现实主义，以致相信它有作用。在战争期间，他为自己支持英国政府进行辩护。他说："只要我活在一个以暴力为基础的政府制度下面，并自愿分享它为我创立的许多方便和特权，那么，当这个政府投入战争时，我将尽力而为地去帮助这个政府……我认为，今日政府已完全不同，因此，虽然并非出于自愿，但我应该参加它从事的战争。"[14]在这里关键问题是，要承认政府的暴力性质，并根据已转变为对国家忠诚的态度，而不是根据和平主义原则来解释政策的变化。他与自己的朋友安德鲁斯在允许焚烧外国纺织品政策上的分歧和他与诗人泰戈尔关于1919—1921年第一次非暴力抵抗运动的道德含义的辩论都证明，在他那里政治现实主义是为宗教唯心主义辩护的，这在某种程度上理所当然地使他的很少或根本没有担负政治职务的朋友们感到困惑不解。[15]第一次不合作运动由于其产生的暴力后果，被他勒令停止了；第二次运动也产生了必然的暴力副产品，但它却未因同样的理由被勒令停止。甘地其人不乏真诚，或者说在道德品质上有不少值得赞许之处，这是因为对政治效果的考虑在一定程度上决定了他的政策，并确证了他所承诺的"不开杀戒"学说的纯洁性。在政治组织中负责的领导人不得不运用强制以达到他的目的，但他可能像甘地先生一样，竭尽全力将其手段置于他的精神理想支配之下；但他必须运用这种手段，在必要时，可能为了政治的效用而牺牲某种程度的道德纯洁性。

　　在"真理力量"或"心灵力量"这些词的更纯粹更准确的意义上去运用它们，就意味着呼吁社会斗争中的对手要有理性和善意。可以认为这是一种抵抗形式，但它并不是物质的强制，它是属于教育部门应从事的工作。这种抵抗形式并未对惩罚对象施以外部的强制，而是尽可能利用极为生动富有感染力的教育方法，使得被压迫者的苦难引人注目。例如，就像甘地先生鼓励其追随者长期忍受对他们的公民不服从行动的惩罚那样，直到求得统治者和立法者的同情。但这仍然是教育而不是强制。

当然，必须承认教育可能包含强制的因素，甚至也可能堕落成宣传。人们不可否认，所有教育中总有宣传因素，甚至最诚实的教育者也自觉或不自觉地试图在他的教育原理上打上特殊观点的印记。无论何时，只要教育过程伴随着一种对有争议的事实和真理的关键之处的狡猾地隐瞒，它就成为一种纯粹的宣传。但是，在一切思想交流过程中，即使没有这种狡猾的意图，也仍然有某种程度的不自觉地对事实的隐瞒或不能看到全部事实。这就是为什么不能仅仅相信教育过程能解决社会纷争的理由。所以，认为教育既是一种制造纷争的工具，又是一种超越它的方法的观点，其理由绝不是充分的。由于教育中的强制因素仅在精神和情绪领域内起作用，并且没有运用物质的强制，所以，它们并未全然变成道德说教，虽然也必须根据它们所服务的目的，对这些强制因素加以评价。在特权集团用来维护其特权的宣传和被剥夺的群体为争取自由平等而从事的鼓动之间必须加以区别，而且所作的这种区别应有本质的不同。强制的心理形式和物质形式在强制威力程度上存在着区别，这正像暴力形式和非暴力形式之间存在着区别一样可能都是真实的。但是，仅当影响力最小的强制形式能够理所当然地被承认为最好的强制形式时，这种区别才能为进一步作内在的道德区别建立基础；而只有当自由能够被承认是绝对的价值时，以上所述才会是正确的。现代的教育家们普遍地相信上述所说，这只是表明一定社会和经济环境的影响已大到了超过教育家们愿意接受的程度。自由之所是一种崇高的价值，乃是因为如果理性是处于物质的和心理的强制之下，它就不可能真正起作用。但是，只有极少数人才能取得绝对的理解的自由，而由所谓自由教育过程所铸造的一般水平的人只可能接受当代的假设和观点，而不是接受更古老或更新的政治或宗教唯心主义反复灌输的观点。"民主的"教育家们的教育本身充满了假设和理性无法证实的偏见，它减少了19世纪以来迅速瓦解的自由主义的因素。正像一切强制一样，心理的强制也是危险的。它的最终价值取决于它所谋取的社会目的。

甘地先生把非暴力和不合作称为一种"心灵力量"；当这被看作

是对一种精神的非暴力性强调时，他的表述就没有什么含混的，并且更加恰当。他认为，非暴力确已成为用来表达爱的理想。道德善意的精神的术语。在他看来，非暴力包含着摆脱了个人怨恨而获得自由的含义，并有摆脱了自私的野心而具有道德目的的含义，乃是一种用以指导政治行为的气质和精神。甘地先生确实称之为一种气质和精神，而不是一种特殊的政治方法。因此，在战争期间当其为自己支持英国进行辩护时，他宣称：

> 非暴力以一种最不可思议的方式起着作用，通常一个人的行动是难以用非暴力这个概念来分析的。同样，当一个人是一个绝对的在这个词的最极端意义上的非暴力论者，并且后来人们认为他确实是照此行事的，他的行动也经常可能具有暴力的外观。在所引述的那种情况下，我对自己的行动所能要求的一切就是：我只受非暴力的利益所驱使，并不考虑卑鄙的国家和其他的利益。[16]

甘地先生所说的这些话的真正含义是：如果暴力出自完美的道德善意，那么它甚至也是正当的。但是，他同样坚决主张非暴力通常是表达善意的最好方法。或许他的这两种考虑都是正确的。非暴力作为表达道德善良的方法的优点在于：它可以防止行动者产生愤怒情绪，而暴力冲突总会产生这种情绪以致引起双方的冲突；并且它还证明，任意地以愤怒和恶意对待纷争中对立的一方，会使对方遭受比非暴力造成的痛苦更多的痛苦。如果说非暴力抵抗会给反对派造成苦难，那么它却用非暴力论者蒙受了更多的苦难的方式，使得这些苦难通常所造成的愤怒情绪得以缓和。甘地谈到他在南非所组织的非暴力抵抗时说：

> 他们的抵抗就是对政府命令的不服从，甚至发展到对他们面临的痛苦死亡的不服从，"不开杀戒"需要故意地自我受难，而不需故意地损害一个设定的罪犯；"不开杀戒"其积极形式意味着博爱和至高无上的仁慈。[17]

在印度领导第一次公民不服从运动期间，他与判他入狱的法官进行答辩时说道："非暴力要求自愿服从由于拒绝与罪恶合作而受到的惩罚，因此，我愉快地请求并服从施加于我的最高惩罚，因为我所犯之罪乃是法律上所谓故意犯罪。"[18]这些对道德善意的非常生动的论证所产生的社会和道德效果是极好的，任何社会冲突的一方都会为另一方极力反对的错误所困扰，也就是说，它不能发现自己的错误作为。非暴力倾向把所引起的仇恨减少到最低限度，因而在分析纷争的问题时保持着某种客观性。由于抵制行动而感到陷于穷困的兰开夏郡纺织工人在所举行的第二次圆桌会议过程中接受了甘地的友善精神，从而证实了这种非暴力精神的社会和道德作用，这是甘地方法的一个伟大胜利。

对于社会纷争中的愤怒情绪予以精神的惩戒的最重要的后果之一是：它导致努力将社会制度和关系的罪恶与包括在其中的个人区别开来。社会关系是非道德的，但个人并不像它那样也是非道德的，个人只是包括在社会关系之内并体现这种关系。如果反对一种制度导致对其体现者的损害，那么，人们就会认为所进行的指控是不公正的。威廉·莱罗伊德·加里森团结南方以支持奴隶制，他所采取的方法就是猛烈地攻击农奴主个人，而他们中有许多人就其固有的偏见和传统而言，都是好人。加里森先生对这些个人的猛烈攻击，充分证明他道德上的堕落。甘地先生竭力地在个别英国人和他们所维护的帝国主义制度之间作出区分。他宣称：

> 一个当政的英国人不同于一个在野的英国人；同样，一个在印度的英国人不同于一个在英格兰的英国人。在印度，你是隶属于一个难以言表的恶劣制度，因此，我可能用最强烈的言词谴责这个制度，但这并非出于我认为你是一个坏人，也没有归咎于每一个英国人都有坏动机。[19]

不过，要完全把一个恶劣的社会制度与维护它的个人应负的道德责任分割开来是不可能的，一个公正的道德教师将不得不坚持个人对社会罪恶负有责任的原则。但是，对于一个自己的对手就不要坚持这个原则，这样做在政治上和道德上都是明智的。如果一个人预先假定他的对手是无辜的，那肯定会减少仇恨情绪，并在评价纷争问题时能保持合理的客观性。

在社会的纷争中将愤怒情绪减少到最低限度，其重要意义并不表示愤怒是毫无价值的或全然是邪恶的。正如罗斯教授所说，愤怒只不过是感到不公平而站在利己主义立场表现出的情绪。[20]完全没有愤怒只表明缺乏社会理智和道德活力。一个黑人因其种族受到不公平对待而感到愤愤不平，他对该种族最后解放所作的贡献，要比那些虽然遭受不公平对待却无任何情绪反应的人的贡献要大得多。从愤怒情绪中清除的利己主义因素越多，它就越能成为实现正义的纯洁工具。愤怒中包含着利己主义成分可以从客观上证明是合理的，但是从社会纷争中对手的观点看，似乎绝无道理可言，而不过是进一步激发他自己的利己主义罢了。

非暴力的倾向和方法两者在社会冲突中还具有另一个非常重要的优点：使对手失去道德上的自负。由于这种自负，他们认为自己的利益与社会的安宁和秩序是等同的。上述这一点是社会斗争中所有无法估量的影响中最重要的因素。由于这一点，它使得受到攻击的统治集团对那些攻击现状的人有一种最为明显的不言而喻的优越性，而后者却被置于公众秩序的敌人、罪犯、暴力教唆者一类，并且中立的社会群体不可避免地要对其群起而攻之。非暴力的倾向和方法打破了这种受攻击的势力的貌似合理的道德自负。如果非暴力运动实际上威胁和危害着现存的体制，那么，它仍然要被指责为反叛和运用暴力而遭到反对。但是，它却不可能轻易地糊弄社会群体的中立分子。当英国面对印度向其帝国统治挑战而极为愤怒时，英帝国主义者常常强调的是"法律和秩序"以及反叛的危险，但它却完全没有那种由于自负而通常会产生的貌似合理的道德面纱。

总之，非暴力的强制和抵抗乃是这样一种强制形式：它为确立社会生活中道德和理性的协调关系提供了最多的机会。它在抵抗期间根本不会破坏对利益与利益的合乎道德和理性的调整过程。对自我维护的抵抗易于使它变得更顽固，并且造成的冲突会激发潜在的激情，而它又会把冲突的实质问题完全掩盖起来。非暴力将这些危险减少到最低限度，它在冲突的领域内保持一种道德的、理性的和合作的态度，并强化了道德力量，而没有去破坏它们。在第一次圆桌会议后，甘地先生与总督欧文勋爵的协商和最后达成的协议是可能合乎道德的用非暴力解决社会纠纷的完美例子。两个人的道德机智和精神才能对于达成协议起了重要作用，但是，若用暴力来解决相同范围的纷争则是不可思议的。这也是当冲突在方法上和态度上都极少带有暴力性质时，在冲突领域内可能保持合作和互惠的态度的生动例子。

强制和抵抗的暴力方法与非暴力方法的区别并不是如此绝对，以致可以认为，在道德上不能把暴力当作社会变革的工具。正如甘地先生所指出的，偶尔，暴力也可以用作实现道德善意的手段，而非暴力也并非总是对爱的情感的完全证明。在战争期间，和平主义者道克荷波尔一派请求加拿大政府撤销已与他们分裂的另一派中公开的反对者的特权，"这除了求得感情满足或表现出对他们兄弟的恶意之外，并无别的理由"[21]。非暴力方法优点非常之多，但是必须根据情况讲究实效地对它们加以考察。甚至甘地先生也一再提醒注意，这是一种权宜之计，并且提出非暴力方法特别适合处于敌强我弱情况下的群体的需要，并对他们特别有效。甘地先生的言外之意是：如果确有可能迅速取得胜利，从而可避免连绵不断的战争危险，那么，暴力也可以作为表达道德善意的工具。综上所述，也就意味着被压迫群体令人绝望地处于少数地位，并且没有可能去发展足够的力量反对其压迫者时，非暴力是该群体的战略工具。

美国黑人的解放大概要等到这种社会和政治战略的充分发展才会到来。对黑人来说，仅仅依靠对白人道德觉悟的信任，期待能从白人迫使他们陷入的卑下的社会经济地位中完全解放出来，这是毫无希望的；企图通过暴力反叛来取得胜利也同样是毫无希望的。

为改善白人和黑人之间的关系，道德和理性力量起着重要作用。为其种族自由而战斗的黑人领导人所受的优良教育大多来自仁慈的白人建立的学校。各种种族间的委员会在消除种族间的误解和促进相互理解方面所从事的工作值得赞扬，但是这些教育的和调解的机构都有这种纯理性的和道德的努力所显示的一切局限性，因为它们都是在一个既定的不公正制度下起作用的。白人慈善团体主办管理的黑人学校也只是鼓励个别的黑人追求更高形式的自我实现，但它们并不正面攻击使黑人遭受苦难的社会非正义。种族委员会试图在不激发白人对抗的情况下为黑人争取更多的社会政治权利，他们虽试图扩大其作用，然而却只能在一定限制内即"协议范围"内起作用。这就意味着，他们只能保障黑人享受最低限的权利，例如更好的环境卫生、警察保护和有足够多的学校，但他们却并未涉及黑人在政治上和经济上被剥夺的权利。他们对这种做法抱有希望归根到底是因为从来就对教育的力量有信心，并认为通过道德的说服就可软化白人的心肠。这种信心正像上述期待一样，总是充满着许多幻想。然而，不管有多少个别白人认为或将认识到自己与黑人的事业是完全一致的，但如果不对白人种族施以强制，美国的白种人就不会承认黑人与他们有平等的权利。就这一点而论，人们是可以用全部历史已确证的独断论口气说话的。

另一方面，黑人从事暴力革命的任何努力都将会加深他们的压迫者的仇恨和偏见。由于压迫者在数量上无希望超过黑人，故而只好求助于武力——这就不可避免地会产生可怕的社会灾难，而社会上的愚昧无知势力和经济界出于本身利益都会集中起来反对黑人。如果用通常的强制武器来向社会的愚昧无知势力挑战，那么就会使他们爆发最激烈的运用暴力的情绪；即使社会有更多理智的人，那么经济界出于本身利益也会针对黑人的要求进行顽强抵抗。

非暴力方法虽然不会消除所有这些危险，但它可以减少这些危险。如果有甘地先生及其追随者相同的耐心和坚持遵奉他们的纪律，那么可达到一定程度的公正——这种公正既不能通过纯粹的道德说服获得，也不能通过暴力获得。对在给予信贷方面歧视黑人的银行的抵制；对拒绝雇用黑人或拒绝为黑人雇主服务的商店的抵制；对实际进行种族歧视的公众服务团体的抵制——这些无疑是会取得某种程度的成功。以不向国家纳税来反对政府用于黑人儿童的教育经费比用于白人儿童的教育经费少得多的做法，可能是同样的重要武器。人们有一切理由和希望等待上述那种运动的到来，因为黑人所特有的精神天赋使他们具有行动成功的能力。黑人所需要的只是把新一代的年轻的黑人的攻击精神与老年黑人的忍耐和克制精神结合起来，使前者消除报复性，使后者消除麻木性。

毫无疑问，宗教想象力对政治生活所作的贡献，要比在发展非暴力抵抗方面的贡献大得多。在仇敌身上发现人类共有的缺陷，并且又相应地承认所有人的生活都具有超验的价值，这就创造了一种能超越社会冲突并减轻其残酷性的态度。它提醒人们记住自己同是上帝的子孙，并且同样具有罪恶与美德两种特性，从而把人们团结在一起。这种忏悔的态度会使人们认识到仇敌有的罪恶自己也有，并且认识到，不顾社会冲突而使所有人亲密无间的爱的冲动力量乃是宗教给予人类精神的特殊恩赐。世俗的想象力不可能产生这种态度和冲动力量，因为它们需要有一种崇高的狂热。这种狂热蔑视那些直接的表面现象，而强调发自内心的根本的团结。非暴力精神被东方的宗教领导人灌输到当代政治中去并非历史之偶然事件。西方人可能不会有这种用非暴力解决社会冲突的能力，因为白人较东方人来说是更残忍的猛兽。更可悲的是，他们的宗教遗产已被其文明的机械特性弄得烟消云散，而基督教的洞察力也几乎成为今日有闲的特权阶级的专有财产。但是，由于被剥夺的阶级不得不利用自己的各种手段，并已意识到道德观念的混乱只与特权阶级相关，基督教的洞察力对西方世界的社会斗争已无直接用处，这些便使得特权阶级大为伤感。如果基督教的洞察力不再有用，那么西方文明，无论它是导致灾难还是使其经济生活逐渐受到社会的控制，都将遭受野蛮之害，并受到破坏人类美好生活的仇恨的折磨。即使正义能够通过没有非暴力精神因素的社会冲突来实现，如此建构起来的社会也将会缺少某种特性。在人类生活中，精神因素与肉欲因素两者皆有之。人类历史上连绵不断的悲剧是有些人通常将两者分开而单独地去发展精神因素，或者怀着对最明显地存在着肉欲因素的人类整体问题的误解去培养精神因素。因此，这些问题依然没有解决，暴力冲突照旧发生，残酷无益的社会斗争既未缓和，又未消除。人类历史终将成为自然界的具体化。正如奥古斯丁所说，在达到历史终点之前，必须采取斗争的方法才能取得世界和平。尽管这种和平并非完美之和平，但它可能比现今存在的和平更完美。如果人的心灵和精神不去企求不可能的东西，如果他们不寻求征服和消灭自然本性，而只是力图使自然力量服务于人类精神，并使之成为道德理想的工具，那么更高形式的正义和更稳定的和平是能够逐渐达到的。

注释

[1] 约翰·杜威：《哲学与文明》，329 页，纽约，米顿·巴尔克出版社。

[2] 约翰·蔡尔德：《教育与实验主义哲学》，37 页。

[3] 基姆博·扬格：《社会的态度》，72 页。

[4] 参见霍勒尔·哈特：《关于社会关系的科学》。

[5] 克拉伦斯·马希·凯斯：《社会过程与人类进步》，233 页。

[6] 阿瑟·萨尔特爵士：《复兴》，341 页。

[7] 霍华德·奥达姆：《人需要社会的引导》，477 页。

[8] 贾斯廷·诺·尼克逊：《一种正在形成的基督教信仰》，294 页。

[9] 乔治·斯特雷登：《社会心理学与国际行动》，355～361 页。

[10] 威廉·亚当斯·布朗：《必然之路》，246 页。

[11] 贾廷斯·诺·尼克逊：《一种正在形成的基督教信仰》，291 页。

[12] 《M.K. 甘地的演说与著作》，132 页，马达斯版，1919。

[13] C.F. 安德鲁斯：《穆罕默德·甘地的思想》，238 页。

[14] 同上书，141 页。

[15] 参见上书，15 章。

[16] C.F. 安德鲁斯：《穆罕默德·甘地的思想》，142 页。

[17] 格拉斯温·M. 凯斯引自《非暴力强迫》，364 页。

[18] C.F. 安德鲁斯：《作品摘引》，297 页。

[19] 同上书，242 页。

[20] 参见 E.A. 罗斯：《社会控制》，37 页。

[21] 凯斯：《作品与摘引》，162 页。

节选自［美］莱茵霍尔德·尼布尔：《道德的人与不道德的社会》，
导论、第 9 章。贵阳，贵州人民出版社，
1998。蒋庆、王守昌等人译。

《基督教伦理解释》（1935）（节选）

一、独立的基督教伦理

十分不幸的是，美国的新教过于依赖现代性文化本身，而这种文化的瓦解又为更为独立的宗教之诞生提供了独一无二的机会。受当代历史各种灾难事件的困扰和折磨，"现代精神"（modern mind）在恐惧与希望、信仰与绝望的轮换交织之氛围中，也面临其文明的瓦解。现代性文化是现代文明的艺术品，是其独特而典型的状况之产物。因此，当其文明的物质基础开始崩溃时，其精神的高塔也随之坍塌，也就不足为奇了。现代性文化的乐观主义与资本主义凯旋时代的夸张神气一样缺乏牢固的根基；因此当生活的物质条件发生巨变时，这种乐观主义自然便让位于困惑与绝望。因此，在正是需要光明来审视城市的浩劫情况和重建计划的时刻，灯塔的明灯却突然熄灭。

在这一时刻，一种宣称拥有"同样过去、现在和永远"的亮丽的信仰，也许令人信服地成为它那个时代启蒙的源泉，那个时代是那样迫切地需要了解生活的意义和当代历史的逻辑。不幸的是，基督教教派却无力提供这些为人们所急需的指导和洞悉。以往，正统教会将基督教真理与另一时期的教条主义混为一谈，因此，将本来是要成为自然和历史之有益的消解过程的牺牲品僵化了。与此相反，自由教会则将他们的光芒掩饰在充斥着大量短命偏见和专横断言的现代性文化之下。

具体而言，虽然正统基督教会具有非凡的理解力和洞察力，并在许多方面都要优于那些自由教会，但它不能够为现代人提供帮助。这部分是因为其宗教性真理仍然植根于业已过时的科学之中，部分是因为它仍旧沿用教条主义和独裁主义的道德法典来表达其道德。正统基督教会总是徒劳地想用并不恰当的戒律去对付复杂文明的社会混乱，想从圣典——有时是十分偶然的——之相关内容中衍生出这些戒律的权威性。它关注于那些违背守安息禁令或清教徒戒律的行为，并且坚持象征性地对薄荷、大茴香和小茴香征收什一税；它维护那些社会和道德标准的细枝末节，这些细枝末节也许曾经被法律规定或出于偶然才具有神圣性，但无论它们过去怎样，现在却已然失去了其宗教和道德的意义。

自由教会的教义和伦理则受一种要向世人证明其持有的并不是无政府主义的伦理这一欲望所支配，也不信仰正统教派那些让人难以置信的神话。它几十年来殚精竭虑地想要证明宗教与科学可以和平共处，为实现这一目的，它推翻了其宗教传统中极不可信的部分，并给剩下的部分披上能够被"现代精神"所接受的外衣。惟有在过去，现代精神似乎才被当作真、善、美最终的判断标准，但在今天，在坍塌了的梦想与希望之圣殿的残垣断壁间，现代精神已经陷入了一种混乱的悲惨境地。自由教会的认识于此已为时晚矣。在适应现代性独特的信条和偏见的同时，自由教会接连不断地陷入危险之中，所谓危险，就是使原本在基督教圣谕中清晰的部分和在基督教道德中有创造性的部分变得艰涩难懂。有时，它甚至跌落到了仅仅是以其虔诚的措辞来掩饰其自然主义哲学和实用主义伦理的地步。

宗教对道德的独特贡献，在于其对于生命维度的深度理解。对于在当下情境中呈现出来的利益和激情的冲突，世俗的道德行为总是以提出一种适当审慎的忠告来化解，而最通常的忠告便是中庸之道——"从不走极端"。出于其对生命维度的深度理解，宗教的道德不得不去追溯其所涉及的每一股力量的最初来源，并将每一种意图与某些终极目标联系起来。它不仅关注切近的正面价值与反面价值，还要关心善与恶的问题；它不仅关注近期的目标，还要考虑终极的愿望。它被两个问题所困扰：最初的"起因"和最终的"原因"。之所以被这些问题困扰，盖因宗教把生命和存在当作意义的整体和统一来关心。若没有假定一种有意义的存在，人就无法继续生活下去，一旦有了这一假定，那么每个人的生活就是宗教性的。当然可能也有例外，那就是那些少数致力于观察生活而不是纯粹过活的怀疑论者，以及那种对于细节的兴趣远远超过对终极意义和一致性关心的人。即使是这些人，通常也会在他们认为是一片混沌的世界中建构起一个小宇宙，并从他们建构小宇宙的信仰中获得活力和指导。

高级宗教与原始宗教、极端的现代宗教之区别在于，它致力于将整个现实和存在纳入一个统一的系统。与此相反，原始宗教仅满足于有限的和谐，而极端的现代宗教则满足于肤浅的和谐。对于原始人而言，部落的统一、某些自然力量——如太阳、月亮、高山或生殖过程——的雄伟与神秘，或许是一个有意义存在的神圣中心。而对于现代人来说，那些可见的自然法后果或那些可预见的不断增长的人类协作价值，已经足以建立起精神上的安全感，也足以消除长期以来困扰人类精神的对于混沌和无意义的恐惧。

对终极一致性的不懈追求，必然会使高级宗教在向广度发展的同时向纵深发展。由于生命的变化性和多样性，不能简单地将其归为某种单一的来源，或是仅将其与某种单一的意义领域相联系，除非这一来源已超越了所有可见的事实和力量，或是这一领域不只包括具体世界的历史。在这样一个层次，即：不相容的力量和不能通约的实在(思想与外延，人与自然，精神与物质)仍处于激烈的对抗或是理性的相互排斥之中，恶和不一致的难题是不可能解决的。由于所有的生命都是动态的，所以宗教信仰将其目光集中于这个动态过程的开端和结尾，集中于上帝这个造物主和上帝存在的实现，以寻求解决恶的问题。它总是将起因来源和目标结果等同起来，并视之为同一实在领域。这一命题虽使宗教牵涉许多理性困境，然而，它仍旧是一个永恒而必要的断论。

由是，高级宗教因其涵盖生命统一与一致的广度，以及因其超越意义之源的含义而与众不同，而对生命和存在的意义的自信只有在后一种含义中才得以保持。宗教的深度之维的产生，并不仅凭在生命广度上对统一性问题解决的努力。实际上，深度之维要优先于任何经验广度之维。因为，生命是有意义的且它的意义超越了可见的实存，这个假设与所有的知识成就都有关联，而惟有通过这些知识成就，生命的丰富性和矛盾性才得以理解。然而，在广度上试图建立一致性和意义的努力实际上加强了深度感。因此，原始部落的神被设想为其生命的超验来源，而对神的信仰则表达了统一和部落团结一致的价值意义。但是，当经验强迫一个觉醒的文明去改变自己的世界从而适应其他民族的生活时，它就会设想出另一个神来，这个神完全超越了某一民族生活以至于不再受其约束。这样，先知阿摩司出现了，并宣告："即使你不是埃塞俄比亚的孩子，也来信主吧。"所有在具体历史层面上分裂的、矛盾的和冲突的东西，在其共同起源（"上帝给了所有的人类民族以同样的血"）以及共同命运（"在基督那里，没有犹太人和希腊人之分，也没有奴隶和自由人之分"）上，都归于统一、和谐和相似。

宗教意识的深度之维在"实然"与"应然"之间创造了一种张力。这使得道德行为如箭在弦。每一种真正的道德行为都在寻求建立"应然"，因为执法者以为这是责无旁贷的：将理想——虽然在历史上从未实现过——在其更为本质的实在中作为生活的秩序。故而，基督徒相信在上帝的本性和意愿中爱的理想是真实的，纵使他知道在历史上根本没有实现过纯粹的爱的理想。正是出于这种真实性，基督徒感到了责任感的推动。康德试图从整个宗教结构中推知的那种道德责任感确实来自宗教本身。宗教生活的"推动"或是"促使"正是宗教生活张力的一部分。人试图了解，在历史上什么是他认为是最为真实的实在，即，生命的最终本质。

不同类型的宗教在伦理方面的成果最终由历史与超验之间的张力性质所决定。该性质可从以下两个因素来衡量：其一，超验方面实际超越历史每项价值与成就的程度，因此历史成就的相对价值不能成为道德自是的基础；其二，有机体中超验方面与历史方面关联的程度，因此上述张力不能剥夺其意义的历史方面。

正统基督教的弱点在于，它凭借权威的道德法典来对上帝的超验意志作出草率的判断，而这些法典大部分只是原始社会的准则，而且它把其中的神话发展成了糟糕的科学。宗教总有一种倾向，就是将上帝与历史中有关上帝的象征等同起来，而这些象征曾经是充满神圣性的，但因新事件和新情况的如流涌现而丧失了这种神圣性。
此种宗教倾向是宗教中邪恶的永恒根源。自由教会的失足则来源于
其自身的倾向：它错误地以为给商业时代相应的道德规范戴上绝对
和超验的耶稣伦理的光环，就可以赋予它终极神圣的色彩。屈从于
现代偏见的宗教，并不一定优于仍旧受制于已逝年代之相对片面理
解的宗教。在上述各种情况中，宗教之所以都失败了，盖因于它总
是通过发现或是宣称意识到在某些直接或间接的历史价值中的至善
（summum bonum），以草率地缓解道德的张力。实际上，整个现代
的世俗自由主义文化——自由基督教教会过分依赖于它——是一种
失去了活力且世俗化了的宗教，其中基督教传统的前提预设已被理
性化地理解为自然和历史的过程，而且它还想当然地以为这是由客
观的科学所发现的。因此，基督教道德的原始张力被损坏了，因为，
基督教道德的超验理想已成为历史过程中的内在可能性。民主、相
互协作、国际联盟、国际贸易互惠以及其他类似的概念被视为人类
精神的终极理念。在这些概念中，没有一个不是带有一定程度的绝
对效力的，但现代文化却从未发现，它们是在何等程度上从商业文
明的特殊条件和必然关系中浮现出来，又是在何等程度上与主要在
近几十年来的商业扩张和工业扩张中的牟利阶层的利益紧密地联系
在一起的。有关基督教爱的伦理的超验不可能性，在现代文化中却
成为历史过程的内在可能性和即将实现的可能性；而一代人的道德
满足感因之也获得了支持而不是受到挑战。对于任何没有给"通向天
堂打开窗户"的文化而言，这种结果是不可避免的，而且，生命的深
度经验也完全被沿着当下历史潮流的水平化自信前行的奋斗冲得烟
消云散了。

　　使现代教会适应世俗文化是如此之必要，以至于现代教会的偶
尔投降可以被同情和理解，然而其结果也许是相当有害的。中世纪
的基督教拒绝科学的发展，支持垂死挣扎的封建秩序来对抗理性主
义道德的反叛。传统宗教的局限是如此之大，而现代科学的成就又
是如此地令人赞叹，以至于最明智之举似乎就是尽可能密切地把基
督教事业与后者联系起来。不管这么做有何缺陷，这种策略至少是
出于良好目的，即：想把基督教从其神话传统的教条和文牍式的解
释中解放出来。宗教神话最擅长的天赋就是其超科学性，而其危险

也在于它用超科学的概念来表述自身，并坚持其字面真理。如果自由教会不允许科学（以对其起源进行历史批判性分析的形式）进入其教会的核心，那它就不可能将基督教中永恒的部分从它已深深植根其中但已过时的文化外壳中释放出来。

然而，自由基督教太不加以批判地去适应现代文化，由此而承受了巨大的损失。当这种文化因宗教对神话字面化的解释而导致了一种糟糕科学的结果而对宗教产生不信任时，同样，当宗教因为其对历史事实的科学描述不加修正的哲学化引申而导致了一种空洞而肤浅的宗教，致使它因此而受到怀疑贬低时，这种损失的程度就会变得显而易见了。在深刻的宗教中，有关超验的神话象征很容易走样而成为对历史事实的不真实的科学表述。但同样，有关历史事件的科学描述也很容易走样成为关于整个现实并不真实的概念。真实的神话有这样一种天赋，就是它能够揭示现实的深度之维并指向本质的王国，该本质王国超越了历史表层，科学所发现、分析的因果链条也在此层面呈现。科学只能够处理自然和历史的表面问题，对其中的复杂现象进行分析、分类和划分，然后根据它们可观察得到的次序将其相互联系起来。在试图将一致性带入自身世界的努力中，科学极其艰难地、并且以对其方法自身固有的哲学性假设作出哲学性修正为代价，才避免了对现实作过于机械性理解的错误。科学往往认为，历史上每一个新突显的事件，其原因都已在先前的历史事件中有了充分的酝酿，它因此犯了这样一种逻辑谬误，即：由此之因，必有此果。

与此相反，宗教神话则指向存在的终极基础和终极实现。因此，伟大的宗教神话处理的是关于创生与救赎的主题。然而，由于神话必须借助于象征和历史事件来表达其超历史性，所以在科学看来，神话在陈述其真理的时候必然要歪曲历史事实。这样，宗教必须像圣保罗那样作出忏悔："似乎是诱惑人的，但却是真实的。"（《哥林多后书》，6：8）另外，如果宗教一定要坚持其神话方式具有神圣的权威，该权威否定了科学通过观察而获得的结论，那么宗教就已经远离了真理而走入自我欺骗的歧途。

从某种意义上讲，哲学是科学和宗教的中介调解者。它试图通过科学所揭示的所有详细具体的存在现象，使宗教神话获得理性的一致性。即使现代形而上学家试图消解宗教的前提预设，并想充当科学的中介协调者，伯特兰·罗素指责形而上学即隐蔽的神学仍是合适的。缺少某些前提预设，这些预设前提不是由对事实的科学描述所预设，而是通过具有宗教性背景的世界观有意或无意地引入的，现代的形而上学家根本无法将科学所发现的细节事实纳入一个一致的整体系统。

　　在各式各样的、甚至有时自相矛盾的、与某一宗教传统关联的神话传说之外，构建一种理性而系统的生活观，如果说这就是神学的一种努力的话，那么，在这个过程中，哲学则比宗教走得更远，前者(哲学)通过试图消解整个神话基础，并将其世界观完全建立在理性一致的基础之上来做到这一点。因此对于黑格尔而言，单在粗糙的图画式思考方面来说，宗教与原始哲学并无两样，它们同样需要一种更为先进的理性使之精致化。实际上，神话的理性化是必然且必须的，以免宗教被任性荒诞的想象或原始不一贯的神话所毁。"信仰必须依赖于理性。"(乌纳穆罗，Unamuno)但是，理性也同样要依赖于信仰。每一个真正的宗教神话都包含着有限与永恒之关联的悖论，不摧毁真实宗教的那种天赋，就无法将其完全理性化。因此，与其说形而上学是在一种理性主义的和科学的文化中被理解，还不如说是依赖于原始宗教神话的真理，因而也就变得更加危险[1]。

　　显然，现代文化和现代基督教都不会认为，资产阶级灵魂中无意识的道德和宗教自满在贬低宗教神话方面所造成的影响，可以与有关宗教神话的科学批评相提并论。现代文化兼有科学的真实成果和商业文明的独特气质。而后者的浅薄、自满的乐观主义，深刻感的遗失，以及有关善恶(至善至恶)之知识的匮缺，至少对现代文化产生了影响，即使远不如科学发现所造成的影响那么巨大。由是，现代宗教对现代文化的"思想"所作的调整，不可避免地涉及对其空洞的"灵魂"作出妥协。因此，在调整自身以适应当下时代精神的同时，自由基督教由于放弃成熟宗教特有的深刻感和张力体验，而最终牺牲了其最具特色的宗教遗产和基督教遗产。上帝的天国被仅仅解释为是现代文化企图通过进化过程而实现的理想社会。民主和联邦国家成为这种理想的政治形式。基督教的爱的理想成为一种有关精明互惠之关系的劝告，这种劝告对于复杂的商业文明而言是如此的亲切和必需。正统基督教派中的基督——有关人类可能性和有限性的真正神话象征——变成了加利利地区的善人，有关人类善和人类可能性的象征并不言及人类世俗社会的限制，简而言之，并不言及超越性。

由于认识达不到这样的高度，致使现代基督教如同一个迈向黑暗的生活深渊的瞎子。正统基督教会的"原罪"被翻译成无知的不完善性，可以很快被完备的教育所克服。因此，教授爱之宗教理想的基督教教育与旨在扩大社会想象力的世俗教育之间的差异已变得难以辨别。由于许多人在成为恶魔之前所具有的罪恶冲动混杂于集体行为之中，很少表现出现代文化所存在的罪恶人生力量和危险的迹象，人们所见到的只是持续显现的生活成就和文明成果。或者说，人们很少注意到那些人无知轻浮的冲动，这些冲动植根于个体的无意识之中，它藐视和嘲弄其意识控制力以及其理性的道德要求。无论是基督教的现代文化，还是世俗的现代文化，都乐观地认为，左右一切道德与社会状况的所有力量都已经被充分认识和理解，并认为理性的力量已经成功地制约了邪恶势力。

正是因为有先验的信仰，一种深刻宗教才不会对任何时代的文化——无论是过去的还是现在的——完全地妥协。现代基督教被科学的威名、当今时代的趋向和正统教条主义的坏名声所迷惑，当它试图向自然主义妥协时，它就失去了洞察自然主义文化的伦理越轨与伦理困惑的能力，同时也丧失了纠正自然主义文化之肤浅性和盲目乐观主义的能力。

⋯⋯⋯⋯⋯⋯

基督教过度借用或过多依赖于——无论是自由的还是激进的——自然的理想主义，实际上暴露了其建筑在自身精神和文化消亡之基础上的真相。犹太基督教的重要性就在于，无论道德或是社会成果如何，它都能在历史的任何时期保持其自身创造的理想与现实之间的张力，因为它的终极理想总是超越任何的历史事件和现实。

西方精神特征中一个重要方面，是试图以抛弃历史过程中的先验因素，而不是像东方宗教那样通过切断先验与历史过程之间的联系，来摧毁宗教的张力。现代自然主义，无论是自由的还是激进的，都是历史上犹太基督教神话中自然主义成分的世俗化结果。认识到这一点是十分重要的：犹太教和基督教信仰的上帝是世界的创造者和审判者，根据这一信仰，生命的终极意义既被世俗过程所揭示，也被世俗过程所消解。当西方世界出现这样的趋势，即：想在驱散了永恒先验因素的自然主义方向上，来消解这一信仰自相矛盾的辩证法。此时记住下面一点就相当重要：如果退回到自然主义，无疑会使基督教陷入一种彼岸世界的二元论——超验将不再与历史和世俗过程发生联系，这样，它在精神上和道德上的损失就同样巨大。

因此，如果我们想要标记出独立的基督教伦理的真实维度，我们就必须小心地将其与唯心主义二元论相剥离，如同小心地将其与自然主义一元论相剥离一样。所有二元论宗教的决定性特征就是，在二元论宗教努力避免世俗与物质的相对性时，它在某种理性或永恒的绝对中，即在超自然的领域——这一领域不再是自然的基础，而仅仅是自然的终极深渊，一切差异在此消失，一切运动在此停止——中，找到了逃亡的出口。

索德布罗姆(Soderblom)将所有高级宗教分成文化宗教和天启宗教，他将基督教和犹太教(或许还有拜火教)归入后一个范畴。[2]文化宗教的突出特征，是寻求以某种理性的或神秘的原则来洞察那超越世俗现实的永恒形式。天启宗教(也可被定义为先知宗教)的特征则在于，"其中的对照不是精神对形体，而是处于创造物之上的创世者对处于所有影像和模仿物之上的活生生的善妒的上帝"[3]。换言之，创世神话给这样一种世界观——发现超验既与历史过程相涉但又不完全与之等同——提供了坚实的基础。我们必须意识到，创世神话只是这种辩证法的基础，只有它的进一步阐释才赋予该宗教以先知的和天启的特征，这种特征以实现意义终极的渴望和上帝既作为存在基础又是意义实现保证为标志。约翰·阿曼(John Oman)几乎与索德布罗姆作出了相同的区分和对比，他认为，"'天启的'这个词是用来与'神秘的'一词相对照的，意指在自然中寻找除去面纱的超自然的宗教"[4]。

也许这两种宗教之间的区别可以用"神秘的"和"神话的"这两个词来准确表达。索德布罗姆范畴中的"文化宗教"尽管切近理性，但最终还是神秘的。这些"文化宗教"始于一种在短暂变迁中追求永恒形式的理性。然而，正是在对绝对和永恒最终景象的竭力追求中，理想观察转变为神秘的沉思。给予肉身短暂实在的永恒形式最终与肉身分离；永恒成为无差别的超越，即"一种看不见任何差别的无底深渊，或是超出了我们理解力之外的完满存在"[5]。这种理解绝对的方式的最终结果，可以在佛教中看得更清楚些。然而，每一种神秘主义的宗教都流露出这种倾向。神秘主义在其超越世俗的最终努力中是理性的，这种努力甚至促使它也要超越理性。神秘主义使得渴求统一与一致的理性情感到达这样一个高度：人们的目光开始从充斥顽固事实和僵硬变化的外部世界转向精神的内部世界，在后者中，自我意识的统一达到"绝对"——一种"超越了存在"的实在，"一种消解意识和形式的神秘而无声的寂静"（Hierotheus）——的象征和手段。这样，追求生命意义和其组织中心的最终根源的宗教，却因摧毁了生命的意义而告终结。历史的具体存在之所以被剥夺意义，盖因其短暂相对的形式被认为不值得与"绝对"相提并论；但"绝对"也因为它超越了所有具体存在的形式和范畴而失去了意义。实际上，神秘主义是一种自我毁灭的理性主义，它以从具体实在中抽象出来的理性形式而开始，以设想出一种超越所有理性形式的终极实在而告终。

　　人们切勿假定，理性主义必定总是以神秘主义而告终。从柏拉图到黑格尔，西方的唯心主义一元论代表了另一种尝试，即：以一种更加清醒的理性主义去理解处在历史的源头活水中的世界的统一性。由于唯心主义一元论成功地做到了这一点，使得"绝对"与一切事物达到了可喜的一致——一个与存在的悲观现实不一致但又对高尚的道德情感至关重要的结局。虽然在总体上，西方倾向于用——将恶的问题复杂化的——哲学一元论来满足对终极统一性的理性渴望，而东方（或许是因为它更为成熟和智慧，或是由于它更为清醒）则选择了一种较具二元化和悲观的方式，而且只有在完全逃离了世俗世界之后，才能发现其终极统一性和意义中心。但甚至就是在西方，尤其是在基督教神秘主义中，哲学一元论浓厚而浪漫的乐观主义也很容易转变成为悲观的来世主义。从柏拉图到柏罗丁和新柏拉图主义证实了这样一条道路。

　　无论理性主义的宗教是倾向于哲学一元论的乐观主义，还是神秘主义二元论的悲观主义，在本质上都是贵族化的宗教，而不属于世上的苦难民众。这些人既不能够沉溺于这一宗教所要求的从世界抽身出来而进行潜心祈祷之奢望，他们的生活所揭示和规定的奇妙的美与悲的交织也不容许他们抱有纯乐观主义或纯悲观主义的幻想。

尽管基督教确实受到了理性主义和神秘主义宗教的影响，并且部分地由这些影响形成，它还是将自身的原初根基归于神话，而不是神秘主义的宗教传统——犹太先知运动。神话并不是犹太宗教所特有的，在每一种文化的童年阶段，我们都可以找到神话的影子。那时，人类的想象力可以自由地运用生活和历史中丰富的事实和事件，并试图去挖掘这些事实事件与根本原因及终极意义的关系，而不对这些事实事件在自然因果关系领域中的彼此关系作细致考究。在这个意义上，神话思维仅仅是素朴的前科学思维，这种思维还未学会在将事物放入一个整体图式之前去分析事物之间关系的能力。最简单的神话思维也许是原始社会中万物有灵论思维，在后者中，自然界的每一现象都与一个类意识或类精神的因果力量相联系，而对自然界自身的因果关系网则了解甚少，甚至一无所知。但是，神话思维不只是前科学的，还是超科学的，它涉及现实的深度方面的内容，后者超越了由科学所分析、标注和记录的横向关系。经典的神话涉及存在的超验源头和终点，而无须将其从存在中抽离出来。

在这个意义上说，只有神话具备这样的能力：即，在不违反不连贯事实的情况下，将世界描绘成一幅统一的、有意义的图画。神话的世界是统一的，因为其中所有的事实都与某个意义的中心源头相联系；但神话的世界在理性上又是不统一的，因为就直接的理性统一性而言，神话并不服从那种将一切事物彼此相关联的必然性。值得注意的是，神话式宗教中的上帝是创造者，但却不是第一原因。如果他是第一原因（一个理性的概念），那么他或者会成为万物之流中诸多可见的原因之一，这样，上帝与世界就合一了；或者会成为不动的原动力，这样，他与世界的关系就不再是至关重要或真实的创造关系了。声称上帝是创造者，无疑是使用一个超越了理性教条的形象，这个形象既表达了上帝与世界的有机联系，也表达了上帝与世界的区别。相信上帝创造了世界，就是在不坚持世界完全是善的或是所有事物都必须与神圣相一致的前提下，感到这个世界是统一和有意义的。有关上帝是创世者的神话是希伯来宗教的基础。希伯来宗教先知运动最显著的成果，就是在避免其宗教理性化过程中，在不摧毁其宗教神话力量的前提下，成功地清除了其宗教童年阶段褊狭和幼稚的缺陷。希伯来宗教通过这一净化过程成为一种纯粹的一神教，这与其说是在对一致性渴求的理性欲望驱使之下，还不如说是在宗教伦理情感的控制之下完成的。因此，希伯来宗教扩展着其意义世界的宽度和广度，直至涵盖整个存在而无损于深层和超验的意义。在这深层维度中，它为恶留下了空隙，而不是将恶归咎于上帝或是物质世界。在有关堕落的神话中，原罪不等于生命的起源。这样，无论是在上帝规定的意义上，还是说这是精神在物质和自然中肉体化的必然结果，原罪都不是创造的同义词。因此，希伯来精神从来不会因为下列情形而堕落：即认为世界拥有着绝对的圣洁和善的乐观主义，以及将历史性存在贬低为一种无意义的循环式悲观主义。一方面，恶的存在是个谜，另一方面（也许太绝对了），恶得归咎于人的反常。在所有先天不足都来自人类的违抗的意义上，有关堕落的神话使得后一解释过于绝对了，该解释是，人类对自然的冷酷无情和自然生命的短暂与死亡应负有责任，这一说法被人们过于笼统地接受了。

希伯来世界观的神话性基础使得希伯来精神可以享受生命的愉悦，而不必担心沉溺于其中；可以肯定人类历史的重要性，而不必避免担心过于尊崇人类。在希伯来世界中，自然和历史都在赞美创造者："天空宣告着上帝的荣耀，而苍穹则是他的作品"，"啊，上帝，你的作品是多么的繁多！是你的智慧创造了他们。大地充满着你的慷慨"，这样的情感大量地遍布于犹太人虔诚的文学作品中。以赛亚二世，这个以其先知的洞察力将希伯来宗教推上顶峰的伟大人物，在上帝与他所创造的世界的创造性接近和距离中，看到了上帝至上的权威。上帝对他说："我是耶和华，在我以外并没有别神。我施平安，又降灾祸，造作这一切的是我——耶和华。祸哉，那与造他的主争论的！他不过是地上瓦片中的一块瓦片，泥土岂可对抟弄他的说：你做什么呢？……救主——以色列的上帝啊，你实在是自隐的上帝。"（《旧约·以赛亚书》，第 45 节）"上帝坐在地球大圈之上：地上的居民好像蝗虫。他铺张穹苍如幔子，展开诸天如可住的帐篷。"（《旧约·以赛亚书》，第 40 节）在这些崇高的神话性思维中，上帝作为创造者在其创造物中被揭示出来，但是他也作为创造者超越了其俗世，而且他的超验性达到了一个人类根本无法理解的高度（你是一个自隐的神）。

关于上帝是创造者的神话给先知宗教提供了可能性，在这种宗教中，超验的上帝既是世界的最终审判者，也是世界的救赎者。但是，这只是可能性，而不是必然性。常常可能发生这样一种情况：神话性宗教变得过于注重创世神话，因此，在上帝尚未对其不完美作出裁断之前，就将其世界作为神圣来赞美了。这样做的结果是，神话宗教变成了圣礼宗教而非先知宗教。正统基督教中的圣礼主义——即认为，所有的自然事物都是神圣超验的象征和模仿，并否定了关于先知宗教的现状和未来之间的张力——是先知宗教僧侣化的萎缩的产物。在真正的先知宗教中，超越其所造尘世的上帝宣判了尘世的罪恶在于不公正，并承诺给人们以最终的拯救。与理性和神秘主义宗教不一样，这种拯救从来不超脱于活生生的历史层面之上，而是在历史之中及其末端。犹太人对于这种生命（灵魂深深地植根于犹太神话的血液中）神圣意义的执著，正是所有现代——自由的和激进的——自然主义的根源所在，尽管在原始的犹太神话观中，自然和历史的过程从来就不是自足、自明和自我救赎的。上帝自会拯救历史（与自然主义不同，这正是神话宗教所强调的），但是，只有历史中的活生生的世界才会被拯救（与神秘的理性宗教的彼岸世界不同，这也正是神话所强调的）。

犹太宗教的先知运动为这样的论点——真正相信超验的信仰，是一种使宗教超越其自身文化、并从与垂死文化共同分享的命运中解救出来的力量——提供了有趣的支持。当巴比伦人流放了犹太人，结束了以神庙为崇拜中心的犹太文化宗教时，先知们挽救了犹太宗教，使其免于灭亡。他们不仅挽救了宗教生活，而且通过对灾难的意义、各种苦难的救赎力量以及对不只包括以色列人命运的救赎的解释，使犹太教得到新的净化。与之有某种程度的相似的是，虽然在奥古斯丁的信仰中，古希腊人的彼岸思想为圣礼宗教而不是关于超验的先知宗教奠定了基础，但奥古斯丁的信仰还是将基督教与垂死的罗马世界分离开来。正统天主教使得古希腊—罗马文明在孕育它的子宫中得以幸存，但在古希腊—罗马文明中，以赛亚对历史末期救赎的希望却被一种通向在历史之上的超验境界的导引所代替，一种圣礼制度调整着超验境界与自然—历史的世界之间的关系。由是，正统天主教剥夺了先知宗教对未来历史的兴趣，并破坏了世俗存在特有的动态感。

因此，一个充满活力的先知基督教最终被迫不仅要维持独立于自然主义和彼岸世界的状态，还要保持自身纯洁来抗拒对其自身基本的先知神话所造成的圣礼性损害。基督教在对圣礼的自满和神秘的彼岸理想两方面表现出背离先知宗教的倾向，这部分源于古希腊对其思想的影响，部分也在于它自身对先知宗教中宗教性张力可嘉的加剧。耶稣的宗教是先知宗教，在这种宗教中，那些被以赛亚所阐释的有关爱和诸种苦难的道德观念获得了一种净化；这类观念在历史中成为现实的可能性变得非常的遥远。他的"上帝之城"永远只是一种历史的可能性，因其纯洁之爱的高度总是有机地与一切人类生活中对爱的体验联系在一起；但"上帝之城"也是一种历史的不可能性，因为它总是历史所无法成就的。以肉体和自然的方式而生活着的人类，永远也不可能：从利己主义升华而达于崇高，具有甘愿牺牲的激情，达到耶稣伦理所要求的那种彻底的无私。阿摩司所主张的那种社会公正代表了一种可能的社会理想。耶稣的纯洁之爱的概念是与公正的理念联系在一起的，如同上帝的神圣性是与人类的善联系在一起的一样。它超越了可能的和历史的爱。也许，这就是为什么晚近先知所预言的末世论不再像早期的先知所预言的此岸世界那么暧昧之原因所在。当然，耶稣的末世论，虽然其框架出自此岸世界，但已经超越了自然存在的可能性（"在上帝之城，将既无婚姻可言，也无婚姻关系"）。因此，作如下假设可能并无不公，即：在基督教中，自然可能性和宗教道德理想之间的张力已使犹太宗教清静的此岸世界岌岌可危。或许，古希腊神秘宗教对基督教思想上的影响，只是保持二元论左右平衡的最后砝码，而非主要源头。这一最后砝码最早在保罗的思想中发挥效力（血肉不能够传承上帝之城，如同腐化不能传承廉洁），并且在早期教父对基督教信仰的神学阐释中不断强化其效力。基督教思想的神话基础，使其免于了理性主义二元论最糟糕的恶习，并且见证了正统基督教反对摩尼教、诺斯替教的伟大胜利。但是，经过长年的压力与原始历史对其脆弱弹力的销蚀，原始福音中先知预言的高度精致的张力已变得松弛，这是很自然的。在正统基督教的圣礼主义中，这种松弛的结果清晰可见。在圣礼主义中，自然界（很不幸，包括了人类历史的社会秩序）被当作上帝的作品来赞美，每一种自然现象都被相应地看作是超验的模仿，只不过是被错误地戴上了神圣的光环，并以此来掩饰其缺陷而已。这种圣礼主义是神话性宗教的先天弱点。偶尔渗入到基督教思想和生活中的悲观主义、禁欲主义和神秘主义思想，并不是基督教生而有之的，而是源自理性主义和神秘主义的宗教。自然主义则是基督教—希伯来神话另一个内在的而非外来的反常产物。它保持着希伯来人关于历史是运动的理念，但抛弃了他们关于生命和意义之超验源泉的理念，因而获得了它自立自足的历史。假如说是圣礼主义破坏了现在和未来之间的纵向张力，那么自然主义则是摧毁了具体实在和超越源泉之间的横向张力。

由是，一种充满活力的基督教信仰和生活迫切地需要长期保持自身的健康，以抵御从其自身生活中产生疾病和堕落的危险，保护自己不受非神话性宗教的诱惑而失误。当它自身信仰的神话悖论被消解时，它自身的大多数弱点就会暴露出来；而大部分外界的危险则来自神秘理性宗教的悲观主义和二无论。惟有在其先知源头中重焕青春的活力十足的基督教信仰，才能游刃有余地处理当今时代的道德问题和社会问题；也惟有这样的信仰，才能肯定短暂和世俗存在的重要性，而不会过于屈服于世俗过程的相对事物。只有这样的信仰，才能指明意义的源泉，这源泉超越了一切卑微的只具"存在，停止"之意义与价值的世间万物，而不必向使所有历史都变得不再有意义的外部世界寻求庇护。只有这样的信仰，才能使旧文化的死亡和新文明的诞生更具生命的活力意义，并凭着道德责任感料理这个世界，在这个世界上，各种文化和文明都介入到生死的斗争之中。

二、耶稣的伦理

耶稣的伦理是先知宗教的完美果实。其爱的理想与人类经验的现实和必需之间的联系，完全跟先知的上帝信仰与尘世之间的联系一样。它来源于每一种道德经验，也与每一种道德经验相关联。它内在于生命之中，就像上帝内在于尘世中一样。在它最终的顶点，它超越了人类生命的所有可能，如同上帝超越了尘世一样。因此，既不能将它和厌世宗教的禁欲伦理相混同，也不可将它与精明的自然主义道德相混淆，后者旨在引导善良的人们在此岸获得成功和幸福。但它往往容易跟前者混同，盖因它对于所有自然欲望不妥协的态度；但是它不认为欲望是天生邪恶的。它之所以也可能与后者混淆，是由于在耶稣的教诲中，其爱的理念的超验性是含糊的而非清楚的。这一伦理可以逻辑地从先知宗教的假设中推导出来。在先知宗教中，上帝作为现世的创造者和审判者，既是存在的统一，该统一是存在的基础，也是终极的统一，即善的统一，按柏拉图的说法，这种善是存在的另一方面。只要是现世存在的都是善的，因为只有当混乱为统一和秩序所取代，存在才有可能。可是，现世的统一却受到混乱的威胁，它的意义总是处在无意义的危险之中。因此，对生命意义的最终信心依赖于最终统一的信仰，后者必定超越现世的混乱，正如它是现世秩序的当然基础。

上帝的统一不是静态的，而是现实有效而富于创造性的。所以上帝就是爱！有意识地追求生命统一的欲望，是上帝本性最充分的象征。所有的生命都有责任去爱。从某种意义上讲，受爱的支配而产生的任何伦理和伦理系统都密切相关，因为所有的道德需求都是对和谐统一的追求。生命只有一个目标。自我必须建立有关欲望和需求的内在统一，同时必须与其他个体和团体和谐共处。所以，霍布豪斯（Hobhouse）正确地将"善"定义为"实现生命能力的和谐"[6]。但是，所有自然主义伦理都只限于在混乱中求和谐，在人的自我主义限度内追求可能的爱。寻求在自然层面上将生命相连的世俗伦理，或是基于生命之间存在一种自然的和谐这一幻想（也许是因为在有益的互惠中，自我主义被假设能保持相互平衡；也许是由于理性的自我主义能够克服非理性欲望的低层次冲突），或是它作为人性的基础而被强迫为利己主义的个体和群体之间的冲突作出牺牲。耶稣的伦理与自然主义伦理以及世俗伦理的最大不同，正表现在对待自我主义力量的态度上。自我主义既不被认为是有害的，因为它深深植根于前定和谐之中（亚当·斯密）；也不被认为是软弱无力的，因为理性能使自我主义的无政府状态转化成更高的和谐（功利主义）；同时也不把它视为人类存在的基本现实(托马斯·霍布斯)。

耶稣的伦理根本不处理人类日常生活中所有当下的道德问题——即有关让各种竞争的派别和力量休战的问题。它既不言政治与经济的相对性，也不论权力的必要均衡，即使在最紧密的社会关系中也存在且必定存在这种权力平衡问题。耶稣的爱的伦理的绝对主义和完美主义色彩，使它自身不仅毫不妥协地反对自然的利己冲动，而且也坚定不移地反对必要且精明的自我保护行为，而这些正是他人的自我主义所要求的。它并不想同政治伦理或社会伦理建立一种横向的平等联系，也不想与那种在道德理想与既定境况的事实之间引申出来的谨慎的个体伦理建立一种对角性的平等关系。它只想在上帝博爱意志与人的意志之间建立一种纵向维度。

爱作为上帝品性的精髓，并不是靠争论确立起来的，而是被认为是理所当然的。在先知宗教的信仰中，它被认为是自明的公理。耶稣在惟一一次把它作为讨论对象时说："你们虽然不好，尚且知道拿好东西给儿女，何况你们的在天之父，岂不更把好东西给求他的人吗？"[7]这段话之所以著名，不仅是因为，真正拥有先知宗教洞察力的耶稣在人类世俗存在中、在父母对子女的呵护中，发现了神性的象征，还在于，耶稣看到了这一上帝之爱的象征位于"罪恶"的人中间，而不是位于缺陷的人类中间。在先知宗教中具有强烈对比意义的不是完美与缺陷，也不是短暂与永恒，而是善与恶。可是，由于人类邪恶的意志并非由纯粹有限造成，因而人的生命中总会有神的象征和回音。

在《圣经》另一著名的片段中，自然的公正被认为是神之恩宠的象征。既然上帝叫日头照好人也照歹人，降雨给义者也给不义之徒，那么我们也要爱我们的敌人。[8]这一论证之所以重要，不单是因为将自然中低于道德的方面作为超道德之神恩的象征(由此可以最好地表达先知的想象)，还由于以对神性的效法来作为宽恕敌人的惟一动机是先进的。耶稣没有谈到通过宽恕的实践化敌为友的可能性。但自由主义基督教却在耶稣的训诫中读出了这种社会可能性和谨慎的可能性。

福音伦理的严肃主义及其不向甚至是最无可回避的、"自然的"利己欲望屈服，可以通过分析耶稣对人类生活诸种不同的自然表现所持的态度来得到最好的鉴定。各种形式的自恃都遭到不容误解的仔细剖析和谴责。

自爱的基础本身就是自然的生存志愿。在人身上，求生的动物欲望变成了保护自己反对邻人的直接诱惑。因此，在耶稣的伦理中，对于物质方面的关注是被禁止的："所以我告诉你们，不要为生活忧虑吃什么，喝什么；为身体忧虑穿什么。生命不胜于饮食吗？身体不胜于衣裳吗？你们看那天上的飞鸟，也不种，也不收，也不积蓄在仓里，你们的天父尚且养活它。你们不比飞鸟贵重得多吗？……所以不要忧虑说，吃什么？喝什么？穿什么？这都是外邦人所求的。你们需要的这一切东西，你们的天父是知道的。"[9]精明的良心会马上对这些话产生反感。没有人可以在完全不顾及基本生存物质的情况下生活。因此，那些试图使耶稣的伦理成为精明行为之引导的人焦急地指出：在这些教条下的有关上帝恩宠的天真信仰，更多是与巴勒斯坦简单的农业生活而不是与现代城市复杂的经济生活密切相关。但必须指出的是，即使在简单的农业社会，这些信仰也不可能被绝对遵守。事实上，这段话包含了基督伦理中那种完全缺少精明的严肃主义，而这种严肃主义也一次又一次地反复出现。

自我最自然的膨胀方式是通过占有表现出来的。所以，作为一种自恃的方式，对占有的爱满足了同样毫不妥协的严格精神。"不要为自己积攒财宝在地上……因为你的财宝在哪里，你的心也在哪里……一个人不能侍奉两个主……你们不能又侍奉上帝，又侍奉玛门（即财宝）。"[10]这里，伦理的宗教性倾向表露得清晰无疑。对于占有的渴求是一种分心，这种分心使得对上帝的敬爱与服从变得不再可能。而上帝要求的恰恰是绝对服从。因此，年轻富有且位高权重的统治者被劝诫道："变卖你所有的，分给穷人。"[11]此话曾被用来确立禁欲主义伦理的基础，但这并不意味着它就是耶稣思想中的一条原则。比较而言，它更像是对于完全献身于天国的一种检验标准。从同样的角度出发，贫穷的寡妇应当比那些只贡献出多余之物的信徒受到更多的赞扬，因为她"献出了其所有"[12]。从某种意义上讲，关于豪宴的寓言正是出于相同的观念。在那次豪宴中，一些客人自动退席。因为他们提前占有了他们所买的土地与牛羊，事先拥有了新婚妻子。[13]在所有事例中，对于财富的态度不是由任何社会道德

的考虑来决定的，而是出于财富乃使人分心的源头这一信念。耶稣
对于财富态度的要旨可以最简洁地表述如下："你的财宝在哪里，你
的心也在哪里。"

在耶稣对骄傲——尤其是善人之骄傲——的痛责中，可以找到
对于自爱品格之最为透彻的分析。骄傲是自爱的一种精巧形式。它
的基础并不在于贪婪之徒所追求的那些物质利益，而是在于社会的
认同。耶稣对于法利赛人的责难，部分是直接针对他们社群性的骄
傲的。"他们所做的一切事都是要叫人看见……喜爱筵席上的上座，
会堂里的首位，还喜爱别人在街市上问他安，称呼他拉比（即先
生）。"[14]对于豪宴上客人的劝告也是出于同样的精神，在一个法利
赛人的首领家里，"耶稣见所请的客挑选上座，就用比喻对他们
说……请你的时候，就去坐下座。……因为，凡自高的，必降为卑
下；凡自卑的，必升为高贵"[15]。在这一事例中，耶稣不经意间同
时在宗教层面和精明的道德层面证明了克服自傲的理由。应该指出
的是，为达至崇高社会地位的骄傲努力实际会导致敬意的丧失，而
谦逊则会获得社会的认同："请你来的人来对你说：'朋友，请上
座。'那时，你在同席人面前就有光彩。"[16]有关审慎这一注解在某种
程度上与基督伦理中通常具有较纯的宗教色彩有所不同。在下面这
段话中也可以找到同样的强调："你们中间，谁愿为大，就必作你们
的佣人；在你们中间，谁愿为首，就必作众人的仆人。"[17]骄傲是自
我主义的一种形式，它会腐蚀所有那些拥有一些卓尔不群的学识和
成就的人的灵魂，以至于使他们忘记了他们普通的人性和在上帝眼
中与常人一样的卑微。但精神上的自豪和自信——它不能从相对的
美德中察觉到原罪的成分，人们是按照道德法典行事才获得这些美
德的——则属于另一个范畴，必须另外来考虑。

耶稣对于报复的态度和宽恕敌人的训谕，比他的伦理中的其他
部分更为清楚地反映了他对各种形式的自恃的毫不妥协的姿态，在
所有自然主义道德中，自恃都得到社会与道德的认同。对非正义的
憎恨既是所有矫正正义的基础，也是各种正义的一种自我中心的堕
落。一切对谋杀的公共惩罚不过是早期血亲复仇的改进而已。早期
的公社允许甚至鼓励血亲复仇，是因为人们感到，在公社中对于生
命的残害是不对的；然而，它将惩罚的权力交给死者的血亲之手，

因为受害者家庭对于复仇的渴望远远比公社对谋杀者的冷静批评更为强烈有力。从最初对血亲复仇的禁止到矫正正义的最后修正，报复情结中的自我主义因素一直不可避免而又危险地掺杂在对正义的热爱之中。它之所以无可避免，是因为人们从不会如此严肃地审判非正义，虽然非正义的确应该被如此审判，除非是自己的，或是自己亲人的生命受到其侵害。而其所以危险，是因为报复情结不是出于对所有生命的热爱，而仅仅是出于对某一特殊生命的偏爱，因此，它可能在寻求正确答案之时常常会伤害他人的生命。但是，不管它是多么危险，仍然不可避免。当自我处于危险或是成为非正义之牺牲品时，自恃就会作为一种自然的冲动而显露出来，即使那些知道其危险并反对其逻辑的人，也会显露出同样的冲动。

无论是报复情结的不可避免性，还是其在当下情形中具有道德或社会层面的合理性，都不能限制耶稣的严肃主义立场。人们应该"爱他们的敌人"，"不仅要宽恕别人七次，而且要永远宽恕别人"，要容忍罪恶，不予回击，要不断让步，去祝福诅咒你的人，要对恨你的人行善。在所有的训谕中，抵抗和憎恨都是不允许的。当别人侵犯你的利益时，自我不应当维护自身利益，也不要怨恨自己所面对的不公正。如果每年成千上万的说教能对世人在瞬间情况下的不可能履行上述这些伦理要求提供一些建议的话，现代的教士们就可以剩下不少多愁善感了。在任何地方，耶稣的伦理都与典型社会境况下人们的欲望没有更明显的冲突，也与此种社会境况中常人的必然需求没有更明显的矛盾。

对这些要求的证成应当归于纯粹的宗教范畴，而与社会道德无关。我们之所以应当宽恕，是因为上帝宽恕[18]，我们之所以应当爱我们的敌人，是因为上帝之爱无私无畏。人与上帝的关系是纵向的，而不是横向的。无论自然的欲望，还是社会的影响，都不应该考虑进去。当然，绝对的伦理态度总是需要考虑所可能造成的社会影响。对敌人的行善可以使人迅速超越憎恨；而宽恕罪恶可以是一种赎罪，它要求宽恕本身达到最大限度的审慎。然而人们必须认识到，考虑社会影响并不能完全证明耶稣的所有要求都是合理的。不抵抗既可能使侵略者感到羞愧而放下屠刀，但也可能使他的兽性膨胀。进一步说，如果行为被认为是受社会影响所发动的，那么，它就难以保持纯洁性从而保障这些社会影响，而后者被认为是用来证明这些行为之正当性的。基于这一悖论，纯粹的精明道德被彻底击碎。因此，基督警告那些因"在你的名义下，罪恶向我们屈服"而欢呼的门徒们，不要为成功而狂喜——"不要因魔鬼服了，你们就欢喜，要因你们的名记录在天上而欢喜"[19]。我们可以对这一训诫作如下的解释：不要满足于对现实罪恶的胜利，而要使你的生命与其终极的本质相一致。耶稣对通奸妇女的态度以及对自信之判断的厌恶之言——"让无罪的人扔出第一块石头"——表明耶稣对悔悟的看法是与其宽恕的观点紧密相连的。我们应当宽恕那些破坏社会的人，这不仅因为上帝宽恕了他们，还在于我们知道，在上帝眼中我们也是罪人。这种对正义者罪恶的洞悉和强调来自宗教观点，但它与社会问题切实相关。对犯罪处以惩罚的社会从来没有认识到它本身也会被其所憎恨和处罚的罪恶所污染，而且也对这些罪恶负有责任。然而，无条件地坚称将无罪视为拥有处罚犯罪权的前提条件，会使任何用于维持社会秩序的方法都失去效力。因此，从这种耶稣的宗教道德洞悉中，不可能建立一个社会道德体系，就好像托尔斯泰反对监狱和其他形式的社会刑罚的想法只能是空中楼阁一样。即使审判的执行官也是自以为是的罪人，他们意识不到自身与其设法镇压的罪恶有很大程度的关联，社会也必须惩罚罪犯，或者至少应当将他们隔离。但是，从更高的层次来看，这一事实并不能否定如下深刻见解：审判与犯罪同时具有相对的善与恶。

　　将耶稣的宗教伦理思想纳入到实际的社会道德或政治道德系统这一努力，会使耶稣的道德见解的深刻穿透力大大减弱。例如，在自由基督教反对"不抵抗"教规的时候，耶稣的宗教伦理变成了仅仅对反对暴力的辩护而已，它无法提供一种视角，让人们从中发现抵抗、冲突与高压政治的罪恶。它的应用只会加强人们的道德自满，而不能促使人们的道德悔悟，这对于那些让罪恶从自以为是身旁流走、从而使罪恶鲜为人知的人群而言尤为明显。这便是自由基督教在基督教和平主义拥护时所承受的悲哀，它很大程度上服务于那些具有经济实力去采用更为暴力的高压手段的社会群体，而他们也由此被谴责为是反基督教徒。

　　在耶稣伦理中，爱的绝对主义既以一种普遍主义——反对一切人类同情的狭义形式——来表达，又以一种完美主义——保持一种批评的活力，用以反对自以为是最精致必然的形式——来出现。在那些要求邻居的生命应当比出于自然的人类同情得到更大肯定的训诫中，可以发现普遍主义的因素。局限于血缘关系或亲密团体中的爱被认为是缺乏特殊价值的："你们若单爱那爱你们的人，有什么赏赐呢？就是税吏不也是这样行吗？"[20]爱之所以得到推崇，是因为上帝是博爱的。在托雷（Torrey）教授最近对四大福音书的翻译中，《马太福音》5 章 48 节被翻译成完全符合耶稣思想逻辑的语言："良知包含所有，因为天父包含所有。"[21]

耶稣伦理中的普遍主义和斯多葛学派的普遍主义有着种种亲缘关系，但两者也有着重要的差别。在斯多葛主义中，生命超越狭隘的阶级、团体和种族界限是确然的，因为所有的生命都揭示了统一的神圣原则。既然神圣原则就是理智，那么斯多葛主义的逻辑也只包括神圣团体中的智者。因而，贵族式的谦虚会有损斯多葛学派的普遍主义。在耶稣的思想中，人们之所以应当被爱，不是因为他们同样神圣，而是因为上帝平等地爱他们；而他们之所以应当被宽恕（爱的最高形式），是由于所有人（包括自我）与上帝的距离都一样，并同样都需要他的关爱。斯多葛学派与福音伦理的这一差异非常重要，因为它标志着泛神论与先知宗教的真正差别。对人类的最终道德要求永远不能用存在于人类生活中的实际状况来确定。这些道德要求只能由一个整体、一个可能的、超越人类存在的、神圣的本体来确认。人类社会的秩序因混乱而危险异常，人类的良知因罪恶而过于堕落，人类的种种可能性也因自然的障碍而过于模糊，以至于无法使人类秩序、人类美德以及人类可能性成为道德律令的坚实根基。

耶稣思想中的普遍主义特征可以从他对家庭的批判性态度中得到进一步加强。耶稣对家庭的这一批评态度十分重要，因为他在家庭伦理方面并不是一个禁欲主义者。相反，他对于家庭关系有一个圣礼化的概念。可是，对家庭的忠诚则被视为是达至更高层次之忠诚的潜在障碍。在谈到其家庭成员时，耶稣近乎无情地说："谁是我的母亲？谁是我的弟兄？……凡遵行上帝旨意的人就是我的弟兄、姊妹和母亲了。"[22]出于同样的精神，他对那位想保留门徒身份直到尽完最后一份孝行的青年提出了忠告:"任凭死人埋葬他们的死人"[23],以及提出毫不妥协的言辞:"爱父母过于爱我的不配做我的门徒。"[24](在《路加福音》14 章 26 节中有一段更为无情的话,"人到我这里来,若不爱我胜过爱自己的父母、妻子、儿女、弟兄、姊妹和自己的性命,就不能做我的门徒"。)当然,这不是一种能够为我们就社会道德的细节问题提供特殊指引的伦理,在社会道德中,家庭、团体、阶级以及国家的相对权力必须经常受到制衡。几乎每个人都会同意卡尔·巴特的看法,他认为,这一伦理"既不适用于当代社会的问题,也不能处理任何假想社会的问题"。它惟有凭借一个纵向的宗教引导才能朝向上帝的意志,而上帝的意志是以爱来定义的。通过与上帝意志的爱的方面的对照,人类自我主义世界中的种种现状以及由此产生的非正义与暴政,都被充分地暴露。这样,我们可以更清楚地观察现实,并且认识到自然的世界同时也是罪恶的世界。但是,在上帝之城来临之前该如何控制这个罪恶的世界,我们没有得到任何建议。耶稣的伦理可以为处理当前现实问题的、精明的社会伦理提供有价值的见解和批评资源;然而,任何这类社会伦理都不能直接从纯粹的宗教伦理推导而出。

如果有人对耶稣伦理中主要的纵向宗教关系有疑问,他们完全应该全面地思考一下耶稣对于报应这一伦理问题所持的态度。在此,耶稣伦理中的彻底严肃主义与不精明的特征显露无遗。在耶稣的教诲中,对上帝的服从必须是绝对的,而且不能受任何不可告人的想法影响而发生动摇。施善举不必在人前,行祷告无须在集市,这样便可以超越试图通过宗教虔诚与善行而获得社会赞同的诱惑。[25]应当避免出自相互利益的善行:"你摆设宴席,倒要请那贫穷的、残废的、瘸腿的、瞎眼的,你就有福了!因为他们没有什么可报答你。"[26]对上帝的礼拜不仅应当不抱有获得任何具体或明显的回报希望,而且应当甘愿以牺牲、舍弃、损失作为代价。"不背着他的十字架跟从我的,也不配做我的门徒。"[27]天国被描述成一颗无价的珍珠,或藏在地底的珍宝,必须要人们付出所有来换取[28]。假如任何天赋或特权将成为完全忠诚于上帝的障碍,就必须严厉地否弃之:"倘若你一只眼叫你跌倒,就把他剜出来丢掉。你只有一只眼进入永生,强如有两只眼被丢在地狱的火里。"[29]在所有这些强调的话里面，没有考虑从善行中可能获得当下的具体利益，或者对它们的考虑已被明确地排除。这种伦理要求对上帝意志绝对服从，而从不考虑这些道德行为所产生的后果。而在任何世俗伦理中，这些后果都是必须要考虑的。

必须承认，这种严肃主义似乎是以某种报应的承诺来作为保障的。这种报应属于两个范畴。其中一个是关于"正义复活"的终极报应；另一个可能是对世俗道德的让步。仁慈的人将受到仁慈的待遇（这意味着来自上帝或是来自人类?）。用什么容器量给别人，别人也必用什么容器量给你；以及，如果不去判断别人，自然不会被别人判断。[30]这意味着上帝是根据人们对其同侪的态度来对待人类的（在"末日审判"的寓言中，耶稣建议人应体谅他人）。但是，这同样意味着耶稣将注意力放在所有社会生命互惠的特征之上。在此，挑剔将惹来批评，骄傲最终招致不敬，而谦卑则会赢得尊敬（"凡自高的，必降为卑下；凡自卑的，必升为高贵"[31]）。作为耶稣伦理之基石的伦理悖论，"得着生命的，将要丧失生命；为我丧失生命的，将要得着生命"[32]，也是如出一辙。这一悖论仅仅提醒人们留意一个事实：自我主义往往自拆台脚，而自我牺牲将导致更高层次的自我实现。因此，利己主义从来不被认为是合理的，但自我实现作为无私行为所带来的无意识而必然的结果则得到了认可。

这种对耶稣教诲的特征刻画将耶稣伦理与世俗伦理勾连起来。这种特征刻画甚至使耶稣伦理与功利主义伦理建立了联系，后者认为，通过实现一种追求"大多数人的最大幸福"的自私自利，可以化解爱人与自爱之间的冲突。然而必须要记住的是，在由人类自然状态和历史状态构成的现实社会中，自我实现从来不可能通过自我牺牲来达成，除非自我实现的意义完完全全有别于通常的肉体生存。历史能让烈士的英名永垂不朽，但它显然不能保证忠厚之人因其忠厚而富有，也不能保证无私之人因其慷慨而成功。在这个世界上，总是有这种可能，因为人类世界正是在它的混乱中包含了终极统一的种种象征。但是，这不是一个纯然统一的世界，并且，对于爱的需要既会引致自我的解体，也会导致在更高层次的自我实现。

也许，耶稣所有关于报应的思想只存在于末世论的范畴之内。他的意思可能是说，上帝会对仁慈之人仁慈，会提升卑微之人，会给予那些为国牺牲的人以生命。在耶稣的教诲中，许多关于报应的承诺，都清楚地以这种最终报应的形式出现。那些弃离家室的人得到许诺："没有在今世不得百倍，在来世不得永生的。"[33] 在关于天才的寓言中，驯服的仆人拥有"权柄管十座城"[34]。遭受辱骂的人将得到在天国获大回报的承诺与希望。[35] 富有的青年则被允诺，如果他对上帝的完全服从能使他放弃所有财产的话，他将在"天国拥有财富"[36]。

所有这些对终极报应的许诺与福音伦理的严肃主义绝无冲突。前者仅仅证明了，即使是最不妥协的伦理系统也必须将其道德要求建立在现实的秩序之上，而不仅仅是建立在可能性之上。从某些方面、某些程度而言，世界的整体性必须是或者必须成为既有的事实，而不仅仅是一种可能；它所要求的行为也必须与现实相和谐，而不是相冲突。这些保证可以一直成为"超验快乐主义"的基础，并且能够说服信徒以有限的金钱为代价，去寻求终极的回报。但是，这种对于终极回报的态度不会使许下承诺的宗教失去信誉。它只是证明了人类的自我主义可能摧毁终极的希望，并且使它们成为利己主义的基础。人类的罪恶最终以摧毁人类精神终极希望的努力而表现出来，这真是既可悲又自然。

在福音伦理中，对报应作承诺的末世论特性，很自然地提出了这一伦理与末世论之间的关系问题。如果说，末世论伦理是指一种"临时的"伦理——一种在上帝之城来临之前暂时追随的伦理，一种因世界末日即将到来而对此世持冷淡与轻蔑态度的伦理——的话，那么，耶稣的伦理肯定不属于这一范畴。

在许多福音伦理的严肃主义表现得最为坚决的章节中，天启的迫切特征却十分稀缺。[37] 实现绝对伦理所要求的动机非常简单，就是对上帝的服从，或是对其神性的模仿。但是，这里并没有暗示说现实世界因其短暂而应受到蔑视。在圣保罗那里，尤其是在他的家庭伦理观中，这种临时的动机更为明显。[38] 现实世界的秩序即将遭受破坏的信念，使他并不关心讨论世间事物的关系，后者的意义在于此世的持续。而基督对家庭的看法则全然不同。从整体来说，耶稣对家庭伦理的观点是符合圣礼的（"上帝所连接的使人不分离"）。它与禁欲主义相近之处在于，比如说，在对通奸行为中淫欲的鉴定上，其严肃主义的特征与天启的因素就毫不相关。它仅仅是整个思想体系中所有对动机要绝对纯洁的强调的一个和谐的组成部分。

不过，末世论因素不仅存在于耶稣思想中，而且是耶稣思想的基础。耶稣所提出的伦理要求在现实世界中是不可能实现的。它们来自一个神圣超验的、本质实存的整体，且只有当上帝将现世的混乱改造成终极统一时，才能达到最终的实现。这一思想的逻辑明显受到了犹太预言中晚期天启思想的影响。在那里，对于"黄金时代"和"完满时代"的希望变成了对世界末日的预期。这些晚期天启思想是道德生活中内在逻辑的必然结果。这一逻辑认识到，人类精神的终极道德要求来自一个整体，这一整体超越了人类发展中自然与历史秩序的所有可以想象的可能。将完满实现的日期推至世界末日而不是当下，此种做法保存了先知宗教本来的天才面目，并且神秘地阐述了无法用理性表达的东西。若从理性的角度出发，世界可以划分为短暂与永恒两部分，而只有超越了当下之流的永恒部分才具有意义。若从神秘的角度出发，永恒只有在短暂的尘世中才可能实现。然而，既然神话被强迫用暗示着历史发展顺序的思想范畴来阐发现实的矛盾性，它就总是会走向历史的错觉。耶稣和保罗一样，都无法避免历史的错觉。耶稣希望弥赛亚（即救世主）的天国能在他有生之年来临；至少看起来在他牧师生涯的危机出现之前他曾经有这样的期望。即使当他面对着苦难而非胜利之时，他也仅仅是把最终的胜利往后稍稍推迟而已，推迟到一个最为接近的日子。[39]

这样，在一种特殊的历史解释中，天启主义可以被视为耶稣的宗教与伦理的结果，而并非原因。天启是关于一切人类生活所承受的不可能之可能性的一种神秘化表述。在不可能总是真正可能的意义上，上帝之城会随时降临，并且使既有的历史走向新的现实。然而，在事实发生之后，每一个历史事实发现自身只能大致接近理想；所以在现实中无法找寻上帝之城。事实上它总是临近，但永远不会出现。

人的精神会发现自我，对这种情形加以神秘化的阐述将无可避免地导致历史的错觉，但这一错觉并不会损害神话中的真理；与发现人的堕落并非是实际的历史一样，这仅仅是破坏了堕落故事中的神话化真理。然而必须承认的是，早期教会中伦理的严肃主义特征，是通过耶稣的复活与上帝之城降临的希望而得以维持的。当耶稣复活的希望逐渐减弱，基督教伦理的严肃主义特征也将随之消失。同时，那些被迫与种种政治经济关系以及直接的生活需要达成妥协的教会，也只好向这些关系作出不必要的妥协，而这些关系常常会危害先知宗教最优异的天赋。但是，这些来自对历史进程的错觉和当错觉消失时必须作出的修正，并不会摧毁先知宗教观点的根基。他们仅仅把基督教伦理与关于妥协的问题、关于在人类状况的种种可能下、在此世创造和保持暂时生命和谐的问题，放在一起重新表述，然而与此同时，它保留了对所有人类关于不可能之可能性的控诉——这就是爱的准则。

据我所知，在此之前的两次 Rauschenbush 讲座上，人们都从耶稣的伦理出发，对所谓追随君士坦丁堡的教会之变节行径提出否定的观点。在其中一次讲座中[40]，早期教会的严肃主义被认为应当保持而且必须不惜一切代价重建。但该演讲并不了解，早期教会独特的伦理策略在多大程度上依赖于对历史的错觉。而在另一次讲座中[41]，教会的妥协仅仅被解释为基督教教义为适应新形势所做的必要调整。卡斯(S. J. Case)博士声称："大范围的社会责任在古代仅仅很模糊地被人们所认识。然而，不论个人多么忠诚于基督教传统，他仍会常常发现，在现实中遇到棘手问题时，基督教传统无法作为其所有行为的指导。即使是个人行为问题，在耶稣时代以后的社会发展中也以许多新的面貌出现。"[42]福音伦理独一无二的严肃主义由此被归于特殊的时代与地域环境——例如，与我们今天的工业社会之复杂相比，农业社会就相对简单多了。而认为我们处理的是可能而精明的福音伦理这些解释，同样是源于对自由主义的错觉。一方面，尽管我们生活的每一分钟都在告诉我们它不可能，但这种毫无实用的伦理仍然被宣扬；另一方面，其必要的妥协被视为仅仅是为适应变化了的时间与环境所做的调整。但在以上这两方面，基督教伦理的核心问题皆得不到清晰的表述。

人类生活的所有维度不仅包括一个不可能的理想，而且包括种种罪恶的现实。后者远比简单的不完美多得多，而且它证明了这种理想远不止是近乎病态敏感的宗教狂热的产物。人类生活中任何逊于完美之爱的事物都会损害生命。所有不依据爱的准则而生存的人类生命，都必定受到末日将近的阴影控制。原罪的代价是死亡。当代文明的非正义以及国家意志之间的冲突造成了对当代文明的破坏，这仅仅是世上罪恶破坏的一方面及表现。

面对着这种境况，人类总是面临双重任务。其一，减少世上的独裁，从而获得某种当下可以承受的秩序与统一；其二，在批评和终极理想的监督之下，建立一些暂时且不甚牢固的统一与成就。一旦这些统一与成就不再受以上挑战，它们原本的善将会转变成恶，并且每一种短暂的和谐将会成为新独裁的根源。在奥古斯丁的教导下，我们必须认识到，世界的和平是通过战争得到的。这不是说我们要拒绝暂时的和平，或是把它作为最终结果接受。上帝之城的和平能使俗世之城的微少且不甚牢固的和平得到利用并得到增进；然而，这只有在将俗世的和平与上帝的终极和平清晰地区分开来的前提下才能做到。

注释

[1] 别尔嘉耶夫（Berdyaev）对于神话的有效性有一个有趣的说法："神话是一种比观念伟大得多的现实。现在该是我们停止将神话等同于创造、等同于原始智力的幻觉的时候了……在神话的背后，隐藏着最伟大的现实、精神生活的原初现象……神话总是具体的，而且能比抽象的思想更好地表述生活……神话向我们展现自然中超自然的东西——它将两个世界象征性地融为一体。"（《自由与精神》，70 页。）

[2] 参见索德布罗姆（Nathan Soderblom）：《天启的本质》，1～56 页。

[3] 索德布罗姆：《天启的本质》，61 页。

[4] 约翰·欧曼（John Oman）：《自然和超自然》，427 页。

[5] 莫里斯·科恩（Morris Cohen）：《理性和自然》，146 页。

[6] 霍布豪斯（L. T. Hobhouse）：《理性的善》，161 页。

[7]《马太福音》，7：11。

[8] 参见《马太福音》，5：45。

[9]《马太福音》，6：25～32。

[10]《马太福音》，6：19～24。

[11]《马太福音》，19：21。

[12]《马可福音》，12：44。

[13] 参见《路加福音》，14：16～24。

[14]《马太福音》，23：5～7。

［15］《路加福音》，14：7～11。

［16］《路加福音》，14：10。

［17］《马可福音》，10：43。

［18］参见《马太福音》，18：23。

［19］《路加福音》，10：20。

［20］《马太福音》，5：46。

［21］查尔斯·C. 托雷（Charles Culter Torrey）：《四大福音》，12 页。

［22］《马可福音》，3：32～34。

［23］《路加福音》，9：60。

［24］《马太福音》，10：37。

［25］参见《马太福音》，6：1～6。

［26］《路加福音》，14：13～15。

［27］《马太福音》，10：38。

［28］参见《马太福音》，13：44～46。

［29］《马太福音》，18：9。

［30］参见《马太福音》，7：1。

［31］《路加福音》，14：11。

［32］《马太福音》，10：39。

［33］《路加福音》，18：30。

［34］《路加福音》，19：17。

［35］参见《马太福音》，5：11。

［36］《路加福音》，18：22。

［37］参见《马太福音》，5：29；6：20；6：31；10：37；12：48。参见《路加福音》，18：42。

［38］参见《哥林多前书》，7：27～29。

［39］参见《马太福音》，10：23，“以色列的城邑，你们还未走遍，圣子就出现了”。

［40］参见查尔斯·C. 莫里逊（Charles Clayton Morrison）：《社会福音与基督教礼拜》，第 6 章。

［41］参见谢尔利·J. 卡斯（Shirley Jackson Case）：《早期教会的社会胜利》。

［42］谢尔利·J. 卡斯：《早期教会的社会胜利》，12 页。

选译自［美］莱茵霍尔德·尼布尔：《基督教伦理解释》，第 1、2 章。

纽约，哈珀与罗出版公司，1935。张国栋译，万俊人校。

《人的本性与命运》（1941—1942）（节选）

一、为人之难

（一）为人之难

人总是有他自己最烦恼的问题。他应怎样思考自己？他对其成长、美德或者他在宇宙中的地位的每一种断言，如果细作分析的话都可能陷入矛盾。这种分析揭示了一些预设或内含，而这些预设或内含又似乎否定了这一命题意欲肯定的东西。

如果人坚称他是自然之子，并且他不应当装作远远高于动物（他本来显然如此）的话，他就默认了他至少是一种有倾向也有能力表现这类自负的古怪动物。另一方面，如果他坚称他处在自然中独一无二的位置，并且要将其理性能力作为其优越之处的证据，那么，在其独特性的炫耀中通常会流现出一种焦虑的迹象，此迹象显露了他与野兽之间血亲关系的无意识感觉。在达尔文式的争论中，在传统主义者对达尔文论点的抵制中，此种焦虑所表现的热情与敌意均表明这种焦虑的迹象具有一种极端的重要性。而且，评价他理性能力之意义的努力也意味着一种超越他自身的程度，这种程度在"理性"通常所涵盖的范围内并没有给予充分的界定或解释。因为人在估量自己理性之意义时，在某种意义上是超乎"理性"的，且有着超乎形成一般概念的能力。

如果人将其独特性视为理所当然，他立刻就会卷入有关他的德性的问题和矛盾之中。如果人相信他自己在本质上就是善的，并且将人类历史上所公认的那些恶行都归咎于特殊的社会和历史因素的话，他就必然会对这类问题展开追问；因为最近的研究揭示出，所有造成那些恶行的特殊历史因素都只不过是人类自身邪恶倾向的具体结果和历史外表而已。如果不这样预设人类的这种邪恶能力的倾向，它们根本就不可能被理解。另一方面，如果人对自身持乐观结论，他作出这些判断的能力似乎就否定了其判断的内容。如果人自己知道自己是本质邪恶的，他又如何可能在本质上是邪恶的呢？当这种终极主体、这个完美的"我"超越那些将自身作为客体的蹂躏性判断时，其特征又是什么呢？

如果我们转向人生价值的问题，去问问生活是否值得，人之特征问题的性质就会显露出：该提问者在某种意义上就必须能够置身于给予如此判断和评估的生活之外且超越之。人不仅可以通过实际上的自杀，而且也可以通过精心阐释那种否定生命、把诸如涅槃这种"无生命"的永恒当作生活之惟一可能的目的的那些宗教和哲学，更清晰地显露这种超越。

那些猛烈地攻击宗教之彼岸世界的人们是否像他们的批评所证明的那样已然充分意识到，那种否定生命的错误对人的成长究竟意味着什么？那些能够否定"生命"的人必定不是某种不同于纯粹生命体的东西。劝说他不要否弃自然生命和历史存在的每一种努力，都意味着他对自然生命和历史拥有一种优越性；否则他就不可能去尝试那种被劝诫不要去犯的错误。

关于人在宇宙中的位置也具有同样的悖论。因为，由于自以为占据了宇宙的中心，人总是周期性地感受到良心的不安和眩晕。每一种生命哲学都涉及反人类中心论的倾向。甚至以上帝为中心的宗教都相信，造物主饶有兴致要把人类从其独一无二的困境中拯救出来。然而，人周期性地得到忠告，且人也在告诫自身要节制自己的狂妄，要承认自己只是一种在一个次级恒星系统中的次级行星上不稳定地生活着的小动物。某些现代人相信，这种谦虚是现代人的本性，也是他在广阔星际空间中所发现的结果；但是，现代宇航员并不忏悔："我仰望你指头所造的天，并你所陈设的月亮星宿，便说，人算什么，你竟顾念他？世人算什么，你竟眷顾他？"（《圣经·诗篇》，8：3；8：4）然而，人们所由之判断其自身无意义的优越之处却是一种相当重要的优越性。这个事实在现代人那儿依然存在，他们在无垠宇宙面前的谦虚，很大程度上又被他们在发现了这种无垠时所产生的骄傲所抵消了。现代诗人斯温伯恩（Swinburne）就曾凯旋般地吟道：

　　　　人的知识之印确凿无疑，真理与他的精神如莲并蒂……

　　人的荣耀至高无比！因为人是万物的主人，经天纬地，这证明人关于世界的知识的进步不会减弱人的傲慢。

　　虽然这些人的自我认识的悖论不会被轻易还原为更简单的公式，但它们都指出了关于人的两个事实：其中一个事实很明显，而另一个则不太明显。通常来说，这二者也并未受到人们同等的关切。一个明显的事实是：人是自然之子，屈从于自然的变迁兴衰，受自然的必然性驱动，为自然冲动所驱使，其生命被限制在短暂的时间内，在这段短暂的时间里，自然只允许其多样的有机形式拥有并不多的自由。另一个不太明显的事实则是：人又是一种置身于自然、生活、他自身、他的理性以及世界之外的精神存在。后一事实在其不同的方面为不同的哲学所赏识。然而，该事实在总体上并不为人们所赏识。在某种程度上，立于自然之外的人甚至为那些尽力使自己与自然靠近的自然主义者们所认同。他们至少承认，人是组织人，是一种会制造工具的动物。立于世界之外的人也被理性主义者所承认，如亚里士多德，他把人定义为有理性的动物，并把理性解释为创造一般概念的能力。但是理性主义者并不总是理解，人的理性能力涉及一种人自身之外的更高的能力，一种自我超越的能力，使其成为自身目标的能力，这是一种通常不能完全为"理性"或"奴斯"或"推理"或任何其他为哲学家们通常用来描述人之独特性的概念所把握和暗示的一种精神属性。

　　要公正判定人的独特性以及人与（在人之下的）自然世界的亲密

关系究竟有多么困难？已为那些哲学的几乎不变的倾向所证明，这些哲学通过神圣和不朽过早地、不成熟地描述并强调了人的理性能力，或强调人忘却与自然的联系并保持自身同一的自我超越能力；当然，抹杀了人的独特性的自然主义哲学的倾向也证明了这一点。

(二)古典人性观

虽然人总是自身的一个问题，但现代人却由于过于简单且不成熟的解答而恶化了这一问题。不管是理想主义者，还是自然主义者，也不管是理性主义者，还是浪漫主义者，现代人都是以其自身的简单确定性为特色。人对自身的理解越来越成问题，因为这些简单的确定性要么彼此矛盾，要么与明显的历史事实特别是与当代历史事实不符；而且，这些简单的确定性要么受到历史的争议，要么受到众所周知的事实的挑战。现代文化，即自文艺复兴以来的文化，在对自然的探索上被称誉取得了最伟大的进步，然而，在对自身的理解上却被贬斥是糊涂之极，这种断言并非不公正。或许，这种称誉与贬斥在逻辑上互有关联。

为了充分估价有关人性的现代冲突，有必要将现代论与形成西方文化中传统的人性观历史地联系起来。所有现代的人性观都是两种主要的不同人性观的相互适应物、转化物和混合物。这两种人性观是：(1)古典人性观，即古希腊罗马世界的人性观；(2)《圣经》人性观。重要的是不要忘记，虽然这两种人性观有重大区别，并且在一定程度上不可调和，但它们实际上已在中世纪天主教的思想中达于融合(这种融合的完美表述，可以在托马斯对奥古斯丁思想与亚里士多德思想的综合中找到)。现代文化史真正始于这种综合的解构，表征于唯名论，并成就于文艺复兴和宗教改革。在解构这种结合的过程中，文艺复兴提取了古典思想元素，而宗教改革则试图使《圣经》从古典元素中解脱出来。自由基督教主义则是一种统合这两种元素的努力(总体而言，这是一次失败的努力)。事实上，这两种元素的共同点实在太少。在现代思想以广义的自然主义为导向对古典人性观进行重新解释和改造后，这两种观点(古希腊罗马人性观和《圣经》人性观)的共同性几乎不复存在。由此，现代文化成为两种对立人性观的战场。这种冲突难以和解。它只能在一场或多或少对古典人性观进行现代化的彻底胜利中才得以终结。但是在最近的日子里，这种现代化的胜利所面临的威胁不是来自外部敌人，而是来自其自身内部的混乱。要证实以上对该问题的分析，至少需要对古典人性观和基督教人性观有一个大致的初步分析。

古典人性观主要由柏拉图学派、亚里士多德学派和斯多葛学派有关人性的观念组成，后者当然涵盖着不同的重点，但就其共识而言，古典人性观又被视作一个整体。该共识是：人主要是根据其理性能力的独特性观点来被理解的。人最独特的就是他的"奴斯"。"奴斯"（nous）可以翻译为"精神"，但它主要强调的是思维能力和理性能力。在亚里士多德那里，"奴斯"是纯粹理智活动的工具，是从外部世界进入人类自身的普遍且不朽的法则。只在"消极"与"能动"的区别中，理性才涉入并屈从于具体物理生物体的个性。通过亚里士多德对"奴斯"的自我意识能力的明确否定，我们才可以充分了解到亚里士多德的"奴斯"是如何富于理智的。除将事物作为意识的对象外，它（"奴斯"）不会将自身当作自身的对象。"单凭参与认知，心灵无法了解自身；惟在接触和认知过程中，心灵才开始被人有所认识，同样，心灵和心灵之物也是如是。"[1]这种解说与亚里士多德的神圣意识概念对照时更凸显意义，亚里士多德的神圣意识概念只是按照自我认识来表达的。

在柏拉图那里，奴斯或逻各斯与灵魂没有十分明显的区别，这与亚里士多德不同。相反，在柏拉图这里，奴斯或逻各斯乃是心灵中的最高要素，其他两个要素是：精神要素和本能要素。在柏拉图和亚里士多德那里，心灵和肉身有着巨大的区分。肉身是统合且有序的原则，是"逻各斯"的载体，它为精神生活带来和谐，而"逻各斯"则是世界的创造和形成原则。希腊形而上学的假定自然左右其人的学说；而且自巴门尼德以来，希腊的哲学一方面既假定存在与理性同一，另一方面又假定，理性对某些根本无法彻底驾驭的不定形或未定形的质料也产生作用。在亚里士多德的思想中，物质是"一种残余物，即为理性所陌生和无法自我认识的非存在，在阐明从事物到形式和概念的过程之后，这一残余物就一直存在着。这种非存在既非'是'也非'不是'；它是'至今尚未是'，这就是说，只有在它成为某种概念性决定的工具时，它才成为实在"[2]。

于是，柏拉图和亚里士多德都分享着共同的理性主义，同时也分享着共同的二元论，这种二元论在柏拉图那里很明确，而在亚里士多德那里则并不明显乃至隐晦。[3]这种理性主义和二元论的影响，已经对古典人性学说以及所有借鉴其思想的现代学说都产生了决定性作用。其影响的后果是：（1）理性主义实际上将理性人（本质人）等同于神；因为作为创世原则的理性即是上帝。由于只能依附于肉身的特殊性之上，个体性绝非一个重要概念。在亚里士多德的思想中，只有能动的"奴斯"，准确地说是与灵魂无关的心灵，才是不朽的；而对柏拉图而言，理念的恒定不变被看作是精神不朽的证据。（2）二元论对将肉身等同于罪恶并假定心灵或精神在本质上是善的人性学说有着重要影响。这种身心二元论和关于身心的价值判断，与《圣经》中的人性论形成强烈的对照，它对后来所有的人性理论都产生了决定性影响。而《圣经》对于善的心灵和恶的肉身则是一无所知。

虽然，作为一元论和泛神论哲学的斯多葛学派，与亚里士多德和柏拉图的思想在许多方面有着明显的分歧，但在人性观点上却显露出更多的相似而非差异。至少，这些相似之处已经足够构建一部分一般的"古典的"人的图画。与柏拉图主义相比较，斯多葛派的理性更深地内在于世界进程和人的肉身与心灵之中；然而，人本质上仍是理性的。该派甚至没有完全丢弃二元论。这是因为，虽然斯多葛学派并不总是肯定，当人在人类理性之外发现自然时，支配人行为的理性是否一定规劝人类去效仿自然，或者，作为神圣理性的特殊灵光，人类理性是否一定使人类去反对自然的冲动，但这种理性在总体上所致达的确信并不能在根本上证实古典人性观。[4]斯多葛学派在心理学上对人类自由的强调压倒了其形而上学所体现的自然主义泛神论。此外，斯多葛学派对激情和整个人类生命冲动的彻底否定的态度，使理性与肉身冲动形成鲜明对照，尽管它认为理性主要是在肉身内达致和谐的原则。

很明显，柏拉图学派、亚里士多德学派和斯多葛学派的"古典的"人论并没有穷尽古希腊有关人性的探索。在早期的酒神宗教、赫拉克利特关于真正的本体是流变与活火的观点，尤其是在希腊悲剧中酒神精神主题的逐步发展中[5]，现代生机论和浪漫主义者都可以找到其先驱者。在俄耳甫斯教仪（Orphism）和毕达哥拉斯主义那里，同样预制了后来的神秘主义。对现代文化发展而言，更为重要的是，德谟克利特和伊壁鸠鲁根据其自然主义和唯物主义所提出的人论，认为人不是以其独特的理性而置身于自然之外，而是整个儿作为自然的一分子。这种古希腊唯物主义绝不比柏拉图主义和亚里士多德主义缺少理性主义色彩，但是，它将宇宙中的内在理性还原为机械的必然性，并试图以这种机械主义的方式来理解人。通过斯多葛哲学与德谟克利特和伊壁鸠鲁的自然主义的融合，现代文化获得了用来表述其某些最具特色的人性解释——主要是自然之子的解释——的理论。

必须留意的是，虽然相较于基督教人性观，古典人性美德观不失乐观（因为在人类人格的核心中没有发现缺陷），虽然它（古典人性美德观）对理性人的美德也充满信心，然而，对于所有的人是否都有美德或者快乐的能力，古典人性美德观却没有与现代人分享同样的信心。于是，在古希腊生活中弥漫着一层抑郁的气氛，这种气氛与今天垂死的资产阶级文化中普遍的乐观主义形成最为强烈的对照，尽管后者假定其只是恢复了古典世界人性观和希腊人性观。在《伊利亚特》中，宙斯宣告，"据我看来，所有在地球上爬行和呼吸的生物，惟有人最可怜"。从荷马时期到希腊化时期，这种观点如同一条从不间断的链条贯穿着整个希腊思想。短暂的生命期与过高的死亡率是促使希腊人郁虑的主要原因。无论是柏拉图对生命不朽的确信，还是伊壁鸠鲁关于无须害怕死亡的劝告，都无法使古希腊人从这种郁悆的气氛中摆脱出来，因为在坟墓的另一头无法保证任何东西。

亚里士多德承认，"不出生是最好不过的，死胜过生"，并且提出抑郁是天才的伴随物。在相信聪明人具有美德这点上，哲学家是乐观的。唉！可他们对多数人是聪明的却没有信心。斯多葛学派的克里西普（Chryssipus）以为，快乐仅为聪明人而设，并且确信大部分人都是傻瓜。一方面，出于人们都具有神圣理性的火花，斯多葛学派趋向将地球上所有的人视为兄弟；但另一方面，它又怜惜大众没有明显优雅的理性。这样，他们的平均主义迅速退化为贵族的谦虚，与亚里士多德将奴隶轻蔑为"活的工具"无太大差异。尽管忠实于宇宙主义，塞涅（Seneca）仍然祈祷："原谅这个俗世吧！因为他们都是傻瓜。"

　　无论在希腊，还是在罗马，古典学家们都没有任何人类历史意义的概念。历史就是一系列循环，一个永恒轮回的疆域。亚里士多德坚持认为，艺术与科学不止一次而是无限多次地消失然后又被发现。[6]芝诺预见，世界末日将是一场巨大灾难，这一灾难将会毁灭世界上的一切。这种关于人与其历史的悲观主义是心身二元论的必然结果，该二元论是古希腊思想的特征，它远远超出了柏拉图思想的限制。该二元论总是以肉身为坟墓这一确信作为其到达顶峰的标志[7]，这一确信使得新柏拉图主义成为古希腊思想逻辑发展的终结。

　　古希腊悲剧的悲观主义在某种程度上不同于哲学家的悲观主义，前者十分接近于基督教对人生的解释。但是，与基督教的观点不同，它对人们提出的问题不作回答。在埃斯库勒斯(Aeschylus)和索福克勒斯(Sophocles)那里，荷马传说中与凡人对立的宙斯之反复无常的妒忌，已经转变为一种有关法律秩序终极原则的正当猜疑，这种法律秩序专门针对人类情感的无常而设置。但与哲学家不同，戏剧家并不把人类情感仅仅视为肉身的冲动。由宙斯提出的秩序和量度原则时常受到人类生命活性的公开挑战，人类的生命活性既具创造性，又具毁灭性。人类历史的悲剧恰好在于以下事实：人类生活若没有毁灭就没有创造，恶的精神强化并提升了人类的生物欲望，并且若无傲慢之罪，这种恶的精神就不能表达出来。古希腊悲剧中的英雄总是被忠告：切记他们的生命并非不朽，并通过循规蹈矩来挣脱欲望($\nu \acute{\epsilon} \mu \epsilon \sigma \tau \varsigma$)。但是冒犯宙斯的好恶($\ddot{\upsilon} \beta \rho \tau \varsigma$)是历史中英雄人物创造活动不可避免的伴随物。悲剧英雄之所以是英雄，正是出于他们对适度的谨慎建议不屑一顾。在这种意义上说，古希腊悲剧正是对尼采思想的清晰阐述："每个行为者对自身行为的偏爱远胜于该行为之所值；即使很值得，但是过分的爱产生不了最好的行为。"[8]人类历史中各种活性论不仅与宙斯相冲突，而且彼此之间也不一致。在国家与家庭的冲突中不存在简单的解决办法，这种冲突通常以男女的冲突来象征，女方代表着与政治群体对立的家族血缘群体(如奥利斯的伊夫晶尼亚①与安提戈涅②)。简言之，古希腊悲剧里的冲突，是指

---

　　①　阿伽门农之女，险被其父供神而牺牲。

　　②　底比斯王俄狄浦斯之女，因违抗禁令而自杀身亡。

诸神之间、宙斯与酒神之间的冲突，而不是指神灵与邪恶之间、精神与物质之间的冲突。人类的精神可以用其生命力来表达，也可以用心灵的和谐力量来表达；虽然作为秩序的理性原则，后者更为根本（戏剧家在此保留了典型的古希腊风格），但仍只有以扰乱上述秩序为代价才能获得人类事件的创新性。

所以，依据古希腊悲剧所揭示的，生命总在与自身作斗争。在生命的活力性与权衡的原则之间没有解决办法，哪怕是悲剧性的办法也没有。宙斯仍然是神，但只是一位既钦佩又同情那些违抗其命令的凡人之神。耐人寻味的是，古希腊悲剧提出的是一个深刻的问题，而那些复兴古典主义、并虚张声势地在古希腊思想的基础上构建其人性论的现代学者们，却对此毫无感觉。对于柏拉图和亚里士多德的思想，他们可能有所理解或曲解；但是对于埃斯库勒斯和索福克勒斯的思想，他们既没有理解也没有曲解。除了作些许浪漫痕迹为现代文化所欣赏和部分曲解外，后者的思想被简单忽略了。

（三）基督教人性观

虽然在表面上，现代文化整个儿拒绝基督教人性观，但在对人性的评价上，现代文化受后者的影响远比现代文化自身所认识到的要大，而这种基督教人性观将在本书中得到详细的阐述。就此点而言，我们必须通过区分基督教人性观与古典人性观，来简要地描绘以下的详细分析。正如古典人性观决定于古希腊形而上学假设一样，基督教人性论则受制于基督教信仰的终极假设。奉上帝为创世主的基督教信仰，超越了理性教条和矛盾，特别是超越了精神与物质、意识与存在之间的矛盾。上帝不只是精神，后者规定着预先给定的无外形的物质。上帝既有生命活力又有外形，是一切存在之源。上帝创造了世界。此世不是上帝；但是，因为它不是上帝，所以它不是邪恶的。作为上帝的创造物，它是善的。

这种以基督教思想中的人性论为基础的世界观之后果是，允许人们欣赏人类个性中灵魂与肉身的统一，可是对于这两者统一的追寻，理想主义者和自然主义者一直徒劳无功。而且，基督教的世界观却防止了理想主义的错误：将心灵视为在本质上是善的或永恒的，而将肉身视为在本质上是恶的。它同时排除了浪漫主义的错误：在作为自然的人身上探寻善，在作为精神的或理性的人身上探寻恶。依据《圣经》的观点，人是一种有限创造性的精神和肉身存在物。显然，当人们以理性来说明时，构筑在极端理性假说基础上的观点是相当危险的。因为在所有事物中寻求理性一致性的理性，倾向把某一众所周知的事物作为解释原则，而其他所有事物则可以从该事物中引申出来。理性最自然的倾向就是将自身当作终极原则，从而起着宣称理性自己就是上帝的作用。基督教心理学和哲学从来没有完全使自己从这种错误中解脱出来，这一点解释了为何尽管错误地将基督教信仰视为理想主义的当然之源，自然主义者的说法仍貌似合理。

　　同样，这也是解释了，为何主张身心统一的《圣经》人性观通常只是被视为古希伯来心理学的结果。在古希伯来人的思想中，人的灵魂驻于人的血液之中，而不朽精神载于必死的肉身中，这一观念直到最后仍鲜为人知。的确，某些区分开始逐步形成了。起初，ruach 和 nephesh 并不比"呼吸"意味着更多的东西；但后来它们逐渐地有了区分，ruach 的含义变得大概接近精神或"奴斯"，而 nephesh 则大概接近灵魂或"psyche"（心灵）。但是，与古希腊思想不同，这种区分并没有导致二元对立的后果。《圣经》观点中的一元主义既非不能正确地区分 physis（生理），psyche（心灵）和 nous（奴斯）之间的意思，这种区分上的模糊是阿拉克萨戈拉以前古希腊思想的特色；也不只是心理学不发达的结果；它最终源自于奉上帝为造物主的《圣经》观点和凡创造物皆善的《圣经》信仰。

　　基督教人性观的第二个重要特色是，它主要从上帝的观点，而不是从人之理性能力的独特性或其与自然的关系来理解人。人是按照"上帝的影像"来创造的。许多基督教理性主义者犯了一个错误：他们假定，"上帝的影像"这一术语只不过是一种宗教式图画的表达，所表达的是在将人定义为理性动物时哲学所要说出的东西。前面我们已经间接提到这样的事实：人类的精神有一种特别的能力，它能按照不确定的后退推理，使自身持续地超越自我。意识是一种来自神经控制中枢审查世界和支配行动的能力。自我意识代表着一种程度更高的卓越，运用自我意识，自身成为自我的客体，通过这种方式，自我最终总是主体而不是客体。因此，审查世界、形成一般概念以及分析世界秩序的理性能力，就是基督教称之为"精神"的一个方面。自我在其了解世界的范围内认识世界，因为它处于自身和世界之外，这意味着除了从自身和世界以外来理解自我之外，自我难以理解自身。

人类精神这种本质上无家可归的状态是所有宗教的基础，因为处于自身与世界之外的自我不能在自身和世界当中找到生活的意义。自我不能以自然界的因果关系来确定生活的意义，因为自我的自由与自然界中的必然因果链条显然是两回事。自我也不能以理性来确定意义规则，因为自我超越了其自身的理性推理过程，因此自我可能会追问：例如，自我的理性形式与自然的形式和循环现象是否关联？这种自由的能力就是，最终促使伟大的文化和哲学超越理性主义，并在存在的无条件基础上探寻生命的意义。但从人类的角度来看，只能以否定的方式来定义这一存在的无条件基础和上帝。这便解释了，为何通常意义上的神秘主义宗教，尤其是西方文化中的新柏拉图主义传统，与基督教有着一种有趣的相似，而在对人性的评价方面，却有着重大差异。与基督教一样，神秘主义宗教也是根据人类精神的自我超越能力来度量人类精神的深度。故此，柏罗丁（Plotinus）对"奴斯"的定义与亚里士多德不同。对于前者来说，"奴斯"主要是自我认识的能力，并且是永恒不朽的。神秘主义和基督教都同意从永恒的视角来理解人。然而，由于神秘主义通向的是一种无差别的终极本体，它必定视特殊性（包括个性）为本质的恶。因此，所有神秘主义宗教有着一个共同特征——即强调个体性，该个体性为神秘主义所强调的自我意识能力所固有，而且远不只是指肉身的特殊性。可是，所有的神秘哲学最终都失去了其起初所强调的个体性，因为它们把有限的独特性掩埋在无差别的神圣存在基地之下。

在基督教信仰的观念中，作为意志和人格的上帝，因此成为真实个体性惟一可能的基础，尽管它不是自我意识惟一可能的前提预设。不过，信仰作为意志和人格的上帝，是建筑在信仰其拥有神启力量的基础之上的。因而，基督徒对神启的信仰是基督教人格和个体性观念的基础，前者在耶稣基督的启示中达至巅峰。根据这种信仰，人们将自身理解为一个可以在上帝意志中找到其目的的意志统一体。因此，在人性问题上，我们便从一般启示与个别启示之关系的诸多指示中获得了一种启示，该启示总是涉及神学。人类完全置身于自然和理性之外来理解自身，而按自然或理性任何一方来认识自身，都不会发生误解，这种确信当属一般启示，在此意义上，任何对于人类环境的机敏分析必然导致这一确信。可是，当人设法逃避自然和理性条件的束缚时，如果人缺少一种更深刻的神启，他仍将会误解自身。而当他努力专注那瞬间一切尽有或一切尽无的神圣真实时，他将会最终成功。人若要正确理解自身，意味着他一开始就要抱一种信仰：相信他可以在自身之外理解自身；相信他为上帝所理解、所关爱；相信他若遵从神圣旨意就必定可以找到真我。这种神人关系使以下情况成为可能：即，人既与上帝发生关系，又不必伪称人即上帝；承认人作为上帝的创造物与上帝之间保持距离，而无须相信人性恶是因这种有限性造成的。人之肉身和历史性的有限存在能够从本质上得以确认，就像自然主义者想要确认的那样。然而，尽管在人神之间总有严格的区分，人类精神的独特性仍可以获得的赞赏甚至胜过理想主义对它的赞赏。精神与肉身的联合同样可以通过其与造物救世主的关系加以强调，后者同时创造了灵魂和肉身。这些都是基督教关于人之智慧的超理性基础和前提预设。

　　然而，这种有关人类道德成长的看法不是一幅完整的基督教人类图像。对人类道德成长的高度评价已暗含在"上帝影像"的观念中，且与基督教思想中对人类德性的低度评价自相矛盾地相互并存着。人是有罪的。他的原罪就在于他违抗上帝。基督教对人性恶的评价是如此之严肃，完全是因为它把恶置于人类个体性的核心——即意志之中。把这种恶视为人类有限性之必然后果，或者是人类与自然界的偶然性和必然性发生关联的产物，这种看法并不令人满意。只有在如下事实——即：人拒绝承认他作为"创造物"而只承认自己是整个生命联合体中的一员——中，原罪才是偶然产生的。人假装他远不是其所是。人无法去掉自身的原罪，如同在理性主义与神秘主义的二元论中一样，恶栖身于早已不是真我的那一部分当中，即自我与物理必然性相涉的那一部分当中的人无法自免原罪。在基督教那里，不是永恒的人审判自己，而是永恒而伟大的上帝审判负有原罪的人。救赎的权力不是在永恒人的手中，后者是从有限人逐渐地蜕变而成的。人并不自相矛盾，所以本质的人可以从非本质的状况中解脱出来。但就人的真实本质而言，人是自相矛盾的。人的本质是自由的自我决定。人的罪恶就是误用了自由以及由此所导致的毁坏。

人是一个个体，但是他不能自足。人性的法则就是爱，爱是一种遵从神圣的生命中心和生命之源的人与人之间的和谐关系。一旦人试图使自己成为其自身生命的中心和生命之源，就侵犯了这种法则，因而，人的原罪是指精神的原罪而不是肉身的罪恶，尽管对上帝的违抗可以从精神传染给肉身并且扰乱肉身的和谐。换句话说，人之所以是一个原罪者，与其说是因为他是一个完整世界中的有限个体，而毋宁说是因为他审察整个世界并把自己想象为整个世界的那种能力本身出卖了他自己。

如果没有基督教信仰的前提预设，人的生命力不可避免地要表现出他自身对他能够遵守的法度的藐视，这一事实是显而易见的。人们从古希腊悲剧对此事实的分析中也能够看出这一点。但是，如果没有基督教信仰的前提预设，要想在人自身发掘出原罪的根源是不可能的。古希腊悲剧将人的原罪视为生命力与形式、酒神与奥林匹克神之间的冲突结果。只有通过宗教神启——通过上帝以超越自身、超越生命力与形式之对立的方式向人类呈现自身，人才能发现原罪原本根源于他自身。人的本质就是人的自由。原罪在这一自由名义下干尽坏事。所以，原罪并不属于人类本质的缺陷。它只能被理解为自我矛盾，后者可能，但不是必然，原罪是人类的自由造成的。

故此，基督教不可避免地提出了一种关于良心不安(an uneasy conscience)的宗教表达。只有在基督教的信仰中，人才能够不仅理解自身原罪的真实性，而且才能避免犯以下的错误：即，把自身的罪恶归咎于他人而非自己。指出人易受其所处环境的诱惑，当然是可能的。人恰好站在自然与精神的交汇处。精神的自由使他打破了自然和谐，而精神的傲慢却又阻碍他重建新的和谐。精神的自由让他能够创造性地利用自然的力量和方法。然而，他无视自身有限存在的约束，这导致他否定了关于自然和理性二者的形式与制约。人的自觉是一座俯瞰着广袤而包罗万象的世界的高塔。它只是空洞地想象着：它所看到的是一个无垠的世界，它并不是一座矗立在这个世界的流沙之上的象牙塔。

这一章的目的之一，就是更充分地分析基督教原罪理念的意义，并解释关于良心不安的基督教表达。对此，写下以下事实便已足够了，即，基督教人性观陷入了一种悖论：它一方面宣称人类拥有较高的道德水平，另一方面又比其他人类学对人的原罪表现出更严肃的关切。

(四)现代人性观

现代人性观部分得益于古典人性观，部分得益于基督教人性观，部分得益于与众不同的现代主题。从经典的柏拉图和亚里士多德之古典理性主义，到更富于自然主义色彩的理性主义，传统的古典成分似乎在逐渐消减。也就是说，在古希腊时期处于从属地位的伊壁鸠鲁和德谟克利特之自然主义，在现代已经取得宰制性地位。这种现代自然主义与基督教将人视为"创造物"的观念相一致，但是与基督教的"上帝影像"的理念相矛盾，早期文艺复兴运动在反对人是原罪者这一基督教理念时，强调了后一方面。在现代人性概念中，古典人性观、基督教人性观以及独特的现代人性观奇特地混合在一起，这造成了各式各样的困难和混乱。这些困难和混乱可简要归纳为：(1)那些在理想的与自然的理性主义内部之间以及在(理想的或自然的)理性主义与生命主义和浪漫主义之间的现代人性观的内在矛盾；(2)那些已受到现代历史驳斥的、关于现代文化中人类本性的假定，尤其是关于个体性的假定；(3)那些与已知的历史事实相悖的关于人性的假定，尤其是关于人性本善的假定。

(1)在现代文化中，一个尚未解决的悖论是：理想主义者和自然主义者所强调的东西相互矛盾。前者倾向于反对基督教的谦卑，否认人具有生物性的学说和人的原罪说。这便是文艺复兴时期的情绪，对该主题的思考主要受柏拉图、新柏拉图主义和斯多葛学说的影响。布鲁诺关注于确立人类自我意识的无限性，在其泛神论体系中，空间之无限性只是精神之无限性的有趣类似物。他赞扬哥白尼天文学说所取得的成就，因为哥白尼"将我们的知识从牢笼中解放出来，在这以前，人们只是透过窄小的窗孔去遥望星星"。以同样的方式，里昂纳多·达·芬奇关注更多的是去证明那用于开启自然奥秘、揭示自然规律和可靠的自然重现现象的数学方法，恰是人类伟大智力的成果和象征，而不是去证明数学方法是自然手中的一种工具。彼特拉克（Petrarch）将自然视为一面镜子，在这面镜子里，人类看到了自身的真实伟大。

　　然而，在文艺复兴时期，仍有着一种不太引人注目的旋律，它最终导致了18世纪的自然理性主义。这一旋律，在弗兰西斯·培根对自然的主要旨趣，以及蒙田从人类自然差别的多样性来理解人类的尝试中，都能够发现。培根担心"人类精神的不安"——那是对无限的渴望，布鲁诺称之为人性的真正标志——将"在对各种原因的发现中极其严重地阻碍"审慎的科学归纳过程。因此，现代文化从早期文艺复兴的本质柏拉图主义，普遍滑向17世纪笛卡儿和斯宾诺莎式的斯多葛主义，然后又滑向18世纪更为激进的唯物主义和德谟克利特式的自然主义。虽然现代人止步于根据自身与自然的关系来了解自身的水平，但是，现代人关于人之自然理性与人类理性二者的关系，甚至比斯多葛学派更为混乱。法国启蒙运动的思想最充分暴露出这种混乱。而对这种自然主义的理想主义的回应则出现在德国的唯心论中。在德国唯心论那里，除康德外，理性和存在的概念比在柏拉图主义那里更加无所限制。作为现代文化之源的笛卡儿，设法纯粹从思想特性上来设想人，而从机械特性上来思考自然，他无法找到一个将两者统一起来的有机体。因此，在笛卡儿本人的思想内部便同时体现着现代性的矛盾和现代性的过度铺张。

　　依据社会历史，从一种对将人视为创造物和原罪者的基督教唯心主义的反抗，到一种将人视为"上帝的影像"之观点的自然主义反抗，这一现代思想的转变过程或许可以被解释为一段反资产阶级之巅峰。中产阶级世界一开始就有一种令人惊骇的感觉：以为人类精神具有征服自然的力量。然而，消灭了中世纪人借以在精神上超越自然的终极凭借之后，尽管人实际上承认自身的独立性，但在资产阶级和技术的世界仍止步于在自然的可依赖性和宁静中寻找自己的庇护所。实际上，现代资本主义同时表现出以上这两种态度。资本主义精神就是一种对自然野蛮掠夺的精神，它将自然看作是财富的宝藏，而这些财富将为一切被视为美好生活的事物提供保障。人类支配着自然。但是，资本主义的社会组织至少在理论上依赖于一种天真的信念：自然支配着人类，而且，自然的前定和谐将阻止人类事业本身免于任何严重的灾难（重农主义理论）。

　　唯心主义的理性主义与自然主义的理想主义二者的冲突之所以复杂，正是出于以下这个深层原因：浪漫自然主义的反对者把人解释为首先是生命体，他发现，无论是苍白的理性还是机械的自然都不是开启人类真实本质之门的适当钥匙。从某些方面上看，这种对人的浪漫解释在某些方面可以说是现代人类学学说中的最新要素。因为事实上，前者仅仅在古典的或基督教的思想中得到了些许预示。其最为苦涩的果实便是现代法西斯主义。……理性主义者与自然主义者之间的冲突，已经成为我们时代影响最大的问题，它与一切可能的宗教问题和政治问题都有牵连。要言之，现代人无法决定，究竟应该主要是从人的理性之独特性的角度来理解自己还是应该从人与自然之密切关系的角度来理解自身？如果是后者，那么，该密切关系究竟是指自然的和谐与无害状态，还是指人的生命活力——一条人类本质的真正主线？因此现代人的某些确定性是自相矛盾的；并且，能否根据现代文化用以考察上述问题的那些假定来解决这些冲突，可能还是一个疑问。

　　(2)现代文化中的个体性观念属于现代人关于自身的确定性之列，这些确定性已逐渐为现代人自身的历史所消解。文艺复兴时期对个体性的极端强调，明显是一朵只能在基督教的沃土上成长的花儿。因为文艺复兴表面回归的古典文化完全缺乏这种个体性的强调。意大利的文艺复兴主要借助于新柏拉图主义的概念才得以盛行，从而建立其关于人的自尊与自由理念。但是，如果不以基督教的理念为其预设前提，这些概念就不能生产出个体性的理念。文艺复兴尤其想建立一种人类精神自由，用以反抗基督教的神圣前定论学说。[9]

　　皮科(Pico della Mirandola)借用柏拉图主义的概念来赞美人类精神自由。根据皮科的观点，上帝对人如是说："独有你不受任何束缚，除了按我们所赐予你的意志去接受它之外。我把你置于尘界之央，以便你能较轻易地观察尘界，把持其中的一切。我创造你这样一个生物：既不是俗世的，也不是神圣的，既不是必死的，也不是不朽的，以便你能做自己的创造者并按你自己希望的方式去生活。"

　　如果说文艺复兴主义者是想通过强调人的独特性及其精神自由，

借用古典的思想来挑战基督教关于人的依赖性及其缺陷的观点，那么很显然，古典主义是无法独自提出这种为文艺复兴主义者如此珍视的个体性观念。这种个体性观念必须被视为部分是基督教的遗产，部分是资产阶级个体突现的结果，后者是从中世纪历史与传统的沉淀、范式及束缚中挣脱出来才得以突现的。这种资产阶级的个体认为自己是自身命运的主人，不能容忍宗教团结和政治团结，而这种团结是古代和中世纪生活的特点。用社会的俗语来说，一个人可以说，当他破坏了中世纪的团结时，可以说他就失去了个体性。他发现自己不过是技术文化的技艺者，而技术文化创造出来的互相依赖的机械整体，比农业社会中任何已知的东西更要束缚人。另外，不管是在有机的农业社会，还是在更为机械的技术社会中，没有人能像资产阶级的个人主义所设想的那样，是一个完全彻底的而又小心谨慎的个体。

从哲学的角度来看，资产阶级的个体没有获得可靠的根基，不论是在它最先得以表述的柏拉图主义和新柏拉图主义中，还是在18、19世纪晚近的自然主义中。理想主义最初强调人类自由和人对自然的超越，最终却在理性概念的普遍性中以最后在神圣整体的无差别性遗失了个体。自然主义从强调自然的多样性和独特性开始。所以，描绘地理多样性影响下的社会和道德习俗的多样性便是蒙田的兴趣所在。但在自然的多样性中却缺少个性，在纯粹心灵或纯粹自然中又没有个体性的立足之地。正如理想主义者使个体性消失在绝对的心灵之中一样，当自然主义者从心理学的角度考虑问题时，也使个体性消失在"意识流"之中；而当自然主义者从社会学的角度考虑问题时，个体性则消失在"运动规律"之中。因此，在文化的层面上，文艺复兴时期以及18世纪的个人主义便这样被消解了，一如在政治的层面上，资产阶级的自由理想主义被消解并最终屈从于法西斯主义的集体主义一样。真实的个体性只能通过宗教的前提预设来维系，无论是在所有的生物机体的形式中，还是在社会历史张力下，宗教的前提预设都能对人类的个体性之当下介入持以公正，然而却又能对人类个体性以其自我超越的最高境界达到对所有历史境界的超越给予高度赞扬。人既是创造物，又是上帝之子，这种矛盾是个体性观念的一个必要假设。个体性观念必须要足够强大，以抵抗历史对他自身的压迫；同时必须要足够现实，以公正地对待社会生活中各种有机的凝聚体。

（3）现代人类学的最终确定性是其对罪恶问题的乐观处理。现代人有一种本质上轻慢飘然的良心，当现代人一致反对基督教的人之原罪观时，没有东西能比得上这种一致反对（现代人关于基督教之人负有原罪一说一致反对）给现代文化的诸种分歧之不和谐的声音带来更多的融洽。人的原罪存在于人的人格之央，即存在于人的意志当中，这一理念已被普遍否定了。这一否定似乎使基督教的福音完全与现代人无关，这一否定的事实比其他任何对上述理念的不信任要重要得多。如果现代文化主要是按照人的理性能力的独特性来设想人，那它就会发现，人的罪恶根源在于人的各种自然冲动和自然需要，而现代文化则希望通过加强人的理性能力使人摆脱这些自然冲动与自然需要。这种本质上的柏拉图理念成功地渗透到了诸多的社会理论和教育理论之中，即使这些理论表面上属于自然主义而非柏拉图主义。另一方面，假如现代文化主要是按照人与自然的关系来理解人的话，那它就会希望把人从邪恶的混乱中拯救出来。而正是由于引诱人返回和谐、宁静和无害的自然，人的精神生活陷入了上述的混乱。就这一点而言，在法国启蒙运动时期，机械的理性主义与卢梭式的浪漫主义似乎分享着共同的基础。被视为本质善的要么是理性人，要么是自然人；对于人要获得拯救而言，惟一必需的要么是从自然的混乱中升华到心灵的和谐，要么是从精神的混乱中进入自然的和谐。拯救策略彼此之间是如此尖锐地对立，这一事实证实了现代人距离解决他们生活中罪恶的问题还很遥远。

现代乐观主义一个更为深远的后果是进步理念所表达的一种历史哲学。现代人期望或者是通过自然本身的内在力量，或者是依靠理性的逐步拓展，或者是凭借消除诸如教父制度或专制政府和社会阶级划分等某种罪恶源头，以便他能够实现某一完美的社会。进步理念包含许多要素，其中尤为重要的一个要素是：现代文化被自身彻底遗忘了。进步理念只可能产生于基督教文化之中。相比古希腊人认为的历史无意义说，进步理念便是《圣经》神启观和希伯来意义上的历史有意义说的世俗化版本。可是，由于基督教人性有罪说被有所削弱，于是基督教哲学变得不再复杂，并为对其作简单的历史解说开通了道路。这种解说尽可能将历史进程与生物进化密切关联，而无论对于人的独特自由，还是对于人有可能对该自由进行邪恶的误用，都无法做到公正裁断。

对于这种有关个体和人类总体事业的乐观主义，当然也有悲观主义的反应。在霍布斯的机械自然主义和尼采的浪漫自然主义中，一种彻头彻尾的悲观主义得到了精致的阐述。弗洛伊德的悲观主义就是尼采思想的现代产物之一。在此，有关人性，我们没有任何可行的见解，然而，在这种悲观主义中，也不存在任何良心的不安。虽然，自我主义（egotism）和权力意志被基督教思想视为原罪的典范，而且，按照资产阶级的自由主义，它们也被视为一种缺陷，这一缺陷需要借助新的教育和新的社会组织才得以逐渐消除，但在现代文化中，它们却被认为是正常的和规范的。权力意志为霍布斯所认同，为尼采所赞颂。在霍布斯那里，反对个体自我主义在政治上存在着一定的优势，但对于以国家的形式出现的集体个人主义却毫无优势可言。在尼采重估价值的思想中，造成生活之冲突的人类生活特征被提升到理想的崇高地位。霍布斯的犬儒主义和尼采的虚无主义在当今政治生活中造成的致命后果随处可见。

证实基督教的人的概念的有效方式，是把它看作是厘清现代性混乱的一束可能的光源，为了证实这一点，我们必须思考关于现代文化的诸种问题，我在此仅仅简单地勾画了这些问题，更详细的讨论将在后面三章展开。

二、现代文化中的个体性

（一）个体性的两个根基

个体性是自然和精神的共同成果。它之所以是自然的产物，是因为自我性（selfhood）是以具体特殊的躯体作为其寄身基础的。自我最明显区别于其他自我的东西正在于一个简单的事实：自我植根于一物理有机体，后者维持着前者的独立存在并拥有前者以往独特的历史。然而，自然仅仅是逐步养成这一个体性实体的。在无机世界中，各种物质或力量的聚散离合产生出反复无常的"独特"事件（例如，某一山脉突然隆起，又被逐渐侵蚀），而不是产生出惟一的或不可再现的统一体。因此，无机世界是一种能够用数学的精确运算来描绘的再现；故而说，物理与数学有着一种密切的联系。

在有机世界中，自然上升成为有机物的一种特殊性，后者被描述为一个相互依赖、不可分解的统一体。植物作为一个统一体而生存，它的死亡则意味着该特殊统一体的分解，其组成要素再次返回无机界。在一个更高的层次上，动物的生命通过一种具有统一的相互依赖的特殊中枢器官，即中枢神经系统，获得一种更高程度的独立特性。通过这一神经系统，动物获得了与其生存环境的一种更高程度的分离；但它的行为仍为其天性所驾驭，后者将某一动物个体与其物种的一般特性联系起来。它们在颜色、大小，或许还在脾性上的变化是反复无常的，并没有意义，并且这些变化是一些可预测的再现。在动物的生命中，与其说动物是一个真正惟一的个体，还不如说动物是一个种类。通过无尽的重复，单个具体的动物仅仅表达着其物种特殊的生命谋划。

同时体现独特性和惟一性的真正个体性，是人类生命的一种特性。因而该特性必须被视为是精神与自然的共同产物。自然为个体性提供了特殊性，但精神的自由才是真正个体性的原因。与动物的存在不同，人不仅拥有神经中枢，而且拥有超越其自身的精神中枢。人是惟一一种使自身成为其自身对象的动物。这种将人的精神与心灵（为人与动物的存在所共同拥有）区分开来的自我超越能力是独立个体性的基础，因为这种自我意识与将世界视为"他者"的意识有关。动物清楚地知道其自身的特殊需要和那些在其所处环境中能够满足这些需要的特殊对象。因此，它的意识并没有超出其所涉及的自然过程。动物的意识只是一种中枢有机统一体关于有机体与其切身环境的关系之表达。而人的意识则牵涉自我与世界整体的严格区分。所以说，自我认识是独立个体性的基础。

人的自我超越能力同样是人类自由的根基，因而也是个体惟一性的根基。人的意识不仅超出自然过程之外，而且超出他自身之外。因此它获得了一种关于人类能力的无尽变化与细致说明的可能性，而这些人类能力正是人类存在的特征。人的每一种自然冲动都能够被改变、增大、压抑，它与其他在不胜历数的变化中所发生的冲动混合在一起。结果是，不管在遗传和环境上多么相似，也没有任何人类个体彼此相同。在一定程度上，人可以自由地拒绝一种环境而去选择另一种环境。如果某人不喜欢20世纪的精神环境，他可以有意识地选择13世纪的模式去生活。如果他发现其所处的物理环境并不适意，他有能力去改变它。现代人的自负有时诱使他自己忘记了存在着他无法超越的人自身特质的限制，忘记了存在着他无法否认的无情的自然力量。不过，重要的是要记住，根据人的自由度和随其自由而产生的人的个体性之分立独特的程度，人的精神性与动物的存在有着截然的分别。

作为自然与精神产物，人的个体性是不断发展形成的。原始人在其群体生活的"原始我们"之中，创造了很少冲突的和谐。[10] 在这种群体意识中，原始人只能逐渐地呈现出个体的面目。可是，从一开始起，原始人所呈现出来的便是一种原始天资。该特殊天资的惟一性不仅为其只能在人类生活中不断发展的事实所证实，而且为原始存在的特性所佐证。原始社群被迫去建立某种共同习俗和方式来约束人的自然冲动，而缺乏自由的动物性存在无须面对获得统一性的问题。原始社群缺乏社会自由恰恰是原始人早期自由的证据。这种自由有助于表达本能的广泛多样性。由于原始社群缺乏在多样性中获得统一性的智慧，所以原始社群必须坚持一致性，后者加强了那些可能是通过纯粹的历史变幻而最初出现的标准，而不是那些逐渐屈从于有用性的原始实用测试的标准。[11]

(二)基督教的个体性意义

通过若干世纪的早期文明来追溯个体性的发展不大可能。对我们来说，重要的是(要记住)，在基督教这里，个体性的理念和事实都获得了最高的发展，而且，从文艺复兴开始，现代文化就试图提出一种超出基督教信仰限制的个体性理念，基督教的信仰一方面通过爱的法则，另一方面通过人作为创造物的理念对个体性设置这些限制，但现代文化却又由于遗忘了这种个体性的理念和事实而使自身走到了尽头。

在探究现代文化中这种明显的个体性自我解构之前，通过简要阐述基督教的个体观来预期后面几章的内容是十分必要的。基督教对于一种强的个性观念是负有责任的，因为根据基督教的信仰，在人的自由中，人的精神只受制于上帝的意志，并且也只有上帝的智慧才能完全领会和判断人心中的秘密。这意味着人的生命拥有一种终极的宗教理由，后者为人们超越部落的习俗、言行的理性规范以及一切普遍抽象的行为规则提供了根据。然而，基督教的道德观根本上并不是主张抛弃道德，因为，正如在基督身上所体现的那样，基督教的道德受制于上帝的意志，圣保罗说："所有物品都属于你，但你却属于基督。"在新柏拉图主义的神秘主义中，我们也发现具有超越人类精神相同含义的东西。但是，神秘主义只能导致一种非常强的人类精神的独特性含义和一种对个体独特性的彻底遗忘。在神秘主义中，独特的个体性等同于自然的生物性，因而个体性被认为是必须要被清除的罪恶之真正根源。用梅斯特·艾克哈特(Meister Eckhardt)的话来说："你必须保持心灵的纯洁，而只有根除了生物性的心灵才是纯洁的。"[12]根据基督教的信仰，每一个体生命都听从于上帝的意志。信仰是一种对上帝意志的服从，后者在有限的人类意志与由上帝规导整个世界秩序之间确立一种适当的关系。对神秘主义而言，即使在艾克哈特的半基督教含义的解释中，德性也只能在个体意志的湮灭中才能获得："贫穷的人并不是那个企盼去完成上帝意志的人，而是偏离上帝意志而随意按照自己的意志去生活的人，即使后者(在物质上)并不贫穷但(在精神上)依旧贫穷。"[13]换句话说，神秘主义执著于人类精神的完美高度，而将独特的个体性等同于必须要被克服的生物性。最终，个人被吸纳到神当中。在各式各样的自然宗教中，人类的精神可以超越特定的环境，但它仍受其部落的、民族的、文化的或时代的精神制约。因此，惟有基督教(以及犹太教，就其分享着预言式的《圣经》传统，并且不允许其自身受制于某一国家的某一法律而言)在其自身中的整个深度和独特性中发现并确立了人类精神。

当然，这种强的个体性含义并非摆脱了其自身面临的危险。假如对上帝负责的宗教含义和在上帝面前忏悔式的谦卑被削弱，那么基督教的个体性可能会成为无政府状态的根源。这也许解释了西方基督教国家历史中某些残酷且罪恶的侧面。

在整个中世纪天主教时期，基督教的个体性从未形成一致的表述。这部分是由于社会—经济因素的影响所致。中世纪的封建农业经济仍处于一种与日耳曼民族早期部落联合体密切相连的关系之中；而且社会的复杂性仍未促使个体意识充分显露。另一方面，天主教阻止一种强的个体性含义的出现。这一做法，部分是通过将古希腊理性主义与天主教神学混合来实现，后者使个人屈从于自然法的普遍法则；部分是通过天主教的宗教权威主义来达成，后者在灵魂与上帝之间加入了宗教机构。由于超越一切理性抽象的上帝意志完全由一种历史性的制度解释，包括一般规范在具体情形中的决疑论应用也都如此，因而个体总是保留着对一般范畴的自觉，包括社会的、道德的、政治的范畴，个体只是这范畴的一个范例而已。他从来没有充分表现出自己是一个个体。

因此，个体性的现代意义一方面始于新教，另一方面则诞生于文艺复兴。从典型的现代立场来看，新教和文艺复兴仅仅是朝向个体自由的两种不同运动，两者惟一的区别在于，后者比前者与现代精神更加投缘。这两种运动的真正意义在于，其中一种运动代表着基督教术语中个体性完美的发展，而另一种运动则代表超越基督教限制的更进一步的个体性发展，亦即"自主"个体的发展。这种自主个体是现代文化的真正引路人，但它将在现代文化的最后阶段彻底消失。

在"一切信奉者的教父"这一宗教改革时期的原则中，新教中强调的个体性意义得到了神学上的表达。与其说该原则的重点在于个人获知真理的能力，还不如说在于个人对上帝不可推卸的责任，以及对个人罪行宽恕的保证。如果个体信仰缺乏的话，没有任何组织制度能够调解这种个人的原罪。这里所牵涉的概念是一种关于人类精神自由陷入无意义之危险的强烈意味，只有让个人与上帝直接关联才能克服这种危险。路德用典型有力的例证表达了这一问题："当你临近寿终正寝时，你不能用'教皇曾如此这般说过'来安慰自己。"罪恶可能借这种保证乘虚而入。假如教皇是错误的呢？那你不就被反驳得哑口无言了？因此，你必须在所有时刻都能说："这就是上帝所讲的话。"

个体对上帝直接负责的新教含义意味着且发展出一种强烈的反律法主义。这不仅是因为人们感到，没有特殊的外在法规可以保证那促进各种守法行为动机，而且因为法律的或道德理性的法则被看作是德性不称职的向导，这种德性存在善与恶的无限可能性当中，而这一无限可能性在每一种行为的内在和外在方面都有所体现。相比于天主教观点，新教明显地将"自然法"这一理性概念放置在一个更不显眼的地方。它过于偏重个别事件的意义和个人面对这类事件的独特性，以至于它不信任一般法则。上帝的意志就是法则，基督的生命就是这种意志的启示，而个人面对的是一种令人生畏的责任：在人类存在的所有复杂事件中，人当力图以这种最终准则而不是其他权威准则来实现上帝意志。

尽管关于人类精神这一概念具有一种宗教的奥义，此奥义超出了一切环境以及法则，以至于只需对上帝负责，新教仍常常由于其无力去倡导和支持社会德性和政治正义的相关标准和结构，而为现代生活的无政府状态推波助澜。因而它间接地助长了对所有在政治和道德范围内理性传统规范的一种浪漫式的蔑视。在此意义上，基督教个体性最为深刻的表述，是基督教的个体性本身对现代生活的无政府状态负有一定责任。在宗教衰败时期，受到"一切物品都属于你，但你却属于基督"之忠告的个人，也许轻易就忘记了"但你却属于基督"这句话中终极的宗教责任含义，而只记得该格言的前半句"一切物品都属于你"有关违抗法规的暗示。

三、现代人轻慢的良心

通过政治和经济的重新组织来消除人类恶行这一现代文化的希望，与它另一个想通过返回素朴的自然和谐状态这一更为个体化的方式来减少社会罪恶的希望，处于一种多少有些混淆的关系之中。现代自然主义者——不论是浪漫主义的还是理性主义的——都有着一种轻慢的良知(an easy conscience)，因为他们相信自己没有远离那种自然的纯真，并且能够轻而易举地回归这种纯真。从伦理学的观点来看，最坚定一贯的自然主义要数浪漫的自然主义了。对于卢梭及其追随者而言，回归自然状态是一种用来抑制和消除人类自由中为人类所独有的那种精巧算计之本性。"到森林中隐居去！"他高喊道，"在那里不用再耳闻目睹你同辈们的种种罪行，通过拒绝人类发展来拒绝人类恶行，而无须担心贬低了你自身种属（人类）的价值”。这种浪漫的原始主义有着一个理性主义无法比拟的优点：前者认识到所谓理性人的自由并非无害，而且该自由并不能轻易与自然或理性的秩序达于和谐。但浪漫的原始主义并没有认识到，人的自由既是一切人类创造性的源泉，又是人类罪恶的根源。因此，它企图通过"拒绝人类发展来拒绝人类恶行"从而将人类历史倒退回去的做法是行不通的。与更为机械的理性的自然主义相比，浪漫的原始主义既显得更深刻，又显得更荒谬。它之所以深刻，在于它了解到在渴求生存这一纯粹自然欲望与渴求荣誉与权力这种独特的人类精神欲望之间——按卢梭的话来说，即在"导致每种动物更多关心自我保护的自然感觉"与"在社会状态中出现的那种导致每一个体更多关心自己而非别人的人为情感"之间——存在着一条宽阔的鸿沟。但对于非浪漫自然主义而言，自然的"生存意志"与精神的"权力意志"这一差别仍保留着一种未被触及的神秘。

浪漫自然主义的荒谬之处则在于，它企图恢复自然状态之纯真的那种最初努力。当然，卢梭并没有真正坚持一种前后一贯的原始主义。他的社会契约论没有与其"到森林中隐居去"的格言相一致。前者不过是在新的历史决定论的高度上重建自然和谐的一种努力罢了。他认为，在这种新高度上将所有个体意志组合成一个无摩擦且和谐的"普遍意志"是可能的。显然，在卢梭思想中这种普遍意志的特征并不明晰。它是多数人的意志？抑或只是代表某种关于生命与生命之间完美和谐的理想可能性？明晰性的匮缺暴露了浪漫主义在理解人的自由本性上的无能。浪漫主义没有认识到人们根本无法去界定一个任何一个社会都可以达到的普遍一致的目标，且个体无法对之彻底超越因而能够对之进行批评。事实上，卢梭不但可以对该目标进行批评和修正，而且他还可以带着一种高度的责任感去这样做。

实际上，卢梭的"普遍意志"只能成为多数人的意志。由于在卢梭的哲学中没有关于这一普遍意志的批判原则，因而他关于普遍意志的概念成了某一特定时期的多数人手中的一种专制工具，这种多数人专制很容易转变为少数人专制，后者运用现代民主工具来为其目的披上多数人同意的伪装。所以说，卢梭对于这个复杂问题过于简单化的处理，对现代政治罪恶的出现是负有责任的。现代文化史上幼稚与邪恶的关系含有一种意义重大的启示：当人的自由没有得到理解时，便会出现危险。任何试图以极其简单的方式回归到自然的和谐与无害状态的努力，都无可避免地会导致邪恶的政治。在这种政治中，人类的野心与贪婪拒绝来自自然合理性的约束。

卢梭的理性主义同辈们所主张的自然主义则为个体回归自然的无害状态提供了一条十分简单的途径。自然状态由生存欲望所控制，并且在这种理性主义中，生存欲望与人的各种野心没有严格的区别。"人的本质就是爱自己"，霍尔巴赫写到，"它倾向于自我保护，力图使自身存在变得快乐。因此，利益和欲望是所有行为的惟一动机"[14]。理性的任务就是借助这种利己主义，去发现或再发现那些在自然状态中存在的"必然"的和谐关系，去"教导人们一切事物都是必然的，应把事物的必然性作为道德的基础"[15]。获得这种自然无害状态的惟一前提就是，去除那种霍布斯为了消除各种利己欲望冲突的混乱状态而建立严格的政府。在这里，霍尔巴赫表现出一种天真的自相矛盾：既暗示人类自由的真实性，又在表面上矢口予以否认。同样，那个被要求将其道德建筑在"事物必然性"之上的人却又受到了叱责："你不幸成为不道德者，在任何地方，这不道德的你总与你自己相矛盾。"[16]

在霍尔巴赫与爱尔维修素朴的快乐自然主义中，理性仅仅将人带回到自然法则与自然和谐状态之中，但它却无法解释人过去是如何与这些法则和状态相分离的。在 19 世纪更为精致的快乐主义中，理性能够直接规导渴求快乐的欲望，以致它囊括了关于当事人利益的普遍福利。19 世纪的快乐功利主义所假设之无害状态，指的不是上面所说的利己主义者，而是有远见的利己主义者。这种功利主义真正同时超越了快乐主义和自然主义。詹姆斯·密尔所说的理性完全超越了个体的自身利益。他相信，"每个拥有理性的人都习惯去比较事物的理由，并且根据其合理成分来指导和决定自身的行为"；他还认为，"数量决定对错，不论什么样的理由，只要其拥有最大的说服力，便会产生最大的效果"[17]。在约翰·斯图亚特·密尔看来，在快乐主义的体系中追求公共福利，完成这种职责是极其困难的。这种自然主义是斯多葛式的而非伊壁鸠鲁式的，尽管它自身对此也存有异议。它仍然是关于一种轻慢良知的哲学，但是，它把理性而不是自然看作是德性之源。这种德性并没有如上面所假设的德性那样完美，这一点已为最后一位伟大的功利主义者所指出，他就是那位发现了"自私原则"，即"人们更愿意追求自身的快乐而不是所有意识存在的共同快乐"原则的杰瑞米·边沁[18]。为了反对这种利己倾向，边沁不得不提出在纯粹理性约束之外，还要设立政治的约束。他通过发明"对利益进行人工鉴定的原则"来实现他的想法，这意味着他将借助政府来分配各种奖励与惩罚，通过此种方式来消减个体为追求自身利益而不惜损害普遍福利的倾向。

　　理性改善自然状态并因而获得人类德性的另一种可能是，理性将有益于整个社会，正如它反对利己主义的欲望一样。由是，在理性中似乎存在着一条有关选择的原则，该原则使得理性能够在自然状态的诸种力量中进行挑选。故而，大卫·休谟说道："一个人如果只具有坏德，无论他表达了一个多么正确的理论，他都必须承认，该理论在实践上将是危险且有害的。为什么搜寻那些会将麻烦事到处传播的自然角落？为何把这种瘟疫般的麻烦事从其埋藏的坑里挖掘出来？"[19]

　　理性的功能是选择和肯定社会共同的欲望而反对较为利己的欲望。休谟写道：

> 　　如果可以将仁爱，无论多么微小的，灌溉到我们的心中，将人类友谊的火星、和平愿望的种子散入到我们那常年充斥着狡诈的狐性与阴险的蛇性之社会中的话，这显然并不荒谬，那么这对于我们当前的目标来说已经足够了。让我们假设人都有着这些善良的东西吧！即使它们是多么的微弱……贪婪、野心、虚荣以及所有在自私名义下鄙俗且不当的欲望，都被我们关于道德起源的理论所排除。这并不是这些欲望太过微弱，而是因为它们会误导我们的目的。[20]

　　必须注意的是，与古典传统相符合，那些在人们心中反社会的欲望源自（狐性的与蛇性的）自然本性，而不能归因于人独有的精神自由。此外，休谟对于通过教育来压制利己主义蔓延的可能性感到非常满意。他认为，虽然"我们自然而然地偏爱自己以及我们的朋友，但我们仍然能够学会从更为公正的行为中取得好处"[21]。

人类的德性可以通过对反利己主义欲望的仁爱理性选择来得到保证，这一信念成为现代思想明确无疑的要素之一。正是在这一信念的基础上，圣西门(Saint Simon)建立了关于"新基督"的构想，而奥古斯特·孔德(Auguste Comte)则将此信念作为其实证主义社会学的基石。孔德认为，他发现了一条通过借用与扩展父母之爱就可以使人们走向德性的新途："家庭之爱引导人从原初的自私状态中摆脱出来，并使他能够最终获得充分的社会之爱。"家庭"完成了那种自然借之为我们臻至社会同情的训练"[22]。但孔德没有察觉到，他的伟大发现受到了以下事实的反驳，该事实是：家庭同样是"另一种形式的利己主义"的源泉，而相对于个体利己主义，后者更是一个巨大的不正义之源。孔德发现了理性原则可以扩大社会同情；然而他没有看到，人类的想象不仅可以超出自然所设定的边界，而且可以强烈地影响自然血亲中那些狭隘忠义之士，使他们转变成为公众社会中无政府的力量。

在所有自然主义的形式中，理性被看作是德性的次要来源，这种关系如同眼睛相对于自然的欲望——自然的欲望若缺乏眼睛会变得过于盲目，以致无法获得"欲望各部分之间的和谐"。要确定理性与欲望之间的恒定关系的确存在着某种困难。有时，理想被看作是超验的，它使人们偏爱仁爱而非自私，偏爱社会需要而非自然欲望；有时，它又在以上两者之间保持着一种平衡。以大主教巴特勒(But-ler)的观点看来，理性的任务到底是要在自私与社会和谐之间保持着一种平衡？还是在两者中间找到一种同一性？这一点并不清楚。有时，理性的任务被认为是去扩大自私欲望，使其超出自身直至涵盖"普遍福利"。虽然，所有这些解释都被宣称为是自然主义的观点，但它们彼此并非相互一致，因为它们并不是坚定一贯的快乐主义。它们把某些理想准则引进来作为行为规则，但并没有将快乐原则作为行为的规则或动机加以前后一贯地坚持下来。

自 18 世纪以来，根据一种暧昧的——既无法确定德性是来自理性还是来自自然，又无法确知这两者是如何相关联的——自然主义，现代思想有大量的篇章都保留着对人本身的善良看法，这一事实一定程度显示了现代人的轻慢良知来源于一种认为他们超越了自然的虚假评价。

20 世纪典型的自然主义哲学家约翰·杜威令人瞩目的思想，同样没有超出前几个世纪业已存在的复杂与混乱。在寻找理性的优势——理性可以消减自然危害——时，他遇到了同样的困难；而在面对人们"理性"生活中所产生的新的精神危害时，他同样十分盲目。

事实上，杜威比起洛克或休谟来说，更少留意自私带来的社会危害。依他所见，去利用理性的优势——即摆脱自私的堕落——这一愿望，常以信赖"科学方法"并将反社会的行为归因于"文化的落后"——即归因于社会科学不能与科学技术齐头并进——的形式出现。"诚实的人都不能否认存在着大量的强制与压迫"，他说道，"但是，这些并非科学和技术的产物，而是那些拒绝科学方法的旧制度旧习惯长期遗留下来的产物。得出这种推理是显而易见的"[23]。过去和现在的失败归咎于以下事实：科学方法"从来没有努力去运用所有的资源，而现在，科学的材料和实验的方法使我们能够运用这些资源"[24]。理智屈从于偏爱，这归咎于错误的社会理论，这些理论代表着"一种走样的黑格尔辩证法之政治版本"，而真正的自由主义者必须清晰地说明，这种"方法与有组织的合作探究方式没有任何共同之处，后者在物理自然科学领域中已赢得全面的胜利"[25]。

杜威教授有着一个动人的信念：理智在社会关系领域中取得的成就有可能与其在自然主宰的领域中取得的成就相同。在其实际行为上，人天生就在损害着其关于公正无私的最为纯洁的想象，这一事实似乎从不在杜威身上出现。相反，他不厌其烦地去找寻偏私行为而非无私心行为的具体原因。作为教育家的杜威，他所最为喜爱的理论之一就认为：人之所以在行为上背叛自己的思想，归咎于将"理论与实践、思想与行为"分割开来的错误教育方法。在他看来，这种错误的教育方法来源于唯心主义哲学"身心二分的传统"[26]。与18 世纪的先驱相同，他同样使用其"被解放的理智"的正义力量，去攻击制度的不正义，并因而进一步解放理智。专制机构不仅代表着"在前科学时代就已固定下来的关系"，而且是过时的社会观念的防护堤。在另一方面，"精神和道德模式的落后，为旧体制也提供了免受攻击的壁垒"[27]。

没有人比约翰·杜威更完善地表达出现代人对其时代的忧虑，以及对其自身的满意。他的哲学一半致力于强调在基督教神学中所谓人之创造物性，即人与生物及社会进程的关系，另一半则致力于在这些进程之上为公正的理智寻找栖身之所，并且在"有组织的合作探究"中寻找。任何"有组织的合作探究"都不可能超越历史的利益冲突，正如"有组织的合作探究"应该获得杜威所赋予它的那种公正的理智一样，在杜威教授看来，这一点是毫无疑义的。每种"有组织的合作探究"必定有其自身独特的社会地位。尽管古老传统认为，法庭能够自由地摆脱党派的冲突。但不论法庭所处理问题多么深刻，乃至触及规导着法庭的社会根本基础，法庭都不能免于党派的偏见。进一步说，"有组织的合作探究"不可能存在，该探究与其说为了获得更彻底的无私，还不如说为了获得正义的人类社会制度。历史上最糟糕的不公正与冲突恰来自这些对不公正的历史社会制度主持正义的宣称。因此，杜威教授所设想的解决方法，对于那个比他所发现的更要终极复杂的难题来说，确实是一个天真得令人难以置信的回答。在一个社会相对稳定安全的时期，在一个处于远远避免国际冲突的孤立地理位置的国家，以及在巨大的财富足够消减国内社会冲突的国家，只有同时满足这三个前提，杜威的解决方法才会奏效。

四、近代文化中关于人的命运的争论：宗教改革

对当代宗教态势的分析推动了一些对宗教改革的先行评价和批评，现在有必要对此作更加充分的考察。我们假定，宗教改革具有比基督教思想和生活史的一般看法更加重要的地位。它是一个历史性的地方，基督徒的良心在这里最为充分地认识到罪性在救赎生活中的顽固。这种认识以及后来对另一种相反的，或比较乐观的看法的驳斥，导致对福音书的某个部分的一种新的肯定，这个部分建立在生命最终在神的仁慈中完成这一观念之上。

我们提出过，一方面，宗教改革经常被引导去摧毁《圣经》中"基督在我们中间"和"基督在我们之前"这个悖论，或者说是"恩典是内在于我们自身的力量"和"恩典是降临于我们的力量"的悖论；而分裂教派的基督教则从另一方面摧毁这个悖论。这种批评意见必须予以

更加充分的思考。

如果不对宗教改革确认《圣经》恩典观念的两重性的努力作充分肯定，那么提出这样的批评是胆大妄为的。如果对路德和加尔文解决这个核心问题的方法不作仔细区别，那么这种批评也站不住脚，因为宗教改革的这两派并没有在这个问题上得出一致结论。因此，对它们分别进行考察是可取的。

（一）路德宗教改革①

路德处理这个有关基督教生活的终极问题的方法出于两方面的考虑。第一方面是他经历了痛苦之后建立起来的信念，尽管他努力去行公义，但并没有最终找到和平。他尝试过修道院的至善论的方法，但是失败了；于是保罗"义人凭信而生"的话在他看来是摆脱"律法"束缚的一种幸福的解脱，是使原先得不到宽容的、趋于绝望的心得到安慰，是一种更加骄傲的对至善的追求。第二方面的考虑与其说是一种内心经验，倒不如说是一种历史考察。他确信，教会自称拥有决定权和至善是精神自傲和自命公义的根源。他相信追求至善的神秘方法和审美方法，这一信念促使他反对修道制度。他认为自称拥有决定权是危险的，这一信念推动着他反对教会主义。②

在阐发他自己有关恩典和基督徒生活的理论时，他远非去排斥那个关于恩典的矛盾的方面，照他的阐述，恩典是一种"爱、喜乐、和平"的新生活的源泉。路德与神秘主义传统有他自己的关系[28]，他追随的那些人倾向于把古典神秘主义旨在与上帝合一的努力转变成一种"以基督为中心的神秘主义"。他宣称，信徒的灵魂要与基督合一，以便使所有的美德能流入灵魂。他说："由于上帝的应许是关于神圣、真理、公义、自由、和平的话语，充满着宇宙的善，而灵魂带着坚定的信仰奔向它们，与它们合一，但并非完全被它们吸收，灵魂不仅分享着这些美德，而且被所有这些美德所浸润。"[29]

路德从心理上把公义的力量主要解释为对上帝的爱和感恩所产生的动力。这种动力并非一定要考虑同胞的感谢或不感谢、赞扬或

---

① 本节在原文中编为第二节。

② "教会主义"指对教会法的恪守。

责备。他说:"这样,从信仰中流淌出对主的爱和喜悦,又从爱中流淌出欢乐的自由精神和自愿,乐意自愿侍奉我们的邻人,而不考虑有无感谢或不感谢、赞扬或责备、获利或损失。它的目的不是把人束缚在义务之下,也不是为了区分朋友和敌人……而是最不计报酬地使用它的财物,无论会不会由于不感谢或获得好意而失去这些东西。"[30]在此,路德理解了基督徒的爱所具有的美和力量,尤其是看到它具有的那种自由精神超越了一切谨慎的自然伦理态度。

换言之,他并不否认新生命能够行使新的公义。他只是坚持说新生命并非因此而称义,"由于信仰而献身的基督徒做善事,但他并不会因为做了这些善事而变得更加圣洁或更像一名基督徒。善行只是信仰的结果"[31]。

很多人强调,路德把天主教与宗教改革共同分有的古典基督教的恩典在先的思想结合起来,着重强调在恩典中获得宽恕。灵魂是"可悲的小妓女",不能给灵性的婚姻带来任何东西,只有"满身罪过";而她富有的"基督新郎"则带来了所有好东西。或者说灵魂是没有任何出产的"干涸的土地",除非有恩典"天降甘霖"般的浇灌。有了甘露降临,基督徒的意志"就会像一棵好树一样结出好果实。这是因为信徒拥有了圣灵;在有圣灵的地方,他的意志不会允许他无所事事,而会激励他实践所有虔诚的行为:爱上帝、在灾难面前坚忍、祈祷、感恩、对一切人表现出爱意"[32]。

在描述这种对一切人的爱的可能性时,路德表现出对基督徒的"爱"(agape)的最深刻的理解,尤其是对其完全不包含个人利益的动力。他把"登山宝训"的伦理当作基督徒对待他人的态度和处理与他人关系的基准。[33]

尽管路德的观点有着巨大的价值,但他的观点中确实有寂静主义的倾向,甚至当他分析个人宗教的复杂性时亦如此,当然总的说来他对待那个《圣经》悖论的态度是最忠实的。他有的时候陷入了被动的神秘主义学说,或者说他把寂静主义与非难公义的律法观念结合起来。也就是说他在指责某些"工作的公义"时,从"不工作"衰变为"不行动"。他写道:

这种信仰的最杰出的公义……由上帝通过基督赋予我们,

它既不是政治的和仪式的，也不是上帝的律法的公义，更不是由工作组成的，而是正好相反，也就是说它是一种纯粹被动的公义……因为在这种公义中，我们没有为上帝做任何工作，而只是接受公义，并让另一位去受苦，在我们中间工作，他也就是上帝。因此在我看来，把它称作信仰的公义，或基督徒的公义、被动的公义是很好的。[34]

对行为产生神秘的恐惧，原因在于一切行为都必定沾染罪恶，而在路德对行为的恐惧中可以找到对应物，那是因为它可以变成一种新的骄傲。所以埃米尔·布伦纳（Emil Brunner）警告说："一切精力旺盛的伦理行为都有巨大的危险。它会导致这样一种看法，凭着这样的行为能够摆脱邪恶。"[35]这种危险不能否认。但若据此阻止道德行为，那么宗教改革的神学家并不比修道院的追求至善好到哪里去，他们不承认具体的道德、社会责任，因为这些东西也都沾染着罪恶。理想的因信称义的教义是解放灵魂，使之投入行动，但也可以错误地解释为鼓励懒惰。17 世纪路德主义的正宗教条是不结果实的，"因信称义"的经验堕落为一种"信仰的公义"，它并非不可避免，但仍然是一种天然的、对基督徒道德生活内容的摧毁，因为这在路德自己的思想上就有某些根据。

从路德对恩典与律法关系的看法中也许可以看出路德对恩典的分析有一个更大的弱点。在这个问题上，他的困难之处更多地来自他的成圣的观念，而非更多地来自他的称义理论。路德的灵魂在基督中得到求赎、生活在"爱、喜乐、和平"之中的看法有一种出神的超验，与一切历史的矛盾相对立，包括"必须"的内在矛盾、义务感或道德义务。作为律法之完成的"爱"使得人们对律法的义务感完全消失，由此也使得一切属于最广义的"律法"的对正义的细小规定全然消失。[36]

埃米尔·布伦纳对宗教改革伦理的解释导致完全相同的结果。他写道："《圣经》伦理主要强调的不是对反对律法的胜利，而是反对律法主义……如果我感到我必须做得对，那么这正是我无法做到的标志……自愿服从绝不是'必须'这种感觉的结果，而只是爱的结果。……自由意味着摆脱'必须'感，从律法的束缚下摆脱出来。"[37]

　　在这种高度个人化和较低级的成圣中，宗教改革使得内在于称义的教义中的智慧变得模糊。因为按照称义的教义，灵魂的内在矛盾绝不会完全治愈。当爱自己与爱上帝发生冲突时，无疑存在着迷狂的运动，在良心和自我保存的焦虑发生冲突时也会有超验的成分。但是这些运动只不过是生命最终完成时的"急迫"，无法用它们来描述获得救赎的生活的一般状况。在这种情况下，法律和恩典的关系更加复杂，因为依靠恩典的激励，律法才得到延伸以及被克服。悔改和信仰推动着义务感产生，面向越来越宽广的生活圈。对某位邻居的需要、对某种社会状况的要求、对某种生活的要求、今天不予承认的东西可以在明天得到承认，所有这些都可以使良心感到不安。这种社会义务感的不断增加是恩典生活的一个内在部分。否认这一点也就忘记了历史存在的一个方面，而对这个方面文艺复兴理解得很好：生活表现为一系列未被决定的可能性，因此有义务去完成它们。正因为如此，所以不会有完全的成全；因为"一个人够得着的东西应当超过他能把握的东西"（布朗宁语）。路德关于恩典与律法之关系的看法不需要导致反唯名论，而人们有时候就是这样指责的；但它对相对的道德规范是加以漠视的。它没有缓解在道德经验的终点上出现的道德紧张，因为这个时刻它需要爱来达到完成，而不需要对律法加以否定。但它缓解了所有中介点上的紧张，而不必认真涉及在一种不安的良心的驱使下必须达到公义的所有可能性。[38]

　　当这个问题从内在生活领域转移到复杂的文化和文明领域，以及在表达个人的集体生活时，路德宗教改革在处理律法与恩典问题上的弱点变得更加清楚。在这个方面，宗教改革中的"失败主义"变得非常明显。它对历史存在的终极问题的理解似乎阻碍着它对其他各种相关问题的理解。宗教改革懂得知识扩展的各种可能性，也知道人类缺乏认识上帝的智慧。它明白"世界凭其自身的智慧不认识上帝"，乐意凭着由信仰所感受到的恩典来克服一切人类知识中的有罪的自我中心论。但它对构成科学与哲学的多种多样的真理与谬误的混合物不感兴趣，对人类竭力追求的真理不感兴趣。文艺复兴认为最后的真理可以通过文化史的渐进过程来发现，这种想象无疑是错误的。它没有认识到每一新的智慧都孕育着新的谬误；尤其是那个最大的错误，亦即假定通过一系列的不断进步可以达到最后的真理。

　　但是与宗教改革相比，把义务严肃地当作真理来看待难道不对吗？宗教改革不是由于漠视文化史上极为重要的真理与谬误的相对差别，而陷入一种文化蒙昧主义的罪过吗？它不是把自己放到了那个徒劳的仆人的位置上去了吗？这个仆人还声称："主啊，我知道你是忍心的人；没有种的地方要收割，没有散的地方要聚敛；我就害怕，去把你的一千银子埋藏在地里。请看，你原先的银子在这里。"①

　　面对如何在人的集体生活中实现正义的问题，路德宗教改革甚至更加失败。人类社会表现为无数的结构和体系，人在其中按照某种正义组织他们的共同生活。在这里起决定性作用的是实现一种较高正义的可能性。在已有的社会成就面前，人们找不到一个地方可以心安理得地休息。所有关于正义的构成确实都假定人是有罪的，并且全都旨在束缚，防止意志和利益的冲突最后导致无政府状态。但它们也都是工具，人们据此来实现对其同胞应尽的义务，这些义务超越了直接的个人关系所能提供的义务。因此，追求神的王国和完善的爱与每一种政治体制都有关，会对社会成员追求的每一种其他社会生活状态产生冲击。

　　路德否认这种相关的复杂性。他声称：认清法律与福音之区别的方法是把福音放在天上，而把法律放在地下；把福音的公义称作属天的，把法律的公义称作属地的，它们之间有巨大的差别，就像上帝创造天和地……如果这个问题与信仰和良心有关，那么让我们完全排斥法律，把它留在地上……相反，在市民政策方面，对法律的服从则是必须要有的。关于良心、福音、恩典、赦罪、天上的公义或基督本人，没有什么是一定要知道的；但摩西只遵循律法和律法的工作。[39]

　　在这里，我们看到一种割裂，把最终体验恩典和体验一切最大可能的自由与正义完全分开了，而这些都必须在历史中获得。这一分离的原则导致否定除了基督教的"上帝永久的愤怒"的自由以外的其他任何意义上的自由。因为基督使我们获得的自由不是世俗的和肉体的，而是神圣的；也就是说我们的良心是被造为自由的和平静

---

　　① 《马太福音》，25：24～25。中译文为《圣经》和合本译文。

的，不会害怕"上帝的愤怒到来"。社会反唯名论者受到禁令的提防，
"在他的召唤下，让每个人努力劳动，尽自己的义务，用最大的力量
去帮助自己的邻居"。[40]但是基督徒显然没有义务要用改变社会结构
的方法来更加完整地满足这种兄弟般关系的需要。在他对待农民叛
乱的态度中，路德严格地使用了这种"精神王国"和"世俗王国"的分
离；他迎合农民的需要提出要有更大程度的社会正义，同时指责他
们把二者混淆。[41]他用一种感到满足的态度对待封建主义的不平等，
并且认为尘世间永远会有主人和奴隶。路德还通过夸大王国的"内
在"与"外在"的区别给这种社会伦理添加了一个邪恶的因素，它实际
上变成了公共道德和私人道德间的一个区别。作为公共道德监护人
的统治者在处理叛乱时，得到的建议是"痛击和屠杀"。因为路德病
态地害怕无政府状态，允许统治者用任何手段镇压叛乱。另一方面，
作为个别公民的农民得到的告诫是遵循登山宝训。他们被告知，他
们对正义的要求违反了《新约》的不抵抗的伦理。[42]

　　通过这样的转换，从"内在的"伦理转变为私人伦理，从"外在
的"或"尘世的"伦理转变为统治的权威，路德有了一种奇妙而又荒唐
的社会道德。他用一种至善的私人伦理取代实际的伦理，更不要说
犬儒主义的或官方的伦理了。他要求国家维持秩序而不必太在意是
否正义；而他对个人的要求则是忍受邪恶和实行不抵抗的爱，不允
许他们对社会正义发表自己肯定或否定的意见。这样一种伦理不可
避免地起着鼓励专制的作用，因为作为正义原则之一的抗拒统治就
像维持统治一样重要。

　　路德对无政府状态的过度恐惧因其悲观主义而进一步加剧，与
此相应，他也不公正地漠视专制，从而给德国文明史带来了致命的
后果。当代历史中的悲剧性事件并非与此没有关系。他对社会政治
问题的片面解释也受到他过分强调保罗训诫的影响，"在上有权柄
的，人人当顺服他，因为没有权柄不是出于神的。凡掌权的都是神
所命的。……做官的原不是叫行善的惧怕，乃是叫做恶的惧怕"[43]。

　　哪怕没有这个具体错误，路德的政治伦理在社会政治方面也会
导致失败主义。在"属天的"或"属灵的"王国和"属地的"王国之间作
绝对的区分，摧毁了存在于上帝对良心的最终要求和一切在历史中
实现善的相对可能性之间的张力。渐进地实现正义所具有的各种进

步精神和道德意义从两个角度受到否定。在现实方面，路德的伦理发现一切历史成就都受到罪恶的沾染，因此这些成就间的区别已经不重要了。在福音至善方面，它发现这些成就全都缺乏上帝之国的完善的爱，因此只剩下拯救的急迫性。[44]

就这样，路德的宗教改革总是处在一种危险之中，就是在破坏道德张力的地方高扬宗教张力，而一切高尚行为的来源都在于这种道德张力。虽然由于一切人的事业都受到罪恶的沾染，从而使良心变得不安，但是由于相信任何行为都将在其过程中受到沾染、而神会使真正邪恶的东西得到赦免和圣洁，这种信念却又在使不安的良心变得永远安心。[45]就这样，圣徒们被诱惑着去继续犯罪，以便得到丰盛的恩典，而罪人则受到煎熬，以便使人们之间的关系变得比较宽容和比较正义。

由于不能为正义的相对成就确定一个贯穿始终的标准，路德在社会伦理领域中的思想弱点变得更加明显。尽管他的成圣观把超越一切律法的迷狂的爱当作成圣，他的称义的教义使良心在不能达到全善时得到安宁，但他被迫要为相对的善与相对的恶寻找标准。因为在理性不受沾染方面他比天主教要较少自信，因此他贬低"自然法"，亦即对社会义务的理性分析，视之为不称职的向导。但他用来取代"自然法"的只是一些零星的秩序性的东西。一个是任何国家都可以建立的所谓正义的秩序。这种秩序可以不受任何批判地加以接受，因为在这里并没有什么正义原则可以作为准则来对具体的正义进行批判。另一个是假定所谓"创造的秩序"，是由上帝在他创造的各种结构中直接赋予的。这个观念的难处在于，创世是一个"既定的"事实，没有一个人造的体制可以用一个"创世"的确定原则来作出判定。

例如，在性关系的领域，父母亲的角色与生物学上的两性差异有着不可替代的关系，只有这种差异可以正确地纳入"创世的秩序"这一范畴。而一夫一妻制肯定不能纳入这一范畴，其他任何婚姻形式或性关系的标准也不能。在政治关系中，路德有时候把政府视为属于"创世的秩序"，而在另一些时候则似乎视之为从具体的"神的诫命"中产生出来的权威，《圣经》可以为此做证，尤其是《罗马书》第13章。然而，政府只能在这样一个意义上可以被视为属于"创世"，这就是由于存在着人的自由和滥用人的自由，人类社会需要有一种黏合剂来改变人的动物性存在的那种天然的社会性。从"创世的秩序"中不能派生出具体的政府，路德所要求的对政府不加批判的服从也不是这种"秩序"所需要的一部分。

(二)加尔文宗教改革①

在宗教改革中，路德的宗教改革总是行走在超道德主义的悬崖陡壁上，更不必说反唯名论的了，而加尔文的宗教改革总是陷入一种相反的新道德主义和新律法主义的危险，这是宗教改革所面临问题的复杂性的一个标志。清教主义可以被当作历史对这种危险的一种妥协。宗教改革思想没有能力在斯库拉②和卡律布狄斯③这两种危险中安然航行，因此在处理这个宗教改革涉及的最终问题时，宗教改革思想一定会使我们感到胆怯和变得非常谨慎。要想公正地区别历史上的善与恶，以及处理在历史中行善的义务和可能性问题，绝非易事；要将所有这些相对的判断和成就归结为福音所宣称的生命与历史的终极真理也不容易。每一尝试的努力都会陷入关于《圣经》信仰的整个悖论式的观念：一方面是历史的特征和意义；另一方面是历史意义之完成仅在于上帝的审判与仁慈。

当加尔文面对罗马的教义时，他对宗教改革思想的阐述几乎很难与路德的立场相区别。他坚持说："从神学正义的眼光来看，虔诚者的每一行为都值得谴责。"他认为，"这就是我们在与罗马天主教徒的每一场争论中都出现的重要问题"，因为，"我们与那些比较聪明的神学家的每一场争论都与公义的开端有关"；但是天主教相信，"人一旦通过信仰基督而与上帝调和，那么他就会把自己的善行解释为上帝那样的公义，把这种功德当作他接受上帝的原因"，而"主正好相反，宣称这种信仰是亚伯拉罕式的公义"[46]。

他相信，"获得再生的人仍旧有罪恶的源泉，会不断地产生违反常性的欲望。……圣徒身上仍然存在着罪恶，直至他们摆脱肉

---

① 本节在原文中编为第三节。

② 斯库拉(Scylla)是希腊神话中的六头女妖，住在意大利墨西那海的岩礁上。

③ 卡律布狄斯(Charybdis)是希腊神话人物，因偷窃赫拉克勒斯的牛而被宙斯用雷击死，变成海中的大岩洞，每天吞吐海水，形成大漩涡。

体"[47]。下面这段话可能是他对成全和罪恶的最深刻的洞察："当我们把圣徒的美德称作完善的时候，我们认为这种完善在于承认自己在真理和谦卑两方面的不完善。"[48]

但在发展自己的成圣教义时，他得出的结论与天主教的成圣观几乎没有什么区别。他问道："你希望得到基督的公义吗？那么你首先要拥有基督；但若你不分有他的圣洁你就不可能拥有他；因为他是不能被分割的。……要与基督合一，我们以此把成圣的和公义的义人都包括在内。"[49]他认为排斥凭功德称义的想法并不意味着"无善功可行，或所行的功绩不是善功，而是意味着我们既不能依赖这些功德，也不能把我们获救的希望寄托在这些功德上"[50]。

他有时候相当接近天主教对可恕之罪与肉体之罪的区别，例如，他声称成圣的状态意味着"我们的肉体欲望一天天地得到控制，我们成圣了，亦即为主献身，进入真正纯洁的生活，把我们的心塑造成服从他的律法，这样我们先前的主导倾向也就服从他的意志了"[51]。

这可能就是问题的关键。每当基督徒宣称主要的罪恶被打破了，所剩下的只是偶然的"肉体欲望"，而不承认自爱之罪以一种更加基本的形式表现出来，那么就会有一种相应的"破碎的灵和悔悟的心"的散失。生命的完成也就不再服从有和没有的悖论。加尔文有时候用奥古斯丁的术语来定义这个悖论，并相信圣徒尽管没有最终达到成全的地步，但基本上是公义的。他宣称："信徒由于其生活的圣洁而被称为公义的；但是由于他们宁可追求公义而不是实际拥有公义，因此把这种公义视为一种因信称义是适宜的，这种公义的源泉是信仰。"[52]

在加尔文的《基督教原理》中，对基督教称义与成圣的悖论所作的界定比在其他思想体系中更加细致。如果说他的错误在于最后的要求太多，那么他之所以犯这个错误是因为他若是对这个错误进行矫正就无法不犯相反的错误。但是当加尔文感到自己对基督徒的成圣过于自信时，他承认这是个错误，不仅在他的其他著作中加以考察，而且也用他自己的行为来加以纠正，而他一般并不总会作如此仔细的限定和保留。

他常有的倾向是把罪定义为肉体欲望而非把自爱归为一种新的自称为义；因为圣徒的本质是一种完全受约束的生活，一切欲望都服从于主导的目的，这是一种比成全更加简单的可能性，而成全是要从主导目的中排斥一切个人主义的成分。清教徒自我称义的历史揭示出加尔文主义在这一要点上的虚弱。加尔文没有完全明白爱的律法是终极律法。这至少是一个原因，他认为自己渺小，无法自信地对抗存在的罪恶这一矛盾，尽管他提出抗议，不把拯救归于圣徒的善行。在信、望、爱三种信德中，爱是最伟大的，这是保罗的论断，而加尔文把这个论断解释为仅当"善行能够侍奉更多的人"时，爱才是有意义的，"因为只有很少的人可以因信称义"[53]。在他的美德序列中，爱不仅置于信仰之下，而且置于"信仰的纯洁"之下。然而确实是因为他对异端的不爱，所以他认为异端有罪，他们"亵渎了上帝的尊严"，这种罪远远胜过"杀害无辜、毒死客人、对父亲施暴"[54]。他也揭示出缺乏虔诚是自称为义的一种具体的罪，这些人不知道自己在某种意义上就是他们要加以谴责的人。[55]"被拣选者"的真正谦卑精神和他们"灵性破碎"的最终证明在于他们仁慈和宽恕的能力。如果意识不到自己需要宽恕，"善人"绝不会对"恶人"表现怜悯。

加尔文对恩典与律法之关系的看法和路德关于恩典与律法的教义之间有差别，这种差别与两位神学家之间的一般差异相吻合；加尔文倾向于律法主义而非超道德主义。他不像路德那样相信恩典废除律法，因为他不认为成圣是一种超越一切律法的爱的迷狂。他宁可视之为严格服从律法。但由于处于犯罪状态的灵魂不可能知道完善的律法，因此灵魂必须接受"神圣律法"的指导，尤其是《圣经》中启示的神圣律法。

他说："尽管上帝的律法包含生命的更新，借此在我们中间恢复上帝的形象，然而由于我们的怠慢需要有许多刺激和帮助，因此在《圣经》中收集生活规范是有用的，这样一来那些真诚悔改的人就不会在追求中感到困惑。"[56]

加尔文的"神圣律法"在这里有了很好的定义，他在其中找到了对各种道德、社会问题的一个答案。因为它是一个从"《圣经》各处"汇集起来的大全，不涉及与历史相关的事情，而这些事情在过去被视为神圣的教规而得到崇拜。在加尔文一般的《圣经》无误论中，这就是他的伦理大全，而不必说在他的《圣经》崇拜中了。正如路德把

《圣经》主要当作"基督的摇篮"，因此要用《圣经》的基督来批评《圣经》本身一样，路德也把爱理解为超越《圣经》中其他所有诫命的诫命。这样一来他就避免了在神学和伦理两方面犯《圣经》无误论的错误。而另一方面，加尔文在这两方面都犯了错误。

加尔文的"神圣律法"在社会政治生活中比路德粗略的指导有其持久的长处。但它还是结合了蒙昧主义和自以为是这两种错误。蒙昧主义者不足以使人在他与同胞的关系问题上具有决定正义与非正义的理性能力。它的幼稚使它要诉诸《圣经》的权威来解答每一个可以觉察得到的道德与社会问题。天主教的社会道德的形成尽管不正确地相信用一种普世理性来规定正义标准的能力，但它有时候比加尔文诉诸"神圣律法"更加容易辨别。加尔文的伦理体系就像蒙昧主义的伦理体系一样自以为是；因为它在道德标准的超验性的完善方面给了基督徒一种不正确的自信。加尔文的道德标准是从《圣经》中派生出来的，不仅在无数相对的判断上是晦涩的，包括把《圣经》的标准用于具体情况，而且在历史的相关性上也是晦涩的，这些相关的事情已经渗入了《圣经》的标准。

尽管加尔文主义对民主正义的进步作出了某些真正的贡献，这些我们不久就能看到，但在最近几个世纪中人类朝着更高的正义前进，而对此作出更大贡献的是宗派主义和文艺复兴运动的各种版本，这并不值得惊讶。这些运动对个人主义在各种正义的历史体系中造成的腐败比天主教更加视而不见；但是他们懂得，理性的人使用他们的理性来衡量自己同胞的需要是可能的，也是一种义务，可以界定一个可接受的正义标准，以此划分"我的"和"你的"。宗教改革的双方都把正义当作凭人的罪性无法解决的问题；或者说他们假设了一个超验的正义标准，只有这种标准才是没有受到人的罪恶的沾染，这种处理方法过于简单。诉诸这样的标准只能引起一种更大的人为的努力，想要超越历史的含糊和矛盾去发现一个绝对安全和保险的地位。

对宗教改革的思想和生活的多方面考察可以导致这样的结论：尽管它激烈地反对天主教对待历史的不成熟的倾向，但它自身仍在不断地受到诱惑犯同一类错误，它使用了不同的假设工具，但它犯了相反的错误。

这一事实表明，宗教改革给我们的启发必须与整个人类经验更加"辩证地"联系在一起，而不是以宗教改革为榜样继续这样做。它的辩证式的"既是又非"的肯定、基督徒既是"正义的又是不义的"、"既是罪人又是义人"、历史既充满又否定上帝的王国、恩典既重复自然又与自然矛盾、我们既要成为基督又不能成为基督、上帝的权柄既在我们当中又在审判和怜悯中反对我们，所有这些论断都只是福音与历史之关系的那个核心悖论的各种表现形式，必须从上到下地运用于人生经验。没有任何生活领域不受到"恩典"的影响。没有任何复杂的社会正义的关系与上帝之国的爱是不相干的。另一方面，除了在原则上，没有一个领域会没有历史的不安定，没有一个经验会没有焦虑。祈祷的运动确实存在，也有使人如上七重天般的爱的迷狂，但是这些运动只不过是完成生命的一种"真诚"，一定不能说成是一种拥有。最后，人对历史的超越是存在的，人因信而犯罪也是存在的。但这也是一种"真诚"，就像旷野中的玛哪①，一旦被安心地储藏起来就败坏了。

(三)宗教改革与文艺复兴的综合②

由于路德教的失败主义和加尔文主义者的蒙昧主义倾向，宗教改革必须被视为对文艺复兴击败宗教改革作出了贡献的原因。宗教改革没有把对恩典的最终回答与一切直接或间接的罪的问题联系起来，没有对生活作出回答。因此，它没有启发人们去认识在各种可见的历史和社会状况中实现真与善的增长的可能性和限制。

这种失败主义只是对宗教改革的失败作出贡献的原因，因为在过去的世纪中历史乐观主义的一般气氛似乎驳斥了在宗教改革中表现为真实的东西；正如它似乎对文艺复兴中正确与错误的东西都有效。然而，在文艺复兴中存在着一种小小的倾向，强调要区别正确与错误，要区别它的最终生活观和历史观方面的真理和它错误地把这种有帮助作用的真理用于间接的文化和社会组织问题。

但当我们面对给我们时代的文化重新定向这一任务时，小心区别每一运动中的正确方面与错误方面就变得非常重要。在努力作出

① 玛哪(manna)是《圣经》中的天降食粮。

② 本节在原文中编为第四节。

这样的判断时，当然会有一种强大的自以为是的成分，而在那些持不同意见的人看来，这些判断是不能容忍的。但对那些发现这些判断有效的人来说这些判断是可以容忍的，人们认识到它们是在"恐惧和颤抖"中作出来的，至少在当代历史中部分有效。

如果我们对近代历史的解读完全正确，那么它是动态发展的。对乐观主义的驳斥、各种近代宗教与文化的运动，全都内在地联系在一起，被我们广义地定义为"文艺复兴"。按照同一标准，宗教改革的基本真理是有效的，但它在所有直接和间接的生活问题上所持的蒙昧主义和失败主义应当受到责难。

近代历史的"逻辑"，这个说法听起来相当大，但可以非常简单地加以确定。一方面，扩展一切形式的知识、发明机械的和社会的技术、人的力量和历史潜力的相应发展以及由此产生的人类社团在范围和复杂性上的增长，这些都非常清楚地证明了集体的或总体的生活形式以及个人的生活形式都在增长；另一方面，历史的进程，尤其是已经过去了的两个世纪，已经证明把增长等同为进步是错误的。我们已经学习或必须学习生活的每一种新发展，尤其要从当代历史的悲剧中学习，无论是在个人的还是在社会的意义上，这些新发展都在向我们呈现出在历史中实现善的新的可能性，我们有义务对这些新的可能性作出回应；但我们在每一新高度都会面临新的困难，这种历史成就的新高度并没有使我们解除一切历史中的生命都是主体这一观点所带来的矛盾和晦涩。换言之，我们已经学会了历史并不是它自己的救赎者。在终极意义上，"漫长"的历史并不比"短暂"的历史更能得到拯救。近代历史的晚期发展赋予基督教信仰的宗教改革版本以新的相关性。给这个历史教训确定如此重大的借鉴意义并不需要表示歉意。福音书包含的真理不能在人的智慧中发现。然而它可以在人的智慧和人的善良认识到自身限制时被发现；创造性的绝望导致信仰。信仰一旦产生，也就变成真正的能从原本无意义的生活和历史中产生"意义"的智慧。这对各个时代的个人来说都是可能的，无论所处的历史环境如何。

但是我们无法否认，历史环境可以或多或少地有利于"上帝的悲哀"的介入，促使人的改悔。历史上有过一些有希望的时期，基督教的信仰与之似乎没有什么关联，因为历史本身似乎既能提供基督教信仰在上帝那里发现通过基督所启示的审判和救赎。当诸如此类的希望的空洞性被完全揭露时，还有另外一些理想破灭的时期。我们已经度过了这样一些有希望的世纪，而我们现在正处在理想破灭期。这些历史上的有希望的世纪几乎已经摧毁了把基督教的信仰当作近代文化与文明的潜在力量的看法。我们并不认为在这个理想破灭时期自己必定要复兴基督教信仰。我们要做的只是重建它的关联。对那种导致新信仰的创造性的绝望来说，总会有绝望的替代物，总会有"世人的悲哀"。

然而，近代人若是有助于我们发现生活的意义而不把一种失败的自信仅仅放在历史性的增长上，那么我们必须说，这要归功于把福音真理传播给这个世代的人，我们要接受而不是拒斥那些在充满偏见和教派之争的世纪里学到的关于生活与历史的真理。这一点更加重要，因为他们所学到的内容包括整个《圣经》先知的历史观，按其最纯粹的形式来看，它总是把历史视为动态的，也就是说朝着一个终点运动。

因此需要有一种新的综合。这种综合必须包括《圣经》宗教恩典的两个层面，还得加上近代历史带来的启示、文艺复兴和宗教改革对历史的解释，要把目标对准那个关于恩典的悖论。简要地说来，一方面它意味着承认历史中的生活必然充满着不确定的可能性。不存在任何个人的或低级的灵性状态、文化的或科学的任务、社会或政治的问题，人们在其中不会面临新的实现善和义务的可能性。另一方面它意味着每一种完成生活的努力和意愿，无论是集体的还是个人的，每一种超越历史矛盾的愿望或最终消灭历史的腐败的努力和愿望，必须公开进行否定。

由于文艺复兴和宗教改革已经使基督教悖论的两方面意义都变得更加清晰，所以我们可以肯定，想要回复到古老的，亦即中世纪的综合大有人在，但这样做是不可能的。

中世纪天主教的综合是不适宜的，因为它的依据是调和恩典的两个层面。这种综合阻遏了每一层面的发展。它限制了恩典对人为的和历史的体制所起的作用，因此它的完成生活的观念受到伤害。在灵性和道德领域，这就意味着恩典局限于受体制控制并调配的圣礼。由于"恩典"的力量和可能性超越一切人的可能性，这就意味着这样做是把上帝的自由限制在有限的人的范围之内，但这是不可容忍的。耶稣对尼哥底母说："风随着意思吹。"[57]这是对神的恩典在历史中的自由的一个鲜明的描述，它创造奇迹而无须任何祭司或教会的"批准"。因为在社会道德领域中有些最重要的发展不顾神圣教会的反对而在近代生活中产生，而当时的教会把社会正义愚蠢地限制在封建社会的基本生活条件之中，近代文化仍旧要通过强烈憎恨这样的教会来形成，这是可以理解的。

天主教在文化领域中的综合同样无益。相信没有一种精致的哲学或科学可以使我们通向福音中包含的真理，这是一回事；而允许人为的体制控制整个文化过程，为的是防止科学和哲学反对福音的权威，这是另一回事。当福音对人类一切文化的最终权威就这样变形为一种历史的和人为的体制时，祭司的骄傲就不可避免地与一种权威混合在一起，而这种权威在终极意义上只能超越一切人为的状态与成就。如果一种人的权威给人们在其中追求真理的条件加上限制和限定，那么在一种追求生活与历史的最终真理和依据信仰对其加以理解的意图中，重要的真理不可避免地受到压制，有价值的文化抱负会受到阻遏。

各个文化部门的真实状况是，通过分析位于存在的每一层次上的事物之间的关系，无论是地理的还是生物的、社会的还是心理的、历史的还是哲学的，人的心灵能够发现和解释不确定的多种多样的意义体系及其相关的事物。如果这些次一级的意义领域弄清楚了，那么它们就会增进我们对存在性质的理解，也能增强我们对实在的认识。它们还可以作好向导，指导我们的行为和行动，无论我们是去开发自然还是去控制社会力量，或是去规范个人生活。如果这种努力是为了把任何一个次级意义领域当作理解整个意义的线索，那么这种文化上的追求就与偶像崇拜有关了。为生活的意义找了一个不成熟的源泉和目的，也就是说找了一个并不是真正的上帝的神，找了一个并非真正的最终审判的原则，或者说找了一个并非最终能得到救赎的拯救或完成生活的过程。

自由地追求知识会导致各种形式的偶像崇拜，这也许是不可避免的。会有某些哲学声称以某种意义体系理解了世界，这种理解优于基督教信仰在其中发现的悲剧性的、悖论性的意义。会有社会哲学家确信自己已经找到了一条在历史中寻求完全的兄弟情谊的道路。会有心理技术专家自称能解除人类存在的一切焦虑，并由此解决人类的腐败。甚至会有一种工程学的计划，仅仅通过增加舒适来完成生命。

福音的真理不能理解为通过任何人的权威的干预来反对上述企图。使文化摆脱偶像崇拜的努力是不聪明的，因为真理必定要受到谬误的压制。让我们来看一下那个关于麦子和稗子的寓言："容这两样一齐长，等着收割。当收割的时候，我要对收割的人说，先将稗子薅出来，捆成捆，留着烧；惟有麦子，要收在仓里。"[58]

这样的努力肯定也会夭折，因为人们若是没有发现那些在他们看来是终极真理的谬误，福音的真理就不可能成为有效的，在那完全无意义的深渊边缘是他们那些最有吸引力的意义体系。换言之，基督教的信仰必须更加自由地与所有人的文化生活中的力量和抱负来往，而不是去允许一种中世纪教会建立过的文化与信仰的综合。

但是另一方面，宗教改革由于不能在文化中发现最终智慧而具有否定一切间接文化任务的倾向，漠视在历史中获得一种更加宽容的兄弟情谊的义务，因为这样的成就缺乏拯救，这些同样也是不能认可的。我们时代的文艺复兴精神已经粗略地把天主教和新教教会当作文化和社会的蒙昧主义。人们几乎不了解这两种形式的基督教在策略上有多么大的不同。如果说其中一个是蒙昧主义，那是因为它不成熟地限制了对知识的追求和社会制度的发展。如果说另一个是蒙昧主义，那是因为它漠视一切人都必须考虑的思想和生活问题，尽管这些问题中并不包含最终的拯救，或是因为它用一种包含在《圣经》中的新权威来制造生活的终极意义，以此替代所有次级意义领域，或者排斥建立这些次级领域的必要性。

任何文化与基督教信仰之间的有效综合，也是恩典的两个层面的综合，一定不能从一些直接或间接的人的处境中抽象出人的最终处境。没有一种社会或道德的义务会不要求我们一方面去实现更高的善的可能性，另一方面去揭示历史中的善的有限性。没有一种生活的奥秘或偶然关系的复杂性对好奇的心灵不能产生要去理解它的吸引力，而要理解奥秘就要依靠精细的考察。因此，如果我们不能勤奋地追求近似正确的答案和解决方案，就没有办法理解人类存在的终极问题。不把最终的解决方案与一切近似的可能的解决方案始终联系在一起，那么也就不会有任何有效的最终解决方案。在这一点上，文艺复兴的视野比天主教的或宗教改革的视野更加真实。

宗教改革必定要对这种综合作出重要贡献的地方在于它驳斥了天主教和文艺复兴对完成生活和完成历史的看法，这种完成要么是依靠恩典，要么是依靠人的天赋能力或在历史过程中获得的能力。在这个地方，宗教改革重新发现了蕴藏在《旧约》先知主义并在《新约》中进一步明晰了的关于生活和历史的终极真理。在这个意义上，宗教改革的启示意义超过了天主教的综合包含着的启示，这种启示不能按照这种综合所达到的希腊主义和先知主义的调和来加以说明。

强调在所有历史的有限性和腐败中完成生命的可能性和应尽的义务，恩典的这两个层面蕴涵着历史是一个有意义的过程，但历史不能自我完成，因此就要在某一点上接受上帝的审判和怜悯来实现完成。基督教神人合一的教义包含着上帝的怜悯和上帝的愤怒之间的悖论，然而正是由于这一观念的悖论性质，因此它才成为解释历史的最终钥匙。上帝的怜悯与愤怒是历史的严肃性的象征。善与恶之间的区别是重要的，具有终极意义。善的实现必须严肃地进行，因为能"收入仓里的"是与稗子分开的麦子，也就是说，处在无限变动之中的善具有超越变动的意义。

另一方面，上帝的仁慈在奇怪地实现上帝的审判，但又与审判相矛盾，它指的是一切历史上的善的不完全，一切历史成就中都有邪恶的腐败，一切历史的意义体系都不完全，因为其中没有永恒的仁慈，不知道如何摧毁和转变自身中的邪恶。

因此，基督教的神人合一教义不是某种不可理解的迷信的残余，也不是一个完全不可理解的信条。它对一个自信地注视着世界、相信人的心灵可以理解一切奥秘的智慧来说是不可理解的，在此意义上，它确实是人的智慧的另一面。然而，它象征性地包含着一切基督教的信仰，人必须做什么、人不能做什么、人做这些和不做这些的义务和最终能力、在历史中作决定的重要性和历史成就的重要性，以及这些事情在最终意义上的微不足道，在此意义上，它只是智慧的开始。

注释

[1]《物理学》，20 页。

[2] 参见温勒・基戈（Werner Jaeger）：《亚里士多德》，第 8 章。

[3] 尽管亚里士多德信奉自然主义，但他的心理学仍独立于柏拉图，而且说亚里士多德哲学是隐秘的二元论可能是错误的。他的二元论已够明显的了。他相信没有肉体的生命是灵魂的常态，灵魂待在肉体中就是一种重病。参见基戈：《亚里士多德》，51 页。

[4] 斯多葛思想中有关人类理性与自然理性的混乱，在狄奥根尼・拉尔修（Diogenes Laërtus，公元前 412—前 323）关于芝诺思想的阐释中已尽显无遗，而这种混乱从未间断地一直存在，直到 18 世纪的学说，还在从斯多葛学派借用这类学说。他写道："当有理智的动物被赋予象征更为尊贵的理性时，它们的生命与自然的一致也就意味着与理性的一致。因为，理性就像一位驾驭冲动和欲望的艺术家。因此芝诺认为，生活的目的就是和谐地生活在自然中，即过美德的生活；因为自然所导向的便是美德。另一方面，美德生活是与我们经历的自然过程相一致的，我们人类本性就是宇宙本性的一部分。"（《狄奥根尼・拉尔修》，第 7 卷，85 页）

[5] 尼采在他的《悲剧的诞生》中认为，古希腊戏剧家过于表现其活力主义哲学。悲剧的意义恰好在于那种不可调和的冲突，该冲突就是古希腊思想中有关奥林匹克原则与酒神原则（庄严原则与疯狂原则），理性原则与活力原则之间的较量。引人注目的是，宙斯，这位秩序和权衡之神，一直以最后的仲裁者身份出现在古希腊悲剧中。

[6] 参见 S. H. 巴切勒（Butcher）：《希腊人的抑郁》，载《希腊天才的若干方面》。

[7] 参见 E. 毕文（Bevan）：《斯多葛学派与怀疑主义》，100 页。

[8]《文化的批评与展望》，第 6 章，第 13 节。

[9] 有关这方面的一些重要文献有曼内蒂（Manetti）：《优秀人类的尊严》；瓦拉（Valla）：《决意的自由》；彭波拉奇（Pompanazzi）：《命运与前定的决意自由》；皮科：《论人的尊严》。

[10] 除了其他书以外，可参见弗里兹・康克尔（Fritz Kunkel）：《性格、单独的个人和群体》。

[11] 按纯社会学术语来解释"心灵"——即人类自由——的突现的诸种努力都自相矛盾，有时甚至到了滑稽的程度。故而，乔治・H. 米德（George H. Mead）教授——她详细阐释了一种在美洲广为认可的社会行为学家的观点——在其《心灵、自我和社会》一书中，她论证道："（我们的观点）必须与社会上关于心灵的偏颇观点清晰地区别开来。根据我们的观点，心灵只有在一个有组织的社会团体中才得以表达，然而在某种含义上它仍是一种

自然天赋，一种个体有机体先天的或遗传的生物属性……而根据后一种观点，社会进程是以心灵作为其前提预设的，且在一定意义上它本身就是心灵的产物；与此观点直接相对，我们相反的观点是，认为心灵乃以社会进程作为其前提预设，且它本身就是社会进程的产物。我们这种观点的好处在于，对于心灵的来源和发展，该观点为我们提供了一个详细的解释，并且事实上作出了解释。"(224 页)但当米德教授写下以下脚注——"因此，只有在人类社会中，只有在社会的关系及其相互作用的特殊复杂背景中，心灵才得以突现或才可以突现，而正是人的中枢神经系统才使以上这些社会关系及其相互作用在心理学上成为可能。所以，人显然是惟一具有或可以具有自我意识或拥有自我的生物有机体。"(235 页)——时，这种以严格一致而著称的观点便丧失了它的一致性。

[12] 弗兰兹·普非菲尔(Franz Pfeiffer)编：《梅斯特·艾克哈特》，第 1 卷，48 页，C. 艾文斯(C. Evans)。

[13] 同上书，220 页。

[14] 《自然体系》，第 2 卷，8 页。

[15] 《自然体系》，第 3 卷，91 页。

[16] 同上。

[17] 《论出版的自由》，22 页。

[18] 《边沁著作集》，第 10 卷，80 页。

[19] 《道德普遍原理》，第 6 章，第二部分。

[20] 同上书，第 6 章。

[21] 同上书，第 6 章，第一部分。

[22] 《实证主义概论》，100、102 页。

[23] 《自由主义与社会行为》，82 页。

[24] 同上书，51 页。

[25] 《自由主义与社会行为》，71 页。

[26] 约瑟夫·拉腾纳(Joseph Ratner)：《约翰·杜威的哲学》，381 页。

[27] 约翰·杜威：《自由主义与社会行为》，76 页。

[28] 参见鲁道夫·奥托(Rudolf Otto)：《神秘主义——东方与西方》。

[29] 《论基督徒的自由》，261 页。路德非常频繁地使用婚姻这个神秘的，也是保罗的比喻来描述灵魂与基督的合一。他说："信仰的第三种无可比拟的恩典是：它使灵魂与基督合一，就好比妻子与丈夫合一，凭着这个奥秘，就如使徒所说，基督和灵魂合为一体。现在如果他们是一体的，如果这是一个真正的婚姻……在他们之间完成……那么，他们各自所拥有的都成为他们共同的，无论他们所拥有的是善还是恶；所以，无论拥有了基督的什

么东西，那个信基督的灵魂都可以自夸为自己的，而无论什么东西属于这个灵魂，基督也都可以宣称这是他自己的。""基督充满恩典、生命和拯救。灵魂充满罪恶、死亡和地狱。这些将归于基督，而恩典、生命和拯救将归于灵魂。"（同上书，264 页）还可注意到，文中最后一段把公义的灌输视为与已经取得的公义联系在一起。

[30] 同上书，270 页。

[31] 这一对善行实质的正确表述也包含着路德的一个错误。因为它认为"只凭着信仰"，而非"只凭着恩典"，才能找到和平。这就意味着人是由于接受了凭着信仰而得到的恩典，而非由于恩典本身，才成为具有决定作用的。这个错误使路德排斥任何能够在基督徒生活之外实现的善。因为他继续说："不对，除非他先成为一名基督徒，否则他的工作根本就不会具有任何价值：它们实际上确实是不虔诚的、应受谴责的罪行。"（同上书，275 页）

[32] 魏玛（Weimar）编：《路德著作集》，第 40 卷，265 页。

[33] 参见 W. 贝特克（Werner Betcke）：《路德的社会思想》。路德对基督教伦理中爱的诫命的首要性的理解肯定比加尔文更加深刻。

[34] 《加拉太书诠注》，93 页。

[35] 埃米尔·布伦纳：《神圣的命令》，72 页。

[36] 路德关于恩典与律法的关系的看法在他的《加拉太书诠注》中得到最清晰的表述。他说："当保罗说基督把我们从律法下解救出来的时候，他讲的是整个律法，主要是责备、阻止、谴责良心的道德律法，而不是另外两种律法（法律和仪式）。因此我们说，道德律法或十诫的律法没有权力责备或恐吓良心，耶稣基督用他的恩典统治着良心，他已经把这种权力消灭了。"（《加拉太书诠注》，21 页）

[37] 埃米尔·布伦纳：《神圣的命令》，72～78 页。

[38] 在分析这个问题时，布伦纳不断地将道德义务的各种含义与"律法主义"混淆，也就是说把道德义务的限制与具体的行为准则相混淆。他写道："律法主义者类型的人发现在与他的同胞打交道时不可能成为一个真正的个人。在他与邻居之间有某些非人的东西存在，'观念''律法'……这些抽象的东西阻碍着他真实地看待他人。"这个说法用来谴责狭义的律法主义者也许是正确的，但是布伦纳把所有关于道德义务的经验都纳入这个术语之下，然后又说，"只在义务的意义上所行的善绝不是善。义务与真正的善是相互排斥的"（同上书，73～74 页）。按照这个标准，那么历史上就几乎没有什么善可言了。假定我们承认，被吸收到完善的爱中来的各种意义上的义务不多。但是，凭借义务感的扩张而达到越来越高级的善的形式仍然

是重要的。当我们面对同胞的宣言说我们决不能成为"律法主义者的"时候，我们并非是在用某些确定的正义标准衡量这些宣言。然而，我们可以用不安宁的良心掂量那些反对我们自身利益的宣言，并决定对他们行公义。这个完整的道德过程可以不涉及任何已知的"律法"。它可以是极为个人的。但它也仍旧可以缺乏完善的爱，而布伦纳似乎把这种完善的爱视为惟一对"律法主义"的解脱。

[39] 参见《加拉太书诠注》。把这种严格区分宗教和世俗的自由观与约翰·密尔顿(John Milton)的观察作些比较是很有趣的。他说："邪恶的基督徒思想上有基督徒专制的想法并非不合适，他们想要人们知道他们是基督徒，他们不仅在争取诞生的自由，而且寻求外界的接受，免得……这些从圣灵而生的人受到迫害……剥夺他们神圣的自由，这是我们的救世主用他自己的鲜血为他们换来的。"(《教会的世俗权力》)密尔顿宣称它"不适当地与我们争论奴隶制的问题，以我们的救世主为例"，基督确实以"我们的奴仆的形象出现，但一直保持着拯救我们的目的"。他问道，那些贡钱"上面刻着的是谁的像和铭文"？人们告诉他那是恺撒的像。他说："那么把属于恺撒的东西给恺撒。……我们的自由不属于恺撒。自由是我们从上帝那里得来的赐福。"(《圣公会宣言》)这是对福音与社会问题之关系的另一种宗派主义的看法，这种看法是对的，而宗教改革在这个问题上的看法是错的。

[40]《加拉太书诠注》，2页。

[41] 路德声称，农民要求消灭农奴制，"使一切人平等，这样就使基督的精神王国变成一个外在的、现世的王国。但这是不可能的！没有不平等的人，尘世的王国就不会存在。一定会有自由民和农奴，也一定会有统治者和臣民"(魏玛编：《路德著作集》，第18卷，326页)。"应当消灭农奴制，因为基督使我们自由，这种想法是邪恶的。基督赋予我们精神上的自由，为的是使我们能够抗拒魔鬼。"(同上书，333页)

[42] 路德写信给农民说："你们不能忍受他人对你们不公正的伤害，但你们想要自由、公正和善良……如果你们不想接受这样的权利(忍受的权利)，那么你们最好放弃你们基督徒的名称，自己去找一个与你们的行为相应的名称，或者说基督也会来剥夺你们基督徒的名称。"(魏玛编：《路德著作集》，第18卷，309页)路德给那些国王们写信说："一切事物都被造为自由的和公共的(《创世记》，1～2章)、他们全都平等地受洗，把这些都告诉农民没有什么好处。……因为摩西没有在《新约》中说任何东西，而我们的主基督赋予我们肉体和财产，置于恺撒和世俗的法律之下，他说：'把属于恺撒的东西给恺撒。'"(魏玛编：《路德著作集》，第18卷，361页)《圣经》无错论者在一个事例中作出毫无保留的判断，而在另一个事例中则又作出完全

相反的论断。

[43]《罗马书》，3：1～3。

[44] 在激进的宗教改革思想推动下，社会道德领域内的失败主义可以深刻地用一位现代辩证神学家的观点来说明。汉斯·阿斯姆森（Hans Asmussen）写道："这个家（世界）应当通过伦理行为尽可能被造就为美丽的，只要这个说法还是教会的信息，那么我们就是世俗主义的工具。……如果教会对这个世界和天堂说，让我们等着吧，那么认信这种信仰可能更好些。终止一切社会不公正、消灭战争，在你们做完这些以后，让我们继续等待。所有这些事在我们看来还不够让人类在道德和精神上达到最完善的程度。这对我们来说也还不够。……我仍将成为等待着的人们中的一员。因为我有福音，有好消息。我等待着死者复活和新生活的到来。"（《时代论》，1930）这段话显然有一种末世论的张力，属于基督教的历史观，允许摧毁历史的意义和剥夺一切历史任务以及对它们应尽的义务。埃米尔·布伦纳在伦理行为方面所得出的结论同样也是失败主义的，但比这位辩证神学家的结论更加有趣。他一方面允许对人类一切罪行进行宗教的最终观察，从而使一切巨大的差别消失。他说："我们看到人生的真实目的如何被引导着去建构人生框架的'秩序'，人们所寻求的目的有多么贫乏，而要达到这些目的所使用的方式又是多么卑鄙无耻。"另一方面，他又以这样一种方式解释"因信称义"的教义，导致一种自鸣得意地接受一切非正义行为。他宣布："法官必须按照国家的现有法律进行审判，哪怕他个人认为这条法律是不公正的。在以这种方式行事时，如果他按照信仰的精神办事，那么他并没有作出'妥协'。因为他知道自己不能创造一种更好的法律，而在这个世界上法律又是必需的；他也知道只要立法的人不公正……对世人们的生命终结而言……就不会有真正正义的法律体系。"（《神圣的命令》，253～255 页）整个法制史已经表明，在新情况出现时，通过使用想象性的法律来维持法制传统下的生活所具有的重要性。幸运的是，总是有这么一些法官从来没有听说过这个因信称义的教义，因此总是凭着理智的良心尽可能公正地运用法律。

[45] 参见埃米尔·布伦纳：《神圣的命令》，264 页。

[46] 加尔文：《基督教原理》，第 3 卷，第 14 章，第 11 节。

[47] 同上书，第 3 章，第 10 节。

[48] 同上书，第 17 章，第 15 节。

[49] 同上书，第 16 章，第 1 节。

[50] 同上书，第 17 章，第 1 节。

[51] 同上书，第 14 章，第 9 节。

［52］同上书，第 17 章，第 11 节。

［53］基德：《欧洲大陆宗教改革运动文献汇编》，第 1 卷，798 页。加尔文认为，"就像我们的自由应当服从仁慈一样，我们的仁慈应当服从信仰的纯洁。只有与仁慈联系起来我们才可称义，但我们一定不能因为爱邻居而冒犯上帝"（加尔文：《基督教原理》，第 3 卷，第 19 章，第 13 节）。

［54］《撒迦利亚书诠释》，第 13 章，第 3 节。

［55］这个问题将在下一章作更加详细的处理。加尔文强调克制肉体欲望，把公义等同为自我约束，这与他比较《圣经》式地把罪定义为骄傲不完全一致。他并不完全缺乏把爱理解为最终的善。他写道："他的生活是最优秀的、最圣洁的，他尽可能卑微地生活。"（加尔文：《基督教原理》，第 2 卷，第 8 章，第 54 节）

［56］同上书，第 6 章，第 1 节。

［57］《约翰福音》，3：8。

［58］《马太福音》，13：30。

选译自莱茵霍尔德·尼布尔：《人的本性与命运》，第 1 卷，"人的本性"，第 1 章；第 3 章，第 1～2 节；第 4 章，第 3 节，伦敦，尼斯贝特出版有限公司，1943。 张国栋译，万俊人校。

选译自莱茵霍尔德·尼布尔：《人的本性与命运》，第 2 卷，"人的命运"，第 7 章，伦敦，尼斯贝特出版有限公司，1943。 王晓朝译。

［美］蒂利希（Paul Tillich，1886—1965）

《存在的勇气》(1952)(节选)

《爱、力量与正义》(1954)(节选)

《*存在的勇气*》（1952）（节选）

一、勇气和超越

（接受"被接受"这一事实的勇气）

　　所谓勇气，就是不顾非存在这一事实而对存在进行自我肯定。这是个体自我的行为，把对非存在的焦虑自己承担起来，承担方式或者是把自己肯定为整体的部分，或者肯定为个体的自我。勇气总是包含着一种风险：它总是被非存在所威胁。这种风险或者是失去自我而变成整体事物中之一物，或者是在空虚的自我相关中失去自己的世界。勇气需要存在的力量，这是一种超越非存在的力量。在对命运和死亡的焦虑中我们体验到这种力量；在对空虚和无意义的焦虑中我们看到这种力量；在对罪过和谴责的焦虑中我们感觉到它的作用。把这三重焦虑承担起来的勇气一定植根于这样一种存在的力量之中：它比自我的力量强大，也比人处于其中的世界的力量强大。无论作为部分的自我肯定还是作为自我本身的自我肯定，都逃避不了来自非存在的多重威胁。被认为是这类勇气的代表人物之所以试图超越他们自己，超越他们参与其中的世界，就是为了发现存在一本身所具有的力量，发现一种不受非存在威胁的存在的勇气。这条规则是没有例外的，它意味着每一种存在的勇气都或明或暗地有着宗教根源。因为，宗教正是那种被存在本身的力所控制的存在状态。在某些情况下，这种宗教根源是被小心翼翼地掩盖着的；而在另外的情况下，人们又坚决否认它的存在。有时它深藏不露，有时则浮于浅表。但这种宗教根源从未完全消失。这是因为，凡存在的每一事物，都参与到存在—本身之中，而每个人都多少意识到这种参与，尤其是在他体验到来自非存在的威胁时。这样一来，我们便面临着值得考虑的双重问题：存在的勇气是怎样植根于存在—本身之中的？还有，我们应该如何根据存在的勇气来理解这个存在—本身呢？第一个问题把存在的根基作为存在的勇气的泉源；第二个问题把存在的勇气作为理解存在根基的关键。

（一）作为存在的勇气的源泉的存在之力

（1）神秘的体验和存在的勇气

由于人与他的存在根基的关系必须用取自于存在结构的象征来表现，**参与**和**个性化**截然相反的两极决定着这种关系的特殊性质，正如它也决定着存在勇气的特殊性质。如果**参与**是支配性的，人与存在—本身之间的关系则带有神秘性；如果**个性化**占优势，人与存在—本身之间的关系则带有个人性质；如果这两极都被承认、被超越，这种关系则带有信仰的特征。

在神秘主义中，个体自我竭力参与到存在的根基之中，这种参与便接近认同作用。我们的疑问并不是这一目的能否通过有限的存在物而达到，而是神秘主义能否以及怎样成为存在的勇气的泉源的。我们已经提到过斯宾诺莎体系的神秘背景，提到过他怎样从人参与其中的神圣事物的自我肯定而推导出人的自我肯定。同理，一切神秘主义者所获得的自我肯定的力量，都取自于对存在—本身的力量的体验（他们与存在—本身是统一在一起的）。但有人会问：勇气与神秘主义真可以统一起来吗？比如，在印度，勇气似乎被看作是黑夜的美德，层次上低于婆罗门或苦行僧。神秘的认同作用超越了勇敢的自我牺牲这一高贵德行。这是一种更高、更彻底、更激进的自我屈从。这是最完美的自我肯定。如果真是这样，它是广义而不是狭义上的勇气。在苦修中感到极乐的神秘主义者肯定他自己的本质存在，无视存在于这个有限世界（被称为幻境）的非存在因素。要抵御外观的诱惑是需要巨大勇气的。表现在这种勇气中的存在的力量是如此巨大，连神也畏惧三分。神秘主义者力图渗透存在的根基——婆罗门的无处不在的威力。他这样做便是在肯定他的本质性自我，这个自我已经与婆罗门的威力成为同一事物，而那些在幻境的束缚下进行自我肯定者，他们肯定的不是他们的真实的自我，无论被肯定者是动物、人还是神。这使神秘主义者的自我肯定超过了贵族的作为特殊美德的勇武精神式的勇气，但神秘主义者绝不是超越了勇气。从有限世界的观点看，那呈现为自我否定的东西，从终极存在的观点看，是最完美的自我肯定，是勇气的最激进的形式。

以这种勇气具有的力量，神秘主义者征服了对命运和死亡的焦虑。既然处于时空与有限性中的存在最终说来是不真实的，那么，起于这一存在的各种变迁与终止这一存在的非存在也同样是不真实的。非存在不再是威胁，因为说到底，有限的存在就是非存在。死亡是对消极之物的否定，同时又是对积极之物的肯定。对怀疑与无意义的焦虑也以同样的方式被纳入神秘主义的存在的勇气。怀疑是针对着存在的每一事物的，而且由于每一事物都具有虚幻的性质，它们都是可疑的。怀疑揭开了幻境的面纱，瓦解了反对终极现实的那些观念。这种勇气的表现并没有被置于怀疑之中，因为它们是每一个怀疑行为的前提条件。没有对真理本身的意识，对真理的怀疑便是不可能的。既然终极意义并不是某种确定的东西而是一切确定意义的深渊，那么，对无意义的焦虑也就被克服了。在神秘主义者进入、经历、离开的现实的不同层次上，他逐步体验到意义的缺乏。只要他在这条路上往前走，他对罪过和谴责的焦虑也就被克服了。那些焦虑并非消失了。他在每一个层次上都可能体验到罪过。这一定程度上是因为他未能满足本层次的内在要求，一定程度上又是因为他未能跨越本层次。但只要能确保最后满足本层次的要求，对罪过的焦虑就不会变成对谴责的焦虑。根据佛教的因果报应说，惩罚是自动实施的，但在亚洲的神秘主义中并没有谴责。

神秘的存在的勇气与神秘主义现象是共生的东西。这种勇气的局限在于存在和意义都呈现出空虚的状态，还伴有神秘主义者描述过的恐怖和绝望。在这种时候，存在的勇气被降低为对这种状态的接受，作为通过黑暗迎来光明、通过空虚达到充实的手段。当存在之力的缺乏被感觉为绝望时，人正是通过绝望才感到存在之力的。体验到这一点并忍受之，这便是处于空虚状态中的神秘主义者的存在的勇气。尽管表现为极端否定的和极端肯定的神秘主义都是较为罕见的，这种基本的态度，这种与终极现实结盟的努力，这种把包含在有限性中的非存在自己承担起来的勇气，是一种生活方式，人类的大多数选择了这种生活方式，这种生活方式也塑造了他们。

但神秘主义远不止是人与存在的根基所形成的关系的一种特殊形式。这种关系的所有形式中都有神秘因素。由于存在的每一事物都参与了存在之力，作为神秘主义基础的同一性因素必然存在于任何宗教信仰之中。有限的存在物根本没有自我肯定。在任何存在的勇气中，存在的根基及其征服非存在的力量都发挥着作用。对这种力量的体验甚至是人与上帝的单独交往中的一种神秘因素。

(2)神—人交往和存在的勇气

在宗教体验中，个性化这一极表现为人与上帝的个人交往。由此而得到的勇气是敢于确信表现于宗教体验的个人的现实。与前面神秘的统一不同，我们可以把这一关系称作个人与勇气之源的交流，尽管这两类关系很不同，它们却并不互相排斥。因为两者统一在个性化和参与行为这两极的相互依存之中。确信也是一种勇气，它常常被等同于（尤其是在新教里）信仰的勇气。但这样认同是不适当的，因为确信只是信仰的一个成分。信仰包含了神秘的参与和个人的确信。《圣经》的多数篇章用带强烈个人色彩的术语描述了宗教交往活动。圣经主义，特别是执著于《圣经》的宗教改革者们，就很强调这一点。路德对罗马的教会制度的客观性、数量性、非个人性因素进行了攻击。他力争建立一种人与上帝之间的直接的、单独的个人关系。在路德身上，确信的勇气在基督教思想史上达到了最高点。

路德的全部著作尤其是早期著作，都洋溢着这种勇气。他多次使用了"trotz"这个词，意思是"不顾……"他不顾自己体验过的数不清的否定之物，不顾主宰那个时代的焦虑，仍然从对上帝的坚信中、从与上帝的单独交往中获得了进行自我肯定的力量。按照他那个时代的焦虑的表现形式，他的勇气要征服的否定之物是以死亡和魔鬼形象体现出来的。人们正确地认为，丢勒①的铜版画《骑士、死神和魔鬼》经典地表现了路德派宗教改革精神，还表现了路德确信的勇气，他特有的存在的勇气。全身甲胄的骑士正骑马穿过山谷，随行在他身旁的，一边是死神，一边是魔鬼。他英勇无畏、全神贯注、信心十足地注视着前方。他单独一人，但并不孤独。在独自一人的状态中，他参与了给他以勇气去作自我肯定的那种力量，而不顾消极之物的存在。他的勇气显然不是作为部分而存在的勇气。

宗教改革摆脱了中世纪的半集体主义。路德的确信的勇气是个人的确信，它来自与上帝的单独交往。无论教皇还是教会都不能赋予他这种确信。所以他必须摒弃教皇和教会，因为此二者所仰赖的信条瓦解着确信的勇气。在他们认可的制度中，对死亡和罪过的焦虑从未被彻底克服。那种制度里面有许多的保证，但就是没有确定性；有对确信的勇气表示出的支持，但就是没有无可置疑的基础。集体也提供了多种抵制焦虑的办法，但个体无论采用这些方法中的哪一种也不可能把焦虑自己承担起来。以这些方法，他绝不能确信什么，他绝不可能以无条件的确信来肯定他的存在。这是因为，他绝不可能径直以自己整个存在来和无条件的东西打交道，绝不可能使自己和这种东西发生一种直接的个人关系。除了神秘主义外，教会总是作为中介，使人与上帝之间发生一种间接的、部分的交往。

当宗教改革运动取消了这个中介而敞开了一条接近上帝的直接的、全面的、个人的途径时，一种新的、非神秘主义的存在的勇气便成为可能。富于战斗性的新教产生了一批英勇的代表人物，他们身上明显表现出这种勇气。这种勇气同样表现在加尔文派教徒和路德派改革者们身上，只是加尔文派要表现得更显著一些。这种勇气不是冒险献身，或反抗权威，或改革教会、改革社会的英雄主义，而是确信的勇气。它使这些人英勇无畏，也是他们勇气的其他表现形式的基础。我们可以说——开明的新教已常常这样说——宗教改革者们的勇气正是作为自我而存在的勇气这种个性化勇气的雏形。不过，这样的解释混淆了可能的历史效果与事物本质的区别。在宗

----

①　丢勒(Albrecht Dürer，1471—1528)：德国画家、木刻家。

教改革者们的勇气中，作为自我而存在的勇气既被肯定又被超越。较之于神秘主义的英勇的自我肯定，新教的确信的勇气，是把个体自我作为与上帝进行单独交往的个体自我来加以肯定的。这就把宗教改革的个人人格至上论与所有后来的个人主义和存在主义做了截然的区分。宗教改革者们的勇气不是成为自我的勇气，正如它也不是作为部分而存在的勇气。它超越并统一了二者，因为，确信的勇气并不植根于对自我的确信之中。宗教改革运动宣告了相反的东西：人只有不再把确信建立在自我之上，才能确信其存在。另一方面，确信的勇气也绝不是建立在自我之外的任何有限物之上的，甚至也不是建立在教会之上的。它建立在并且只建立在上帝身上。这上帝是在一种独特的、个人的交往中被体验到的。宗教改革运动的勇气既超越了作为部分而存在的勇气，又超越了作为自我而存在的勇气。它既不受失去自我的威胁，也不受失去世界的威胁。

（3）罪过和接受"被接受"这一事实的勇气

新教的确信的勇气的核心，就是不顾对于罪过的意识而接受我们**被接受**这一事实的勇气。路德及其所属的时代把对罪过和谴责的焦虑体验为他们焦虑的主要形式。不顾这种焦虑而肯定自我的勇气，就是我们称之为确信的勇气的那种勇气。它植根于对神的宽恕所持的那种确信中，这种确信是个人的、彻底的和直接的。在人的各种存在勇气之中，都有对宽恕的确信。甚至在新集体主义中也是这样。但只有在真正的新教中，在解释人的存在时，才突出了这种确信。历史上再没有比新教更深刻、更自相矛盾的了。在路德的名言"凡不义者正是义"（就神的宽恕而言）中，以及在近代的一句话"凡能被接受者皆被接受"中，都鲜明地表现出人战胜了对罪过和谴责的焦虑。我们可以说，存在的勇气就是不顾不被接受而把自我作为被接受者加以接受的勇气。我们无须提醒那些神学家，说这就是保罗—路德教义中的"由信仰而确证"的真义。这一教义最初的措辞方式甚至连研究神学的学者也不能理解。我们必须提醒神学家和圣职人员，他们应该知道：在用精神疗法治疗对罪过的焦虑时，"被接受"这个概念就已引起注意并获得了意义，这意义在宗教改革时期可见于如下短语中："对罪过的宽恕""由信仰而确证"。把自我作为被接受者而接受下来，尽管它是不可被接受的，这正是确信的勇气的基础。

　　这种自我肯定中最具决定性的一点是：它不取决于任何道德的、知识的或宗教的先决条件。并不是善者、智者、虔诚者才有资格去接受自己的被接受，而是那些不具备这些素质而且知道自己的不可被接受性的人才有资格具备这种勇气。然而，这并不意味着被自我作为自我接受下来。这并非是一个偶然的个性的确证。这不是存在主义的作为自我而存在的勇气。这是一种自相矛盾的行为，其中，接受人被无限地超越了人的个体自我的那种东西所接受。在宗教改革者的体验中，就有把不可接受的罪人接受到审判之中、接受到重新与上帝的交往之中的例子。

　　这种情况下的存在的勇气就是敢于把对于罪过的宽恕接受下来的勇气，但这种接受不是抽象的主张，而是作为与上帝的交往的根本体验。那不顾对罪过和谴责的焦虑而作的自我肯定，是以人参与某种超越自我的东西为前提的。在为了治疗而进行的交流中（比如作精神分析时），病人参与了医生的治疗能力，医生接受了他，尽管他把自己感受为不可被接受者。在这种关系中，治疗者并不代表作为一个个体的他自己，而代表着接受和自我肯定二者所具有的客观力量。这种客观力量经过医生而作用在病人身上。当然，这种力量必须由一个人来体现，这个人能认识罪过，能裁判，也能不顾判罪而接受。如若不被小于个人的东西所接受，则无法克服个人的自我摒弃。听我忏悔的一堵墙不能对我表示出宽恕。如果人不是在人与人的关系中被接受，则谈不上自我接受，但是，即使一个人被作为个体而接受，他仍然需要自我超越的勇气去接受他的被接受，仍然需要信任的勇气。因为，被接受并不意味着没有了罪过。如果医疗者试图说服病人，要病人相信他是无罪的，则反而弄巧成拙。他会阻碍病人把自己的罪过纳入他的自我肯定之中。医生可以帮助病人把自己放错位置的、神经质的罪过感转变成放正位置的真正的罪过感，但切不可向病人说"你无罪"。医生把病人接受到与医生的交流之中，而用不着谴责什么、遮蔽什么。

　　然而，正是在这一点上，宗教的"作为被接受的接受"超越了医学的治疗。宗教诉诸的是力的本源，这种力通过对不可接受者的接受而发挥治愈的功能。宗教要求上帝的帮助。被上帝接受，上帝的宽恕或释罪行为，就是存在的勇气的惟一的本源，这种勇气能把对罪过和谴责的焦虑纳入自身。因为，自我肯定的最终的力量只能是存在—本身的力量。比这更弱的一切事物，比如某人自己的或其他人的有限的存在力量，都不能克服非存在所具有的极端的、无限的威胁，人是在自我谴责的绝望中体验到这种威胁的。所以，确信的勇气(如路德所表现出的)不断强调对上帝的惟一确信，而拒斥用其他东西来作为自己存在的勇气的基础；因为用那些东西作为存在的勇气的基础不仅远不充分，还把他驱入更大的罪过与更深的焦虑之中。宗教改革给16世纪的人带来巨大的解放，改革者们以不屈的勇气去接受被接受。之所以能够如此，皆归因于"惟一信仰"(sola fide)法则，即是说，归因于这一信念：确信的勇气不决定于任何有限物，而只决定于那些本身就是无条件的事物。那些事物是我们在单独的交往中被体验为无条件的事物的。

(4)命运和接受"被接受"这一事实的勇气

正像死神和魔鬼这两个象征性形象所显示的，那个时代的焦虑并不局限于对罪过的焦虑。它也是一种对死亡和命运的焦虑。古代后期的星相学被文艺复兴运动复活了，它甚至影响了那些加入了宗教改革的人文主义者。我们已经提到过新斯多葛派的勇气，这种勇气表现在文艺复兴时期的某些绘画中，画中的人自己扬起生命之帆，尽管命运的风在吹动它前进。路德是在另一层次上面对命运的焦虑的。他体验到对罪过的焦虑与对命运的焦虑二者之间的联系。正是不安的良心才在日常生活中产生了大量非理性的恐惧。被罪过烦扰之人，听到一片枯叶落地的声音也会吓得心惊肉跳。因此，征服对罪过的焦虑，也就是征服对命运的焦虑。信任的勇气不仅自己担当起对罪过的焦虑，也自己担当起对命运的焦虑。它对两者都持藐视的态度。这才是天意法则所包含的真正意义。天意不是关于上帝的行为的一种理论，而是确信的勇气的宗教象征，它关涉命运和死亡。因为，确信的勇气甚至对死亡表示藐视。

路德像保罗一样，很清楚地知道对罪过的焦虑与对死亡的焦虑两者之间的联系。在斯多葛主义和新斯多葛主义那里，本质性自我不受死亡的威胁，因为这种自我属于存在—本身并超越了非存在。苏格拉底以其本质性自我的力量征服了对死亡的焦虑，他因此成为敢于承担死亡的那种勇气的象征。这正是柏拉图关于灵魂不朽的信条的真正意蕴。在讨论这一信条时，我们应该忽略有关不朽性的观点（甚至忽略柏拉图在《斐多篇》中表现的观点），而把注意力集中于临死的苏格拉底身上。柏拉图本人关于这个问题的所有怀疑论式的争辩，都旨在解释苏格拉底的勇气，即那种把死亡纳入自我肯定之中的勇气。苏格拉底确信，刽子手将要毁掉的那个自我，不是以他的存在的勇气来自我肯定的那个自我。他并没有更多地解释这两个自我之间的关系，实际上也不可能说些什么，因为这两个自我在数量上不是二，而是有两个方面的一。但苏格拉底清楚地表现了这一点：敢于去死的勇气正是存在的勇气的试金石。不对死亡作肯定的那种自我肯定，则试图逃避这一检验，逃避以极端方式正视非存在。

广为流行的认为生命不朽的信念就是一种勇气和逃避的混合物；这种信念在西方世界已在很大程度上取代了基督教的复活象征。在面对必死的处境时，这种信念也试图保持人的自我肯定。但它的方式是无限地延续人的有限性即必死的处境，从而使实际的死亡永不发生。然而这是一种幻想，而且从逻辑上说也是自相矛盾的。它把根据定义必须结束之物作为永不结束之物。"灵魂不朽"只可怜地象征着面对必死处境的存在的勇气。

柏拉图描绘的苏格拉底的勇气，不是基于灵魂不朽说，而是基于苏格拉底的本质性的、不可毁灭的存在中的自我肯定。他知道，他属于两种现实，其中一种是超时间的。正是苏格拉底的勇气，比任何哲学的反思都更清楚地向古代世界披露了这一事实：任何人都属于两种现实。

但在苏格拉底(斯多葛和新斯多葛)式的敢于承担死亡的勇气中，有一个预设：每个人具有参与两种现实(短暂的和永恒的)的能力。基督教不承认这个假设。按照基督教的观念，我们已与我们的本质性存在相异化了。我们不能自由地认识我们的本质性存在，我们注定要与这一存在发生冲突。因此，只能通过一种确信状态才能接受死亡，在那种确信状态中死亡不再是"罪过的报应"。然而，这种状态正是"尽管不可被接受，还是被接受了"的状态。基督教正是以这一点改变了古代世界。这也是路德敢于面对死亡的原因。蛰伏在这种勇气下面的，正是为与上帝的交往所接受的那种存在，而不是大可怀疑的生命不朽说。发生在路德身上的与上帝的交往，不只提供了把罪过和谴责自己担当起来的勇气的基础，而且也提供了把命运和死亡承担起来的勇气的基础。因为，与上帝的交往意味着与超越尘世的可靠性相交往，与超越尘世的永恒性相交往。参与到上帝之中的人，便是参与到永恒之中。但为了参与到上帝之中，你必须被他接受，你必须已经接受了他对你的接受。

路德曾有过他自己描述为极度绝望的体验，他把这种体验描述为彻底的无意义施予他的可怕威胁。他把这些时刻感受为撒旦的进攻，一切都在这种进攻中受到威胁：他的基督教信仰，对自己工作的信心，宗教改革，以及对罪过的宽恕。在这种绝望的时刻，一切都崩溃了，存在的勇气也消失了。路德在描述这些时刻时，预见了现代存在主义对于它们所作的描述。但对路德来说，他所描述的那种体验还不是决定性的东西。决定性的东西是宗教的第一诫，是"上帝即上帝"的那一断言。这个决定性的断言使路德想起人类体验中的无条件因素，甚至在无意义的渊底也能意识到这些因素。正是这种意识拯救了路德。

不应该忘记的是，路德的对手，再洗礼教徒和宗教社会主义者汤姆斯·闵采尔也描述过类似的体验。他谈到过一种终极状况，认为在那种状况中，一切有限物都暴露出其有限性；有限物已达到其终点；人心被焦虑攫住，以往的一切意义都崩溃了；因而神的精神被人感到，整个状况变为一种存在的勇气，其表现是革命运动。路德代表了正统新教，而闵采尔代表低教会派激进主义。两个人都改变了历史，闵采尔在美国的影响实际上超过路德。两个人都体验到对无意义的焦虑，并用基督教神秘主义术语对之做了描述。但在这样做的时候，他们便超越了确信的勇气，这种勇气来自与上帝的个人交往。他们不得不从存在的勇气中吸取某些东西，而这种勇气又基于神秘的结盟。这导致了最后一个问题：这两种接受被接受的勇气，在弥漫着对怀疑和无意义的焦虑的我们这个时代，能否被统一起来？

(5)绝对信仰和存在的勇气

我们在描述与存在的根基有着神秘联盟的存在勇气时，以及我们在描述建立在与上帝进行个人交往基础上的存在勇气时，都回避了信仰这个概念。这一方面是由于信仰概念已失去了它本真的意义而具有了"信仰不可信的事物"这样的意思。但我们不用信仰这一术语还别有原因。决定性的原因是：我认为，不论是神秘联盟还是个人与上帝的交往，都不是信仰。诚然，在使灵魂超越有限进入无限从而达到与存在的根基结盟时，是有所谓信仰的。但信仰概念的内涵还不止这些。诚然，在与上帝进行的个人交流中，是有信仰存在的，但信仰的内涵远不止于此。信仰是被存在—本身的力量所攫住时的存在状态。存在的勇气是一种信仰的表现，而"信仰"的意蕴必须通过存在的勇气才能得到理解。我们先前把勇气界定为不顾非存在威胁而对存在作自我肯定。这种自我肯定的力量就是存在的力量，它在一切勇敢行为中起作用。信仰就是对这种力量的体验。

但这种体验具有悖论的性质，即接受**被接受**的性质。存在—本身无限地超越了一切有限的存在物；上帝在神—人交往中无条件地超越了人。信仰在这无限的鸿沟上架起了桥梁，所用的方法便是接受以下事实：不顾有此鸿沟，还是有存在的力量；被分隔者得到接受。信仰接受了"不顾"；从信仰所具有的"不顾"中产生出了勇气的"不顾"。信仰不是对某种不确定事物的理论肯定；信仰是从存在上接受某种超越普通体验的东西。信仰不是一种观念，而是一种状态。这种状态处于存在的力量的控制下，这种力量超越一切存在物，而每一存在物都参与到这种力量之中。受制于此力量的人能够自我肯定，因为他知道他得到了存在—本身的力量的肯定。在这点上，神秘体验和个人的交往是同一的，两者都把信仰作为存在勇气的基础。

这一点对于我们的时代具有决定性意义：在我们时代，对怀疑与无意义的焦虑压倒了一切。当然，我们的时代也不乏对命运和死亡的焦虑。随着我们时代所患的精神分裂症把我们最后一点安全感夺走，我们对命运的焦虑也与日俱增。我们也不缺少对罪过和谴责的焦虑。使人吃惊的是，居然有如此多的对罪过的焦虑从精神分析和个人咨询中冒了出来。几个世纪以来，清教主义和小市民意识对人的进取精神的压抑所造成的人的有罪感，绝不亚于中世纪关于地狱和涤罪的说教所引起的有罪感。

尽管如此，我们必须说，决定我们时代的焦虑，正是对怀疑与无意义的焦虑。人害怕已经失去或不得不失去自己存在的意义。这种处境就表现为当今的存在主义。

哪一种勇气能够把表现为怀疑与无意义的非存在纳入自身呢？在寻求存在的勇气时，这个问题最重要也最使人不安。因为，对无意义的焦虑瓦解着对命运和死亡、对罪过和谴责的焦虑中还比较坚固的东西。在对罪过和谴责的焦虑中，怀疑还未能瓦解最终责任这一确定性。我们受到威胁，但没有被毁灭。然而，如果怀疑和无意义占压倒优势，我们便感到落进了深渊，生命的意义和最终责任的真理都消失不见了。没有这种感受的有两类人：一是斯多葛派，他们以苏格拉底式的智勇战胜了对命运的焦虑；一是基督徒，他们以新教的接受宽恕的勇气战胜了对罪过的焦虑。对他们来说，甚至在因必死而绝望、因自我谴责而绝望时，意义也仍然得到了肯定，确定性也仍然得到了保持。但这两类人在处于怀疑和无意义的绝望中时，则都被非存在吞没。

接下来的问题便是：有没有一种勇气能征服对怀疑和无意义的焦虑？换言之，那被接受下来的信仰能否抵御以最激进的形式出现的非存在？还有，信仰能否抵御无意义？有没有一种信仰能够与怀疑和无意义共存？这些问题便导致我们去思考本讲座所述问题的最后一个方面，也是与我们时代最为息息相关的一个方面。如果产生存在勇气的所有渠道都为我们对于这些渠道最终无用的体验所堵塞，存在的勇气又如何可能呢？如果生命与死亡同样无意义，如果罪过与完美同样可疑，如果存在与非存在同样无意义，存在的勇气又建立在什么样的基础上呢？

有些存在主义者为了回答这些问题，倾向于从怀疑一下跳到教条式的确信，从无意义一下跳到体现特定教派或政治团体意义的各种象征上去。对于这种跳跃可以有多种解释：它或者是一种对安全的欲求；或者像每一决断那样的武断（存在主义认为任何决断都是武断的）；或者是一种感受，感到基督教启示回答了在对人类存在进行分析时提出的诸问题；或者是一种真正的信仰转变，不受理论的控制。总之，每一种解释都不是对极端的怀疑问题的最终解决。它使发生上述转变的那些人具有存在的勇气，但却不能解释这样一种勇气何以成为可能。要解释这种可能，首先必须承认无意义状态。如果这种解释还要求撇开这种状态，它就不是解释了，因为那状态是撇不开的。还处于怀疑的制约与无意义的制约之下的人，是无法使自己摆脱这种钳制的；但他要求得到一个回答，这个回答在他的绝望状况以内才是有效的。他要求得到我们称之为"绝望的勇气"的本源。如果不试图回避问题，那么就只能有一个可能的回答：对绝望的接受，这本身就是信仰，已算是存在的勇气。在这种情形下，生命的意义被降低为对生命意义的绝望。但只要这种绝望是一种生命行为，它就是否定中的肯定。若带一点嘲讽意味，我们可以说对生命进行嘲弄，才是忠实于生命。若带一点宗教气息，我们又可以说，我们把自己作为被接受者而接受下来，而不顾对这种接受所包含的意义感到绝望。每一种极端的否定性，只要它是主动积极的，就含有这种悖论：为了能否定它自己，它必须肯定它自己。没有一种真实的否定，就不含有肯定。绝望所产生的隐秘快感，就是对自我否定所具矛盾性质的证明。

产生绝望的勇气的那种信仰，就是对存在的力量的接受，即使这信仰还受制于非存在。甚至在对意义的绝望中，存在也通过我们而肯定它自己。把无意义接受下来，这本身就是有意义的行为。这是一种信仰行为。我们已经看到，不顾命运和罪过而敢于肯定其存在的人，并没有消除命运和罪过。他继续受它们的威胁和打击，但他承认他的被接受，即被他参与其间的存在—本身的力量所接受。这种力量赋予他以勇气，去承担对命运和罪过的焦虑。怀疑与无意义也是这样。有勇气把怀疑与无意义纳入自身的信仰是没有特殊内容的。它仅仅是信仰，自主而绝对。我们无法对之加以界定，因为每一得到界定的事物都可被怀疑与无意义所瓦解。然而，甚至绝对的信仰也不是突发的主观情绪或者没有客观根据的心情。

对绝对信仰的性质所作的分析，显示了它具有如下内容。首先是对存在的力量的体验，即使面对非存在的最极端的表现，这种体验还是存在。如果有人说，在这一体验中，生命力抗拒着绝望，他就必须再补充一点：生命力的强弱是与意图性成正比的。能够经受无意义的威胁的那种生命力，能意识到在意义的瓦解中还有隐藏的意义。绝对信仰的第二个内容是：对非存在的体验有赖于对存在的体验；对无意义的体验有赖于对意义的体验。甚至在绝望状态中，人也具有足够的存在的力量，使绝望成为可能。第三个内容是：接受**被接受**。当然，在绝望状态中，既无人也无物来接受。但人能体验到接受行为本身所具有的力量。无意义只要能被体验到，它就包括了对"接受之力"的体验，而自觉地接受这种接受之力就是对绝对信仰的宗教回答，这是一种被怀疑夺走一切具体内容的信仰，但它毕竟还是信仰，还是存在的勇气的最为矛盾的表现的源泉。

这一信仰超越了神秘体验和神—人交往。神秘体验看起来更接近绝对信仰，但其实不是。绝对信仰包括怀疑论的因素，而在神秘体验中则无此因素。诚然，神秘主义也超越了一切具体内容，但不是因为它怀疑那些内容，或发现它们的无意义；相反，它认为它们只是开端之物。神秘主义用具体内容作阶梯，在使用了它们以后便弃之如敝屣。然而，那种对于无意义的体验则根本不使用它们就否定了它们以及与它们有关的一切东西。对无意义的体验要比神秘主义更激进，所以，它超越了神秘体验。

绝对信仰也超越了神—人交流。在这种交流中，主—客图式是有效的：某一确定的主体（人）会见了某一确定的客体（神）。我们可以把这个陈述颠倒一下，说某一确定的主体是神，所会见的某一确定的客体是人，但在两种情况下，怀疑都推翻了这种主—客结构。坚决维护神—人交流的神学家们应知道这一情形：极端的怀疑阻止了这种交往关系，一切都不复存在，只余下绝对信仰。然而，接受这种具有宗教效用的处境，就产生这一结果，即普通信仰的具体内容必须服从于批评，必须改变形式。存在的勇气的极端形式正是理解上帝观念的钥匙，这种勇气既超越了神秘主义又超越了个人与神的单独交往。

（二）作为理解存在—本身的钥匙的存在的勇气

（1）开启存在的非存在

各种形式的存在勇气都具有启示性质。这种勇气启示存在的本性，显示存在所具有的自我肯定是一种克服了否定性的肯定。若用隐喻性陈述（每一种关于存在—本身的断言不是隐喻就是象征），我们可以这样说：存在包括了非存在；但非存在并不占优势。"包括"一词为一空间性隐喻，是指存在不仅包含自身，还包含其对立面——非存在。非存在属于存在，不能从存在中分离出来。我们认为存在不能不具有双重否定：存在必须被看作是对存在的否定之否定。这也说明何以我们用隐喻"存在的力量"就能最好地描述存在。力量是一种存在物，即不顾其他存在物的对抗而自我实现的可能性。如果我们谈到存在—本身的力量，则所指的就是存在肯定自身以反对非存在。在讨论勇气和生命时，我们提到过生命哲学家对现实的动力学理解。只有承认非存在属于存在、存在若没有非存在则做不了生命的基础，这种动力性的理解才有可能。存在在排除非存在后所作的自我肯定不是自我肯定，而是一种僵死的自我同一。那样，什么也不能被揭示、表现和显露。但非存在驱使存在脱离孤立隐蔽状态，迫使它能动地肯定它自己。每当哲学采取辩证态度的时候，特别是在新柏拉图主义、黑格尔以及生命哲学家和过程哲学家那里，它就在与存在—本身的能动的自我肯定打交道。每当神学认真地对待活的上帝这一观念的时候，最显著地表现在对上帝内在生命所作的三位一体的象征上，神学也做了同样的探讨。尽管斯宾诺莎对实体作过静态的界定（这是他称呼存在具有的终极力量的用语），但当他谈到爱与知（上帝通过对有限存在物的爱与知而达到对他自己的爱与知）的时候，他把哲学的与神秘的这两种倾向统一起来了。非存在——使上帝的自我肯定带有能动性的东西——打破了神的自我孤立，使之作为力和爱而显露出来。非存在使上帝成为一个活的上帝。如果在他自身和他的造物身上没有他必须克服的否定，那么，神圣的肯定对他也就是没有生命的东西。那样，就既没有对于存在的根基的显露，也没有生命。

　　但哪里有非存在，哪里就有有限性和焦虑。如果我们说非存在属于存在—本身，我们也就是说有限性和焦虑属于存在—本身。每当哲学家或神学家说到神的赐福时，他们隐隐地（但有时是公开地）提到了对有限性的焦虑，这是一种永远被纳入神的无限性的赐福之中的焦虑。

　　无限的东西包括它本身和有限的东西；肯定包括它自身以及它纳入自身之中的否定，赐福包括它自己以及它征服的焦虑。如果我们说存在包含着非存在并通过非存在而显露自己，那么，我们便暗示了以上的几点意思。这是极富象征性的说法，但这儿必须这样来运用语言。不过，象征的特性并不减少真理性；相反，它是它所含真理的条件。非象征性地谈论存在—本身，那反而不真实。

神的自我肯定是这样一种力，它使有限存在——存在的勇气——的自我肯定成为可能。只是因为存在—本身具有不顾非存在威胁而自我肯定的性质，勇气才成为可能。勇气参与到存在—本身的自我肯定中，参与到那些比存在强大的存在之力中。在神秘的、个人的或绝对的行为中，人如获得这种力量，便知道自己的存在勇气的泉源何在。

人不一定意识到这一泉源。在犬儒主义和冷漠态度的情形中，人就意识不到这个泉源。但只要他一直有勇气承担焦虑，这一源泉就在他身上起作用。在凭借存在的勇气完成的行为中，存在之力就在我们身上起作用，而无论我们认识到与否。每一勇敢行为都是存在根基的表现，无论这勇敢行为的内容如何可疑。内容可能掩藏或歪曲真正的存在，但其中的勇气却启示出真正的存在。启示出存在—本身的本性的，不是论辩而是存在的勇气。通过肯定我们的存在，我们参与到存在—本身所作的自我肯定之中，关于上帝"存在"的任何争论都是无用的，但我们通过具有勇气的行为肯定着存在之力，无论我们是否认识到这个力。如果我们认识这个力，则我们有意识地接受**被接受**。如果我们不认识这个力，我们也仍然在接受它、参与它。在我们把我们不知者接受下来时，存在之力就对我们显露出来。勇气具有显露的力量，存在的勇气是理解存在—本身的钥匙。

（2）被超越的有神论

敢于把无意义纳入自身的勇气需要以它与存在根基的关系为前提，我们已把这种关系称之为"绝对信仰"。它没有特别的内容，但不是无内容。绝对信仰的内容就是"超越上帝的上帝"。那种敢于把极端的怀疑即对上帝的怀疑承担起来的绝对信仰，以及作为这种信仰结果的勇气，超越了关于上帝的有神论观点。

有神论可以意味着对上帝的笼统的肯定。这种意义上的有神论在用了上帝这个名称时也不说清它意指什么。由于上帝这个词具有习俗方面和心理学方面的内涵，这种空洞的有神论在说到上帝时也能使人产生一种崇敬的情绪。政客、君主以及许多想用修辞手段感染听众的人，很爱使用这种意义上的"上帝"一词。它使听众觉得讲话人是严肃认真的，道德上是可以信赖的。特别是当讲话人把论敌指责为无神论者时，这一招就更灵。在更高的层次上，没有确定宗教信仰的人爱自称为信神者，他们这样做倒不是别有所图，而是因为他们不能忍受一个没有上帝的世界，不管这上帝是什么。他们需要"上帝"这个词的某些含义，他们害怕他们称之为无神论的东西。在这种有神论的最高层次上，上帝这一名称被用作诗意的或实际的象征，表达那种最高的伦理观念所具有的深刻的情感状态。这种有神论既近于上面说的第二类有神论，又近于我们称之为"被超越的有神论"。然而，它仍然太不确定了，以致这种所属关系还不明确。无神论对这类有神论的否定，正如有神论本身一样，是模糊不清的。这种否定可能使人们对有神论的笃信者产生不敬之心或恼怒之情。甚至用以反对滥用上帝名义以达到政治或修辞目的的做法，也可能被认为是正当的。但说到底，这种否定与它想否定的有神论一样无用。它达不到绝望的状态，正如它所反对的有神论达不到信仰的状态。

有神论还可能有与第一个意义相反的意义：它可能是我们称之为个人与上帝单独交往的那种情况的名称。在那种情况里，它指的是犹太—基督教传统中的某些因素，即强调个人与上帝单独联系的那些因素。这种意义上的有神论所强调的，是《圣经》和新教教义中人格化的篇章，是上帝的人化的形象，是作为创造和启示工具的词语，是上帝王国的道德的、社会的特征，是人类信仰和神圣宽恕的人格性质，是对宇宙的历史观点，是神的目的的观念，是造物主和造物之间的无限距离，是上帝与尘世的绝对分离，是神圣的上帝与有罪的凡人之间的冲突，是祈祷和实际奉献所具有的直接特征，等等。这种意义上的有神论是信奉《圣经》的宗教和历史上的基督教所包含的非神秘的一面。从这种有神论的观点看，无神论是一种人逃避神—人交往的试图。它是一个存在性问题，而不是理论问题。

有神论还有第三个含义，即严格神学意义上的含义。神学的有神论像每一种神学一样，有赖于它使之概念化的那种宗教实体。在其试图证明有必要以某种方式肯定上帝的限度内，它有赖于第一种意义上的有神论；它经常掀起关于上帝是否存在的所谓争论。但是，在其试图建立关于上帝的这样一个信条的限度内，它更取决于第二种意义上的有神论；这个信条把人与上帝的单独交往变为两个人之间的关系，这两个可能相遇也可能不相遇。

所以，第一种意义上的有神论必须被超越，因为它是无用的；而第二种意义的有神论也必须被超越，因为它是片面的。但第三种意义的有神论也必须被超越，因为它是谬误的。它是一种蹩脚的神学。更进一步的分析将证明这一点。神学有神论的上帝是和旁人一样的一种存在，这个上帝只是整体现实的一个部分。诚然，上帝被当作是最重要的部分，但作为部分，则必然受制于整体的结构。人们把上帝看成超越了本体论的内容和范畴，而现实正是由此二者构成的。但是，关于上帝的每一陈述都使上帝隶属于此二者。人们把上帝看成有其世界的自我，看成与"您"有关的自我，看成与结果相脱离的原因，看成拥有确定的空间和无限的时间的存在。上帝是一种存在物，而不是存在—本身。这样的上帝必定受制于主—客图式这一现实框架，上帝是我们的客体，我们是他的主体。同时，我们又是他的客体，而他则是我们的主体。如果必须超越神学有神论，这是决定性的一点，因为，作为主体的上帝使我变为纯粹的客体。他剥夺了我的主体性，因为他无所不知，无所不能。我起而反抗并试图把他变为客体，但我反抗失败而陷入绝望。上帝以无敌的暴君形象出现，与他这种存在相对照，其余一切事物都失去了自由和主体性。他与新近的一些暴君并无二致，这些暴君借助恐怖手段，力图把每一事物都变成单纯的对象，变成众物中之一物，变成受他们控制的机器上的螺丝钉。上帝成为万物的楷模，存在主义起而反对的正是这种楷模。尼采说过，这种上帝应该被杀死，因为没有人能容忍被弄成绝对知识和绝对控制的一个对象。这才是无神论的最深的根源，这种无神论有理由反对神学有神论及其使人困扰的内容。这也是存在主义绝望的最深的根源，是我们时代广泛的对无意义的焦虑的根源。

各种形式的有神论在我们称之为对绝对信仰的体验中得到超越。这是对被接受的接受，这接受并无作为人或物的接受者。这是存在—本身所具有的力量在接受并给予存在的勇气。这是我们的分析达到的最高点。只要采取各种有神论去对上帝加以描述，存在—本身就得不到描述。我们也不能用神秘主义的术语去描述它。存在—本身超越了神秘主义和个人交流这两者，正如它既超越作为部分而存在的勇气，又超越作为自我而存在的勇气。

(3)超越上帝的上帝和存在的勇气

存在勇气的本源是"超越上帝的上帝"，这是我们要求超越有神论必然会得出的结论。只有在有神论的上帝被超越后，对怀疑和无意义的焦虑才可能被纳入存在的勇气。超越上帝的上帝是一切神秘渴求的对象，但要达到这个上帝，连神秘主义也必须被超越。神秘主义并不认真对待具体之物以及有关具体之物的怀疑。它直接投入存在和意义的根基里，而离开了具体事物，离开了有限价值的世界，离开了意义。因而，它并不能解决无意义这个问题。以目前宗教的情况而言，这意味着：东方神秘主义不是对西方存在主义问题的解决，尽管许多人在试图作这种解决。有神论的超越上帝的上帝不是意义的贬值，这种意义被怀疑扔进了无意义的深渊之中。这种上帝是意义的潜在的补偿。然而，绝对信仰与神秘主义暗示的信仰之间仍有共同点，这就是：两者都超越了对作为一种存在物的上帝所作的有神论的对象化。对神秘主义来说，这样一个上帝并不比任何有限存在更真实；对存在的勇气来说，这样一个上帝连同一切别的价值和意义已经消失在无意义的深渊之中了。

有神论的超越上帝的上帝尽管隐匿着，却存在于所有神—人交往之中。信奉《圣经》的宗教以及新教神学都意识到这种交往的矛盾性质。它们知道，如果上帝与人打交道，上帝既不是客体也不是主体，因而超越了有神论加之于他的图式。它们也知道，有关上帝的个人人格至上论是由于超个人的神性存在而得到平衡的。它们知道，只有人有接受的力量——用《圣经》的话来说则是施恩的力量——时，宽恕才可能被接受。它们知道，一切祈祷都是自相矛盾：与不可与之言谈的某人言谈，因为他不是"某人"；向不能求问者求问，因为在你求问之前他对所问之事已作答或不作答；对离"我"比"我"离他更近的某人说"您"。以上这些自相矛盾的现象把宗教意识逼到有神论的超越上帝的上帝。

那种植根于有神论的"超越上帝的上帝"这种体验中的存在的勇气，不仅把作为自我而存在与作为部分而存在这两种勇气统一起来，还超越了这两者。它既避免了参与行为带来的自我的丧失，又避免了个性化带来的人的世界的丧失。对有神论的超越上帝的上帝的接受，使我们成为这样一种东西的一部分：这种东西本身不是部分，而是整体的根基。所以，我们的自我并未丧失在更大的整体中，那种整体把有限者的生命淹没掉。如果自我参与到存在—本身的力量中，自我就是在重新找回它自己，因为，存在的力量通过不同的个别自我之力而起作用。它并不把这些自我吞没掉，而一切有限的整体、集体主义、顺从主义却要吞没它们。这就是何以教会要宣称自己是存在的勇气的调解者。教会代表的是存在—本身的力量，或者是超越宗教中的上帝的那个上帝。那种把有神论的上帝奉为权威的教会，是作不出这种宣告的。那种教会迟早要变成集体主义或半集体主义的体系。

但如果一个教会在其教义中，在其对有神论的超越上帝的上帝的信仰中自我高扬，同时又不把它的具体象征牺牲掉，那么，这种教会就能传递敢于承担怀疑和无意义的那种勇气。只有那种以十字架为其象征的教会能做到这点。这种教会为被钉上十字架的人祈祷，这些人在他们所信任的那个上帝把他们置于怀疑和无意义的黑暗中之后，仍然呼唤着他们心中的那个上帝。成为这种教会的一部分，就是去获得存在的勇气；有了这种勇气，人就不会丧失自我，而且会获得自己的世界。

绝对信仰，或者说被超越上帝的上帝所攫住的存在状态，并不是与其他精神状态并肩而立的状态。它绝不是某种分离、确定之物，绝不是可被孤立出来加以描绘的一件东西。它总是出现在其他精神状态中，与其他精神状态一起活动，并受它们的影响。它是处在人的可能性边缘上的境况。它**就是**这边缘。因而，它既是绝望的勇气，又是每一种勇气中的勇气和超越每一种勇气的勇气。它不是人可以生活于其中的一个场所，它没有词语和概念所提供的庇护。它没有名称，没有教堂，没有崇拜，没有神学内容。但它运行在这一切的深处。它是存在之力，上述的东西参与这力量，但只是这力量的某方面的表现。

当某些传统的象征（这些象征使人能够承受命运的无常和死亡的恐怖）已失去力量时，人就能在对命运和死亡的焦虑中意识到上述存在之力。当天意变成一种迷信，不朽变成想象之物时，那些象征中曾有过的力量就仍然能够存在并产生出存在的勇气，而不顾人对混沌世界和有限存在的体验。斯多葛式的勇气再度出现，但不是作为对普遍理性的信仰，而是作为绝对信仰出现的。这种信仰对存在进行肯定，而用不着去看可能战胜命运和死亡中的非存在的任何具体东西。

　　某些传统象征(这些象征能使人承受对罪过和谴责的焦虑)已失去力量时，人就能在对罪过和谴责的焦虑中意识到有神论的超越上帝的上帝。当"神的判决"被解释为心理的情结，当神的宽恕被解释为"父亲意象"的残余表现时，那些象征中曾有过的力量依然能够存在并产生出存在的勇气，而不顾对我们之所是与我们之应是这两者间的巨大悬殊的体验。路德式的勇气又出现了，但这种勇气却得不到那种认为上帝既审判又宽恕的信仰的支持。它是按照绝对信仰而重视的，这种信仰肯定着，尽管它并无战胜罪过的特殊力量。敢于自己承担起对无意义的焦虑的勇气，正是存在的勇气所能达到的边界。越过这条边界，就进入另一领域——非存在。在这边界的范围内，所有形式的存在的勇气都在有神论的超越上帝的上帝的力量中得到重建。**存在的勇气植根于这样一个上帝之中：这个上帝之所以出现，是因为在对怀疑的焦虑中，上帝已经消失了。**

　　　　选自蒂利希：《存在的勇气》，第 6 章，成显聪、 王作虹译，
见何光沪选编：《蒂里希选集》，上海，上海三联书店，1999。①

―――――――――

① 　注：蒂里希为蒂利希又一译名。

《爱、力量与正义》（1954）（节选）

一、正义、爱与力量在人格关系中的统一

（一）存在论与伦理学

在前四章中，我力求打下存在论的基础，意在把后三章要讨论的伦理学结构建立在此基础之上。但是，这个得自建筑学的类比只是部分地适合。在下层建构与上层建筑之间没有任何实在的分离：一个人不可能讨论爱、力量及正义的存在论基础而不以其伦理学功能为前提，一个人也不可能讨论它们的伦理学功能而不反复提及其存在论基础。

伦理学是关于人的道德生存的科学，它要寻求道德命令之根基，其效用之标准，其内容之源泉，其实现之动力。对以上每一个问题的回答，都直接或间接地依赖于一种关于存在的学说。道德命令的根基、其效用的标准、其内容的源泉、其实现的动力，所有这一切都只能根据一种对人的存在和普遍存在的分析来阐述。没有一种关于存在之性质的或隐或显的断言，伦理学中就没有答案。

使伦理学独立于存在论的最重要努力，是关于价值的哲学。但是即便一种哲学已经过时，它也还是关于价值的理论，正如它在 19 世纪中叶以前显现的那样。关于它的出现和它占统治地位的理由是

很清楚的。在德国古典哲学，尤其是黑格尔体系的所谓垮台之后，对自然与人的解释就转入了机械论科学与唯物论存在论之手。伦理学被认为是生物学、心理学及社会学中的一个问题。每一个"应该是"都被转化成了一个"是"，每一个准则都被转化成了一个事实，每一种观念都被转化成了一种意识形态。在这种状况下，有责任的哲学家们在寻求一种方法，以便赋予那些人类尊严和生存意义所信赖的实在中的因素以哲学的有效性。他们找到了这种方法，它被称为价值学说。他们论证说，种种价值，不论是实践上的还是理论上的种种价值，都具有属于自身的地位。它们并不像自然主义所理解的那样，信赖于存在的秩序。由于他们那个时代的存在论是唯物主义的存在论，他们也就拒斥了任何将存在论基础赋予价值领域的努力。真、善、美是超越于存在的。它们具有"应该是"而非"是"①的特征。这是一个拯救伦理学准则之有效性的巧妙方法，而不用去干预简化论的自然主义所了解的实在。但是这个方法受到了来自双方的阻碍。在科学一方，生物学、心理学与社会学联盟的势力拒绝把价值从它们加诸其上的束缚中解放出来，并且自认为拥有科学的权利。它们企图证明，生物学的、心理学的和社会学的法则已足以从个人和社会方面去解释价值之确立。它们得出结论说，价值就是评价。必须解释的，不是价值的有效性，而是其起源、发展与衰落。它们在生命的动力中挖掘得越深，为其理论所收集的证据就越多。存在与价值之间的安全沟似乎已经消失。价值乃是生存之表达，不能从生存之外的一个地方去判断生存。反对这种威胁的价值哲学的抗拒力，已变得越来越弱。

但是更具决定性的是来自相反方面的攻击，即对价值之性质本身的分析。价值需要在生存中并通过生存来实现。于是出现了这么一个问题：如果没有价值对生存的任何存在论参与，在价值与生存两者之间只有不可逾越的鸿沟的话，这种实现如何可能？来自生存之外的命令如何能对生存具有影响？如果用机械的必然不等来描述生存，那么这个问题就完全无法回答。但是，即便肯定了自由（这是

———————

①　"是"在原文中与"存在"是同一个词。

存在论为价值理论而对科学决定进行的干预），这个问题仍然存在：来自生存之外的命令，如何能对它们与其存在毫无本质联系的生存着的存在物负有义务？价值理论又一次无法回答。于是，对这些问题再也不可能不予理睬了：什么是价值的存在论基础？被称为价值的东西如何植根于存在自身之中？更有甚者，坚持价值理论有意义吗？探索伦理学以之为基础的实在之结构难道不是更合适吗？换言之，价值理论自身难道不是在要求由存在论来代替它吗？

但是，即便一个人接受了对价值理论的这种批评，他也可能会企图通过提出别的种种替代物，来逃避存在论这一替代物。其中首先是实用主义的方法。实用主义论证说，伦理规范是人类体验的客观化。它们确立了一些规则来描述在实用方面是最适合的行为。但是人们立即可以问道：适合于什么？每一种情境在其伦理方面都是有歧义的，都允许对适合性问题作不同的回答。实用主义对于存在论（有意识的存在论，因为无意识的存在论总是在场的）的逃避，受到了关于实用主义的适合性之标准这一问题的阻碍。其次，某种多少是相反的替代方法，是神学的方法。伦理规范是上帝赋予的，这是其有效性的基础。这种解决方法似乎可以解释实用主义价值理论未能解释的伦理体验的那么一种特性，即道德命令的无条件性。但是，神学的替代方法是否避开了存在论呢？对此的解释有两种可能性：一种我称为他律的，另一种我称为神律的。前者把道德诫命理解为神圣意志的表达，这种意志有权威而无标准，对之不可能根据其对人性的适合性去衡量。当它通过启示而给出时，对它只能服从。但是问题在于：人们为什么应该服从这个神圣立法者的诫命呢？这些诫命如何区别于人间专制者的命令呢？他比我强大。他能够毁掉我。但是，随着把自己的人格核心交给一个异己意志而来的毁灭，难道不是更可怕吗？关于道德命令之神学基础的另一种方式是神律。它避免了他律方式的毁灭性。但是正因为如此，它就变成了存在论的方式。它断言（与古典神学的主导倾向一致），上帝赋予的律法，就是人的本质天性，它作为律法与人对立。如果人不曾与自身疏离，如果人的本性不会在其实际生存中被歪曲，那么，律法就不会与人作对。这种律法对人并不是异己的。它就是自然法。它代表着人与之疏离的人的真正天性。每一个有效的道德诫命，都是人与自己、与他人及与宇宙的本质关系之表达。仅此一项，就使它成了义务性的，就使对它的否定成了自我毁灭。仅此一项，就说明了道德命令具有无条件形式，不论其内容可能是如何有疑问或受限制的。神律的解决方式不可避免会导致存在论的问题。既然上帝不被看作一个异己的武断的立法者，既然其权威不是他律的而是神律的，那么，存在论的前提就被接受了。神律的伦理学包括存在论。它们也检验它们所依赖的存在论基础。如果关于爱、力量和正义之性质的存在论陈述，能够解决关于爱、力量和正义之伦理的舍之则不能解决的难题，那么，它们也就得到了检验。为了表明事实确乎如此，我们就必须在人际关系、社会制度和神圣者这三个领域内来考虑爱、力量和正义的伦理学功能。在第一个领域内，正义是主要的；在第二个领域内，力量是主要的；在第三个领域内，爱是主要的。但是所有这三个原则在每一个领域内都有效。神圣者的领域是其他领域内的一个特性，它只在某些方面自成一个领域。因此，我们将首先讨论人际关系中的正义、爱和力量，然后讨论社会制度中的力量、正义和爱，最后讨论与神圣者关系中的爱、力量和正义。

(二)人格交往中的正义

人在人格交往中成为人。只是通过遇见一个"你"，人才意识到他是一个"我"。在整个宇宙之内，没有任何自然物能对人做到这一点。人能够在一切方面，在认识及控制中超越自身。人能为其目的而利用一切。人仅受其有限性的限制。但是这些限制可以被无限地减少。没有人能说出人类力量的最后界限在哪里。在其与宇宙的交往中，人能够超越任何可以想象的界限。但是对人来说，有一种界限，它是确定无疑的，是人总要遇上的，那就是他人。他人，即"你"，就像一堵墙，不能搬掉，不能穿透，不能利用。谁试图这么做，谁就会毁掉自己。这个"你"由于其生存本身，就要求被承认为对一个"我"来说的"你"，对他本人来说的"我"。这是隐含在他的存在中的要求。人可能拒绝听取他人的这种内在要求。人可能无视他人对正义的要求。人可能排除或利用他人。人可能力图把他人化为一个可以操纵的对象，一个物体，一个工具。但在这样做的时候，人会遭到要求被承认为自我的他人的反抗。这种反抗迫使人或者去与作为自我的他人交往，或者放弃他自己的自我特性。对他人的不义，也总是对自己的不义。主人若把奴隶当成物而不当成自我对待，就会危及他自己作为一个自我的特性。奴隶通过其生存本身而伤害主人，其程度与他受主人的伤害是一样的。外在的不平等，通过对主人之自我特性的损害而得到平衡。

这就导致了这样一个问题，即"黄金律"①是否能够被视为人格交往中的正义原则。它甚至被耶稣所使用。它肯定表达了这样一条实践中的智慧：你要别人怎样对你，你就要怎样对别人！但是它不是人格交往中的正义标准。因为也可能会有这种情况，即一个人想要得到与对自身的正义相冲突的利益，若他人也得到这种利益，那同样也与对他人的正义相冲突。不论是给予还是接受，这些利益都是不正当的。如果有人向我们要求这些利益，我们应该拒斥之。如果要求得到或给予的那些东西显然是邪恶的，这倒比较容易做到。但如果我们觉得有义务去完成看来是一项正当的要求，一项我们自己也会提出的要求时，这就困难了。尽管如此，我们还会犹豫不决。我们怀疑他人，正如我们会怀疑我们自己一样；我们怀疑在这项要求的明显意思后面，还隐藏着应该予以拒斥的某种别的东西，如无意识的敌意，想支配的欲望，要利用的意愿，会自我毁灭的本能。在所有这些情况下，人与人交往中的正义不可能根据"黄金律"来界定。

我们已经发现了每一次人格交往中的正义之绝对有效的形式原则，即承认他人是人。但是，我们力图从"黄金律"中为这项形式原则引出一些内容，却是劳而无功。于是问题乃在于：有别的方法去发现这些内容吗？一个似乎不可辩驳的答案是：文化的过程给出了这些内容；人类的经验提供了这些内容，它们体现在法律、传统、权威以及个人的良知中。遵循那些规则并在其良知指导下作决定的人，在人格交往中都有坚持正义的可靠基础。人类绝不是没有一个伦理智慧的宝库，它能阻止人类的自我毁灭，而且，用宗教术语来说，它是奠基于普遍启示之上的。既然正义是存在之力量的形式，

---

① "黄金律"是西方传统中这样一条人伦规则的名称："你愿意别人怎样对待你，你就该怎样对待别人。"

在人与人的交往中，若没有正义的结构，则人类的存在片刻也不可能持续。人类之间的大多数日常交往都是正义的这些源泉决定的。在某些场合，是法律、传统、权威起主导作用。这是一个重要的区别，它导致悲剧性的冲突，正如索福克勒斯的悲剧《安提戈涅》对之所作的古典描述那样。① 但是，就我们的问题来说，这不是决定性的。因为客观的规则和个人的良知是相互依赖的。法律、传统和权威是通过涉及个人良知的一些抉择被确立为正义源泉的。另一方面，个人的良知又由这样一些过程所形成，在这些过程中，法律、传统和权威得以内在化，并成为一些使外在强制变得不必要的正义之规则。人们可以用一种或多或少是悖论的方式说：法律是外在化了的良知；良知是内在化了的法律。正义的规则正是由法律与良知的相互作用所造成的。

有没有可能超越这种境况呢？除了法律与良知的相互作用之外，有没有其他方法为人与人交往之正义取得内容呢？剩下来的惟一答案，是关于自然法的古典理论，即相信有可能发现普遍地、不变地、具体地有效的人类关系之结构。古典神学认为十诫是关于自然法的陈述，登山宝训中对之所作的解释也是如此。罗马教会还加上了教会对两者的解释。它并不否认它们是自然法。但是，因为对它们的意识是不起作用的、受到歪曲的，所以教会必须重新陈述它们。不过，它们仍然是自然法，而且原则上是从理性上可以认识的。在我们对于平等和自由，即自然法理论的两条基本原则的分析中，我们已努力说明，一旦这些原则被用于具体的抉择，它们就会变成不确定的、交易的、相对的。自然法的所有内容都是如此。它们就像那些被认识能控制性关系的原则一样——是受历史条件限制的，并常常与这些关系的内在正义发生公开的冲突。自然法理论不可能回答关于正义内容的问题。可以表明，这个问题根本不可能只根据正义来问答。关于正义内容的问题，要转向爱与力量的区别的原则。

---

① 据希腊传说，俄狄博斯之女安提戈涅为埋葬阵亡之兄，违抗了忒拜王克瑞翁的禁令，被囚入石牢，自杀身亡。索福克勒斯的这部悲剧，突出了她遵守"神圣的天条"或按自己的良知办事而与人间的法律发生的冲突。

(三)正义与爱在人格交往中的统一

作为比例性的正义，正义不可能完成隐含在具体情境中的探索，但是爱能做到这一点。人们决不应该说，正义的作用结束之处，就是爱的作用开始之处。因为，爱表明了具体情境中正当的东西。最虚假的莫过于对人这么说：既然我爱你你也爱我，那么我就不需要从你那儿得到正义①，因为爱排除了对正义的需要。那些想要逃避与正义相关联的责任的人就使用这种说法。那些专制的统治者对其臣民就是这么说的，那些专制的父母对其子女也是这么说的。即使他们不这么说，他们也是这么做的。这是一种企图逃避正义所要求的责任和自我限制的更狡猾的方法。通常，被认为超越了正义的爱，不过是一种取代敌意的情感迸发的自我放弃的情感迸发。

因此这么说是不真实的：爱给出了正义不可能给予的东西；爱趋向了超出正义要求的自我放弃。有许多的自我放弃是比例性正义的要求，例如为自己的生存所依赖的事业而死。但也有另外种种不为比例性正义所要求的自我放弃。它们是爱所要求的。然而，如果它们是爱所要求的，那么它们就是创造性正义所要求的。因为正义中的创造性因素就是爱。

在这方面，爱与正义的关系，同启示与理性的关系是一样的。这不是一个偶然的类比。它植根于启示与爱这两者的性质中。这两者都超越了理性准则却不破坏它，两者都具有一种"入神的成分"。在其某些表现中，如保罗在《哥林多前书》第13章中所表达的，爱可以被称为忘我入神之中的正义，正如启示可以称为忘我入神之中的理性一样。当保罗从圣灵引出启示的体验和爱的作用时，这一点也得到了他的肯定。而且，正如启示在认识性理性决定的领域内没有给出另外的信息一样，爱在实践性理性决定的领域内也没有驱向另外的行动。两者都赋予了理性以另一个维度，启示赋予了认识理性以另一个维度，爱赋予了实践理性以另一个维度。两者都没有否定自己赋予其以深度之维的东西，即理性。正如启示并未与认识理性的结构冲突（否则启示不可能被接受），爱也没有与正义矛盾（否则它

---

① "正义"亦可译为"公正"。

不可能得以实现)。这种考虑指向了某种我们必须在最后一章讨论的东西，即道德行为的整个领域对精神力量呈现的依赖。

在人格交往中正义与爱的关系，可以通过创造性正义的三个功能，即听取、给予和宽恕，得到适当的描述。在这三个功能中，爱所做的并不比正义要求的更多，但在每一个功能中，爱都认识到正义的要求。为了弄清人与人的交往中什么是正当的东西，听取是爱的首要任务。没有相互间的听取，就不可能有人际关系，尤其不可能有亲密的人际关系，根据比例性的正义，责备、反应、辩护都可以是正当的。但是，如果有了更多的相互间的听取，也许它们就会成为不正当的了。可以说，一切事物和一切人，都在用或大或小的声音呼唤我们。他(它)们在要我们去听取，要我们去理解他们的内在要求，即他们存在的正义。他们从我们这里要求的是正义。但我们只有通过愿意去听取的爱，才能把正义给予他们。

在努力了解他人身上的东西时，爱绝不是无理性的。它利用了一切可能的手段，去深入他人的动机与抑制的黑暗隐秘之处。例如，它利用了深层心理学提供的工具，这些工具提供了发现一个人的内在要求的意想不到的可能性。通过它，我们已了解到，人类的种种表达，可能意指与其看来意指或本来意指的东西大不相同的东西。这些表达方式看来是进攻性的，但所表达的却也许是被羞怯所抑制的爱。那些表达方式看来是甜蜜而柔顺的，但实际上却是敌意的征兆。本意很好但说得不恰当的话，会在反应中造成完全的不公正。愿去听取的爱，是人际交往中通向正义的第一步。在与有生命的自然和一般的自然的交往中，它也是有作用的。但是，如果我们试图追究人类对自然的正义与非正义的问题，就会打开一个巨大的新的探索领域，它对我们目前的任务来说是太大了，对存在论的分析来说，需要涉及艺术和诗歌的方面也太多了。

在人格交往中，创造性正义的第二个功能是给予。要求我们这里得到某种东西这属于我们遇到的每一个人的权利，那某种东西，至少是，即便在最不具人格性的关系中，他人也要被承认为一个人。但是这种最低限度的给予，却趋向于最高限度的给予——包括可能服务于起重新结合作用的爱的目标，那么，它就表达了创造性正义。显然，在这种标准之下，它也可以意指抵抗、抑制和剥夺的要求。

在此，心理学的智慧又一次可以有助于完成看起来是与给予的爱相反的事。创造性的正义包括这种可能性，即牺牲生存中的他人，虽然不是作为一个人的存在中的他人。①

正义与爱在其中相统一的第三种，也是最有悖论性的一种形式，是宽恕。两者的统一性，可以用保罗的这一术语来说明：因恩典称义。"称义"在字面上的意思是使人成为正义，在保罗和路德的学说的背景中，它意味着将不义的人作为义人接受下来。看起来没有什么比这个学说同正义观念更矛盾的了，宣布这个学说的每一个人，都被指控为在助长非正义和非道德。宣布不义的人为正义，这看来是完全不正当的。但是，这恰恰是基督教传讲中一直被称为福音的事情。而且，这恰恰是正义之完成。因为，这是使因罪过而疏离的人们重新结合的惟一途径。

没有调和或和好，便没有重新结合。宽恕的爱，是完成每一个存在物的内在要求，即被重新接受进它所属的整体的要求的惟一途径。创造性的正义要求接受这种要求，要求接受根据比例性正义是不能接受的人。在接受他进入宽恕的统一体之中时，爱既揭示了人方面被承认的对正义的背离及其所隐含的种种结果，又揭示了内在于人之中的要通过重新结合而被宣称为义并造成义的要求。

(四)正义与力量在人格交往中的统一

在人与人的任何一种交往中，力量都在起作用，这是人格散发的力量，它表现在语言和姿势中，目光的一瞥和声音的调子中，面貌、身形和动作中，表现在一个人在人格上所是者和在社会上所代表者之中。每一次交往，无论友好的还是敌意的，亲切的还是冷漠的，都在某个方面，有意识或者无意识地是一场力量与力量的较量。在这场较量中，关于存在之相对力量的决定在不断地作出，这力量乃是实现于所有卷入这场较量的人当中的。创造性的正义并不否定这些交往和隐含于其中的种种冲突。因为，这是必须为生命的创造

---

① 这是专论爱的一章，其中有"爱是恒久忍耐，又有恩慈；爱是不嫉妒；爱是不自夸，不张狂，不作害羞的事，不求自己的益处，不轻易发怒，不计算人的恶，不喜欢不义，只喜欢真理；凡事包容，凡事相信，凡事盼望，凡事忍耐"等语。

性付出的代价。在一个人的生命中，这些斗争开始于受胎之时，一直延续到生命的最后一息。它们渗透到人与其所遇见的每一事物和每一个人的关系之中。正义是这样一种形式，这些斗争在其中导致了关于每一个正在斗争的存在物中的存在力量的不断变化的决定。这幅其真实性很难否认的画面给人的印象是，人格交往中的正义完全依赖于人与人之间的力量关系。但是这个印象是错误的，因为它没有考虑到，加入力量与力量较量的每一个存在物已具有了确定的存在之力量。它是一株植物，不是一块石头；是一头兽，不是一棵树；是一个人，不是一只狗；是一个女人，不是一个男子。在个人交往中的较量开始以前，这些以及其他无数的性质已被给定，它们乃是每一个存在物都具有的对正义的内在要求之基础。但是，这种要求有一大块不明确的边缘，它植根于每种存在力量的动态方面。种种新的决定，总是就一种存在物之力量中的这一不确定因素作出的。

当然，这也是一切非正义的源泉。如果新的决定破坏了一个存在物的本质要求，那它们就是不正义的。在力量与力量之间的较量中，卷入斗争的存在物之一表现出一种占优势的存在力量，这并非不正义。这一事实之显现，并非不正义，而是创造性的。但是，如果在这场斗争中，占优势的力量利用其力量去减少或毁坏处于劣势的力量，那么，非正义就出现了。这可能在人格交往的一切形式中发生。最常见的形式是那么一些形式，在其中，人格交往发生于一种体制性结构的框架内部，而这种体制之保存与发展则为非正义的强制提供了借口。

在家庭关系、教育关系以及其他一切权威关系中，都有非正义的心理强制。常常有这种情况，即那些常以特别严厉或生气的表情盯视幼儿的父母，应对该幼儿延续终身的反常的忧惧承担责任。孩子感到被否定，而且丧失了对自身存在之力量与正义的任何自信。孩子的正当要求受到压抑，或者被转化成了不正当的要求，例如下意识地对自己或对他人的破坏性。另一方面，这又使父母有了这么一种感觉，即受到了孩子的抗拒或回避。他们作为父母的内在要求也未得到完成。除了其外部的强制力量外，权威能够施行一种心理强制，这种强制是与人际交往的正义相冲突的。在此出现了一个大问题，即是否有一种因其性质而注定是正义的权威。情况似乎是这样：有一种"原则上的权威"，还有一种"事实上的权威"。原则上的权威意味着，一个人由于其所占据的位置而具有权威，并且由于这个位置而超乎于批评的范围之外。所以（让我们来举一个明显的例子），作为教皇的教皇，对每一个天主教徒来说乃是最高的权威。所以，作为《圣经》的《圣经》，对每一个正统的新教徒来说乃是最高的权威。所以，作为独裁者的独裁者，在极权主义体制中具有最高的权威。所以，父母对幼儿具有权威并企图永远保持这个地位。所以，教师变成了学生的权威，而且不想让学生从权威中解放出来。所有这些"原则上的权威"都是非正当的权威。它无视了人类要对最后决定负责这一内在要求。而"事实上的权威"则完全不同，我们当中的每一个人每时每刻都在运用并接受这种权威。它是我们一切人都相互依赖的一种表现；它是我们的存在之有限性和不完整性的一种表现，是我们要凭靠自身而独立的力量之界限的一种表现。因为这些理由，它是一种正义的权威。

这种情况反映在我们的教育体系中。人们得问一问在为调教而进行的教育，是否因其阻碍了想要独立的内在要求不断涌现而不是非正当的？人们得问一问，调教是否不是一种压服的方法，因此就其本质而言是一种非正义？对此的回答必然是：为调教而进行的教育，就其是赋予个人一种形式的方式而言，它是正当的；就其阻止个人创造新形式而言，它是非正当的。

在本章结束之际，我想指出一个事实，即在过去一百年的创造性文化中，存在主义的反叛大部分就是企图为个人提供正义，并支持个人要通过创造性去超越调教的内在要求。

二、爱、力量与正义在终极关系中的统一

在开头四章中，我们直接展开了这本书的主要论题。这四章已努力说明，离开了存在论的基础，无论是爱，还是力量，还是正义，都不可能得到恰当的解释。接下来的两章，又通过将存在论分析之结果应用到个人关系中的正义问题及群体关系中的力量问题，间接地证实了这个论题。如果由此而确立了爱、力量和正义的存在论特

征的话，那么，关于它们的神学特征的问题立即就会出现。因为，存在论问题与神学问题在一点上是等同的：两者都是讨论作为存在的存在。关于上帝，应该作出的第一个断言是：上帝是存在本身。

神学问题已在好几点上进入了我们的讨论。把生命描述为分离与重新结合或描述为爱，就已预表了神学问题。对生命的这种描述，严格地类似于对活生生的上帝的三位一体论的解释。在圣子中，上帝使自己重新结合。当然，这是一种象征性的说法，但它提醒基督徒的，总是这么一个真理：上帝不是僵死的同一本体，而是有生命的万物之活的根基。除此之外，我们还提到了爱的阿加佩（agape）特性是《新约》所强调的。我们还既从自然方面（根据它万物皆有其对正义的内在要求）谈到了神圣、正义，也从宽恕和重新结合的正义方面谈到了神圣的正义。我们提到了人对重新结合的爱的抵制，人与自身的疏离，人与其他存在物，与其存在之基础的疏离。我们反对过把上帝说成是没有力量的那么一种上帝论；因为，存在应该被描述为存在之力量。

所有这一切都表明，不触及终极关切的维度，即神圣者的维度，就不可能讨论爱、力量和正义这一类概念。

但是，还有一个更深刻的理由说明进入这一维度的必要性。我们的任务是要表明，爱、力量与正义在本质上，即在其被造的性质上就是统一的。然而，不说明它们在生存中是相互分离和相互冲突的，上述任务就是不可能的。这就导致了这么一个问题；它们在本质上的统一如何能够重新建立？答案十分清楚：通过它们在其中统一的那个基础之显现。爱、力量与正义在神圣的基础上是一个东西，它们在人类的生存中也将变为一个东西。它们在其中是统一的神圣者，将在时空中成为神圣的实在。而这如何可能？在什么意义上可能呢？

（一）作为爱、力量与正义之源泉的上帝

如果人们说，上帝是存在本身，那么也就作出了关于上帝与爱、力量和正义之关系的基本断言。因为，根据我们所作的存在论的分析，存在本身包含了爱，以及力量和正义。上帝是与我们终极相关者之基本的普遍的象征。作为存在本身，他是终极实在，是真正实在者，是每一件实在事物的根基和渊薮。作为我与之有人格交往的上帝，他是我表达自己的终极关切的一切象征性陈述的主体。关于存在本身，关于存在之基础和渊薮，我们所说的一切必然是象征性的。它取自我们的有限实在的素材，却被应用于无限地超越有限。因此，不能就其字面意义来使用它。在所用词语的字面意义上来谈论上帝，意味着是在虚假地谈论上帝。在涉及上帝的时候，象征的真实性并不亚于字面的真实性，但它是谈论上帝的惟一真实的途径。

　　这也涉及我们正在讨论的这三个概念。如果我们说上帝是有爱心的，或者更有力些，说上帝就是爱，那么，我们是在用我们对爱的体验和我们对生命的分析作为我们惟一能使用的素材。但是，我们也知道，如果我们将它用于上帝，我们是将它抛进了神圣深度的奥秘之中，它在那里被转化，却不会被丢失。它仍然是爱，但它现在乃是神圣的爱。这并非意指一个较高的存在物在更完满的意义上拥有我们称为爱的东西，而是意味着，我们的爱植根于神圣生命之中，即植根于某种在存在和意义上无限地超越我们生命的东西之中。

　　关于神圣的力量也必须这样说。它被象征性地用于上帝。我们是在物质行动和贯彻我们的意志以反对相抵触的意志的能力中体验到力量的。当我们谈论神圣力量时，这种体验是我们使用的素材。我们谈论上帝的全能，我们称呼上帝为全能者。若从字面上来理解，这就意味着上帝是一个最高存在物，他能够为所欲为，言下之意是有许多他不想做的事情存在；这个概念导致了种种荒唐想象的迷雾。全能的真正含义是，上帝是一切存在着的事物中的存在力量，它无限地超越了每一种特定的力量，但同时又作为它们的创造性基础而发生作用。在宗教体验中，上帝的力量激起了处于一种力量掌握中的感觉，这种力量不可能被其他任何力量所征服，用存在论术语来说，它是对非存在的无限的抗拒，是战胜非存在的永恒的胜利。参与这种抗拒和这种胜利，被体验为战胜非存在之威胁的途径，而这种威胁是有限的万物之命运。在向万能上帝的每一次祈祷中，人们是在神圣力量之光中去看力量的。它被看作是终极的实在。

　　正义被应用于上帝，同样是在终极的因而也是象征的意义上。上帝被看重为根据他所给出的法律进行审判的正义的法官。这是取自我们体验的素材。它也必然被抛进神圣生命的奥秘中，并在其中既被保存又被改变。它已成了存在之基础与植根于其中之物的关系，尤其是与人的关系的一个真实象征。神圣的法律超越于自然法与实定法的替代之上。它是实在之结构，是实在中的万物之结构，其中包括人类心智之结构。就此而言，它乃是自然法，是持续创造之法，是万物中的存在之正义。同时，它也是实定法，由上帝自由地设定，其自由不依赖于上帝之外的任何给定结构。就它是自然法而言，我们能够理解自然与人类中的法则，并从演绎角度去表述它。就它是实定法而言，我们必须在经验上接受给予我们的东西，我们必须从归纳角度去观察它。这两个方面都扎根于上帝与事物中的正义的关系。

将爱、力量和正义看作神圣生命的真实象征，就意味着看到了它们的终极统一。统一并非同一。当我们言及统一时，就先设定了一种分裂因素。在我们将这三个概念象征性地应用于上帝时，也会出现某些冲突的象征。

第一个是爱、力量之间的冲突。一个全能同时又是爱的上帝，怎么能允许这些苦难不幸？这种感叹一直被人无数次地重复并且仍将重复下去。要么上帝不具备足够的爱，要么上帝不具备足够的力量。作为一种感情的迸发，这个问题是完全可以理解的。然而，作为一种理论的表述，它是相当贫乏的。如果上帝创造了这么一个世界，在其中，物理的和道德的坏事都不可能，那么受造物就不会有脱离上帝的独立性，而这种独立性是对起重新结合作用的爱的体验的前提。这个世界就会变成一座梦的洁白之乐园，一座婴儿之乐园，而不论是爱，还是力量和正义，都不会成为实在的东西。一个人的各种潜能之实现，不可避免地包含疏离，同其本质存在的疏离，由此，我们才会在成熟中重新发现它。除非上帝像一个愚昧的母亲，如此担忧自己孩子的福利，以至于老是使孩子处于强加的清白天真和对她自己生活的强加的参与状态之下，否则，上帝就不会使受造物处于梦之天堂的因禁中。对母亲而言，这样做会是隐藏着的敌对而不是爱。而且这也不是力量。上帝的力量，在于他能战胜疏离或异化，而不是避免疏离或异化；象征性地说，在于他能自己来承担它，而不是与自己保持僵死的同一。这正是关于参与受造物苦难的神的古老象征的意义所在，在基督教中，这一象征是用来解释被说成是基督的上帝之十字架的。这是爱与力量在实在自身深处的统一，不仅是创造的因素之中的力量，而且是强制的因素之中的力量，而毁灭和苦难是与之相关的。这些考虑给了神学一把钥匙，去解决永恒的神正论问题，神圣的爱、神圣的力量与非存在，即与死亡、罪恶、无意义之关系的问题。爱与力量在存在论上的统一，正是这么一把钥匙。

爱与力量之间的冲突从根本上涉及创造，而爱与正义之间的冲突则从根本上涉及拯救。把转化性的正义作为创造性的爱之表达来分析，就使我不必去拒斥通常在比例性的正义与添加性的爱之间所作的对照。在这个意义上，在上帝那里不可能有任何正义与爱之间的冲突。但在另外的意义上——这种意义非常类似于爱与力量在其中形成对照的意义——却可能有冲突。作为爱的异己的作用，爱能毁灭反对爱的东西。它根据正义而这样做，离开了正义，它便是混乱地放弃存在力量。与此同时，作为自己的作用，爱能通过宽恕而拯救那些反对爱的东西。它根据称义的悖论而这样做，离开了称义的悖论，它便是律法上的机械论。爱的这两种作用如何能合一呢？它们本是一，因为爱并不强加拯救。如果它强加拯救，它便会犯下双重的不义。它便会忽视每个人的这一要求，即不被作为一个物，而被作为一个有中心的、可作出决定的、自由而能负责任的自我来对待的要求。既然上帝是爱，既然他的爱与他的力量是一回事，他就不具有强迫人进入其拯救中的那种力量。那样的话，他会与自身矛盾。上帝不可能与自身矛盾。同时，这种行为还会忽视爱的异己作用，即对毁灭爱的东西的毁灭。它会破坏爱的无条件特征和与之相偕的神的威严。爱必定要毁灭的是反对爱的东西，但却不是反对爱的东西之载体——人。因为作为受造者，他仍然是存在之一种力量或爱之一种创造。但是，他的意志的统一性被摧毁了，他被抛进了与自身的冲突中，即绝望中，用神话的说法，即地狱中。当但丁把即便是地狱也称为神圣的爱之一种创造时，他是对的。绝望的地狱，是爱在我们当中发挥的异己作用，其目的是使我们开放，可以接受它本己的作用，即让不义之人称义。但是，即便是绝望也不使我们变成机械论。它是对我们的自由和人格尊严的考验，甚至是在与上帝之关系中来进行考验。基督的十字架是圣爱的象征，这圣爱参与了它把反对爱的人抛进其中去的那毁灭：这就是赎罪的含义。

爱、力量与正义在上帝中是一回事。但是，我们必须问问：在一个疏离或异化了的世界中，爱、力量与正义又怎么办呢？

(二)神圣共同体中的爱、力量与正义

爱、力量与正义在上帝之中是统一的，它们在上帝在此世的新创造中也是统一的。人与其存在之基础、与其自身、与其世界都是疏离的。但是他仍然是人。他不可能完全切断与其创造基础的纽带，他仍然是一个具有核心的人，并在此意义上与其自身是统一的。他仍然参与着他的世界。换言之，重新结合的爱、抗拒非存在的力量、创造性的正义，都依然在人之中活跃着。生命并非毫无歧义是善的。否则它就不会是生命，而仅仅是生命的可能了。生命也并非毫无歧义是恶的。否则非存在就会征服了存在。但是，生命在其一切表现中都是有歧义的。在爱、力量和正义方面，它也是有歧义的。在我们前面的讨论中，我们已在许多地方接触到了这个事实。现在，我们必须在疏离的世界之内的新的创造的光照下来考虑这个事实，这个新的创造，我建议称为神圣共同体。

在一种预先表达的概括中，我得说：在神圣共同体中，爱的阿加佩性质，切入了爱的力比多(libido)、厄洛斯(eros)和菲利亚(phil-ia)性质，并将它们提升而超越了其自我中心的歧义。在神圣共同体中，精神力量通过放弃强制，将力量提高而超越了其动态实现的歧义。在神圣共同体中，因恩典称义将正义提高而超越了其抽象计算性的歧义。这意味着，在神圣共同体中，处于存在论结构中的爱、力量和正义得到了肯定，而其疏离的歧义的实在，则被转化成了它们在神圣生命中的统一性的一种显现。

首先让我们来考虑爱的种种歧义，以及爱作为阿加佩在神圣共同体中的作用。力比多本来是善！我们曾为它辩护，而反对弗洛伊德对他描述为无限力比多冲动和随之而来的不满与死亡本能的东西的贬低。我们承认这个说法[1]是异化或疏离中的描述，但不是关于在其创造意义上的力比多的描述。离开了力比多，生命就不会走出

———————

① 指弗洛伊德的力比多理论。

自身。同最近的深层心理学一样，《圣经》也十分了解这一点，而且我们应该感谢，我们对人性更深层次的新的洞察，已重新揭示了《圣经》的现实主义，这种现实主义曾被好几个层次的唯心主义和道德主义在关于人的问题上的自欺所掩盖。《圣经》的现实主义很清楚，力比多属于人的被造的善，它又很清楚，在人的疏离状态中，力比多是扭曲的、歧义的。力比多已变得不受限制，它在享乐原则的编制下已经堕落。它利用其他存在物，不是作为重新结合的对象，而是作为从中获取乐趣的工具。性欲作为一种欲望并不邪恶，违反习惯法只作为对习惯法的违反来说也不邪恶，但是，如果性欲和性自主忽视了他人的核心，换言之，如果它们没有与爱的另外两个特征相结合①，如果它们不是处于爱之阿加佩特征的终极标准之下，那么，它们就是邪恶的。阿加佩是在他人的核心中去寻求他人的。阿加佩看待他人，正如上帝看待他人一样。阿加佩将力比多提高而进入爱、力量和正义的神圣统一之中。

对厄洛斯也当如此说。我们已追随柏拉图，把厄洛斯定义为一切文化创造性和一切神秘主义中的驱动力。厄洛斯本身具有一种神—人力量的伟大性。它参与着创造，参与着每件被造物的自然的善。但是它也参与着生命的歧义。爱的厄洛斯特性会被混同于力比多特性，而且会被拉进力比多的歧义之中。对此的证据有这么一个事实，即《新约》由于厄洛斯一词主要具有性方面的内涵而不可能再使用它。神秘主义者的厄洛斯也能在这样一些象征中表现自身，这些象征不仅来源于性生活，而且把对上帝的爱拉进了一种表面上是禁欲的而暗地里是性爱的层次。但是当我们谈到爱的厄洛斯特性时，所涉及的东西就更多了。能够把握住我们与文化的关联，并使厄洛斯具有歧义的，是一种审美的超然。从克尔凯郭尔那里，我们对此尤为了解。他所谓人的精神发展的审美阶段，并不是一个阶段，而是爱的一个普遍特性，这个特性是暴露在克尔凯郭尔所描述的那种种危险面前的。文化上的厄洛斯之歧义，是它与它表达的种种实在脱离的超然，随之则是生存参与和终极责任的消失。厄洛斯的翅膀，

---

①　即只有性爱（libido），而没有喜爱（eros）和友爱（philia）。

变成了逃避的翅膀。文化只被不负责任地享受。它没有得到它可以要求的正义。阿加佩切入了一种纯粹是审美的厄洛斯之超然的安稳状态。它并不否认对善、对真及其神圣源泉的渴望，但它防止了这种渴望变成一种不具备终极严肃性的审美的享乐。阿加佩使文化上的厄洛斯具有责任感，使神秘主义的厄洛斯具有人性。

　　爱的菲利亚特性之种种歧义，已在对它最初的描述中出现过，即把它描述为平等者之间的人与人之爱。不论同等者的群体可能有多大，爱的菲利亚特性都会确立起在优先性上有差别的爱。一些人优先，多数人则被排除。这不仅在家庭、朋友之类的亲密关系中显而易见，而且在无数同情或共鸣性的人际交往形式中也是十分明显的。对所有那些未被接纳进这样一种优先关系的人或明或暗的拒斥，乃是否定性的强制，它可能同任何一种强制一样残酷无情。但是，对他人的这种拒斥却又是悲剧性地不可避免。没有人能逃脱实行它的必要性。有一些特殊形式的具有菲利亚特性的爱，心理分析学家埃利希·弗罗姆称之为共生关系，它们使这种悲剧性的必要显得更加清楚。如果菲利亚关系中的一个伙伴被另一个伙伴所利用，或是为了受虐狂式的依赖，或是为了施虐狂式的支配，或因相互信赖而两者兼有，那么，某种几乎是高质量的友谊的东西，实际上就是没有正义的强制了。同样地，阿加佩并不否定菲利亚特性的有优先差别的爱，但是，它净化了这种爱，使之脱离一种低于人格的束缚，它把有差别的爱提高到普遍的爱。朋友关系的优先权并未被否定，但在一种贵族式的自我分离中，它们就不会排斥所有的他人了。并非每一个人都是朋友，但是，每一个人都被肯定为一个人。阿加佩克服了同等者与不同等者的分离，同情与反感的分离，友谊与冷漠的分离，欲望与厌恶的分离。它不需要同情或共鸣就能爱；它爱若根据菲利亚就不得不拒斥的东西。阿加佩在每个人当中并通过每个人而爱的，就是爱本身。

　　阿加佩对于爱的诸种歧义所做的一切，也是精神的力量①对于自然力量之诸种歧义所做的事情。力量的种种歧义，植根于力量的

---

　　①　此处"精神的"为大写，亦可译为"圣灵的"，正如"阿加佩"可译为"圣爱"一样。

动态特征与强制内涵之中。精神的力量并不是靠放弃力量来征服这些歧义，因为那会意味着放弃存在。那还会意味着企图为逃避罪过而消灭自己。精神力量不是对力量运动的否定。在许多关于精神力量发挥作用的故事中，都提到了身体上的效果，比如提升、从一地向另一地的移动、震颤与恐怖等。心理上的效果也总是很明显的。精神是力量，是把握终极之维并从中出来的力量。它并不等同于观念或意义的领域。它是动态的力量，克服抵抗的力量。那么，它与力量的其他形式有何区别呢？精神力量发挥作用既不通过身体上的强制，也不通过心理上的强制。它发挥作用，是通过人的整个人格，而这意味着，是通过作为有限自由的人。它不排除人的自由，而是使人的自由摆脱了限制它的强制因素。精神力量赋予了整个人格以一个中心，一个超越整个人格并从而独立于其任何因素的中心。而这归根到底是使人格与它自身相结合的惟一途径。如果这种结合发生了，则人存在的自然力量或社会力量就会变得不相干。人也许保留它们，也许放弃其中一些甚或全部。精神力量通过它们发挥作用，或者通过放弃它们发挥作用。人可以通过言辞或思想，通过他所是的和他所做的，或通过交出它们，或通过自我牺牲，来运用精神力量。在所有这些形式中，他能通过达到存在的平常是藏而不露的层次来改变实在。这就是提高神圣共同体，使之超乎力量之歧义的那种力量。

关于恩典与正义的关系，我无须赘言。与人的交往相关联的，我们已提到了宽恕行动。相互的宽恕是创造性正义的完成。但是，只有当相互的宽恕奠基于起重新结合作用的爱之上，奠基于因恩称义之中，它才是正义。只有上帝才能宽恕，因为只有在上帝那里，爱和正义才完全统一。宽恕的伦理是植根于神的宽恕这一信息中的。否则，这种伦理就会被交给正义之种种歧义，在律法主义与多愁善感之间摇摆不定。这种歧义在神圣共同体中被克服了。

圣爱克服爱之歧义，精神力量克服力量之歧义，恩典克服正义之歧义。不仅人与人的交往如此，而且人与自身的交往也如此。只有当人肯定了他被接受之时，他才能根据自我接受来爱自己。否则，他的自我接受就只是自满自得和任性武断。只有在"从天上来的爱"的光辉和力量中，人才能爱自己。这也隐含着人对自己的正义问题的答案。只有在终极的正义施行于人，即谴责的、宽恕的、给予的"称义"审判施行于人的程度上，人才能够对自己是正义的。称义中的谴责使自满自得成为不可能，宽恕因素将人从自我谴责和绝望中拯救出来，给予因素则提供了一个精神中心，这个中心把我们的人格性自我的各个因素联结起来，并使控制自己的力量成为可能。

对自己的正义、力量和爱，植根于我们从超越我们并肯定我们者那里得到的正义、力量和爱。我们与我们自身的关系，是我们与上帝的关系之功能。

摆在我们面前的最后一个问题，在论及社会力量群体之间关系的那一章结束时已经提出来了。那便是从爱、力量和正义来看人类重新结合的问题。在政治组织这一层次上，不可能给出任何答案。从与终极者的关系中，可以引出一个答案吗？

和平主义的长处在于，尽管神学方面的缺点，但它使这个问题在现代基督教中保持了生命。没有它，各教会也许会已忘却了对战争的宗教肯定之令人痛苦的严重性。另一方面，和平主义通常把人类存在的一个重大难题局限于战争问题。但是，就在这同一领域，也有着其他同样严重的问题。其中之一，是在一个力量群体内部的武装冲突问题，这些冲突一直在进行，在使用警察和武装力量来保持秩序时是潜在的，有时则在革命战争中进入公开状态。如果成功，这些冲突后来会被称为"光荣的革命"。人类之联合是否意味着排除的不仅是民族战争而且有革命战争呢？如果是这样，生命的运动就已经完结；而这是否意味着生活本身也已经完结了呢？

在经济生活之运动方面，人们也可以提出同样的问题。即使在一个静态社会，例如中世纪社会，经济运动也是重要的，它们具有重大的历史后果。人们应该继续意识到这个事实，即经济战争造成的毁灭与苦难常常多于军事战争。应该停止经济运动，并引进一种静态的世界生产与消费体系吗？如果是这样，则整个的技术过程也将不得不停止，大部分领域中的生活也不得不被组织进一些永远重复的过程中。每一点动荡都必须予以避免。于是生命的运动以及生活本身就会走向完结。

让我们暂时假设这是可能的。在一个不变的核心权威之下，力量与力量之间的一切交往都受到调节。没有任何事情会冒风险，每一件事物都已被决定。生命已不再超越自身。创造性已走向完结。人的历史就会结束，后历史就会开始。人类就会成为一群得福佑的牲畜，没有不满，也没有趋向未来的动力。历史时期的种种恐怖与苦难，将会作为人类的黑暗时代而被人回忆。然后，也许会出现这种事情：这群得福佑的人中的张三或李四，会感到一种对那些过去时代的渴望，对那些时代的苦难和伟大的渴望，并且会把一个新的历史开端，强加在其他的人身上。

这种想象表明，一个没有力量的运动也没有生命和历史的悲剧的世界，并不是上帝之国，并不是人及其世界的完成。完成是系于永恒的，而任何想象都不可能达到这种永恒。但是，不完全的预表是可能的。教会本身正是这种不完全的预表。而且有许多群体和运动，尽管它们不属于明显的教会，它们却代表了某种我们可以称为"潜在教会"的东西。然而，不论是明显的教会，还是潜在的教会，都不是上帝之国。

与本书包罗万象的主题有关的许多难题，在此根本未曾提及。其他一些难题也仅仅简略地触及了一点，还有一些则处理得不够恰当。然而，我希望前边各章节已经证明了一件事：爱、力量和正义的种种难题，绝对要求一个存在论的基础以及一种神学上的见解，以便把它们从对待它们时通常有的含糊议论、观念主义和玩世不恭中拯救出来。如果人不是在其自身存在以及存在本身之光中去看待自己的重大难题，那么，就不可能解决自己的任何一个重大难题。

选自蒂利希：《爱、力量与正义》，第 5、7 章，高师宁译，见何光沪选编：《蒂里希选集》，上海，上海三联书店，1999。

图书在版编目（CIP）数据

20 世纪西方伦理学经典 / 万俊人主编. —北京：北京
师范大学出版社，2021.8
ISBN 978-7-303-24033-3

Ⅰ.①2⋯　Ⅱ.①万⋯　Ⅲ.①伦理学—研究—西方国家
Ⅳ.①B82

中国版本图书馆 CIP 数据核字（2021）第 070135 号

营　销　中　心　电　话　010-58805385
北 京 师 范 大 学 出 版 社　http://xueda.bnup.com
主题出版与重大项目策划部

20 SHIJI XIFANG LUNLIXUE JINGDIAN
出版发行：北京师范大学出版社　www.bnup.com
　　　　　北京市西城区新街口外大街 12-3 号
　　　　　邮政编码：100088
印　　　刷：北京盛通印刷股份有限公司
经　　　销：全国新华书店
开　　　本：787 mm×1 092 mm　1/16
印　　　张：168
字　　　数：2495 千字
版　　　次：2021 年 8 月第 1 版
印　　　次：2021 年 8 月第 1 次印刷
定　　　价：798.00 元（全八册）

策划编辑：祁传华　　　　　责任编辑：陈佳宵　郭　瑜
美术编辑：王齐云　　　　　装帧设计：王齐云
责任校对：陈　民　　　　　责任印制：陈　涛